超実践！ 今日からできる

職場の

多様性活用
Real-World Tips You Can Apply Now

ハンドブック

著 前田京子

The Essential Guide to
Workplace Diversity

日本能率協会マネジメントセンター

はじめに

「多様性って、そもそも何のこと？」
「どうして職場で必要なの？」
「うちの会社みたいに余裕がない小さなところでも、関係あるの？」
「多様な人が増えたら、職場が混乱しない？」
「多様性を進めると、結局どうなるの？」

あなたは、こんな風に感じたことはありませんか？
もしくは、以前と変わった常識に戸惑いを感じたり、あるいは大きな声で言えない本音を心のうちに隠したりしていないでしょうか。

多様性（ダイバーシティ）がもたらすメリットは、企業や組織が中長期的に成長し続けること、さらには関わる一人ひとりのスキルアップにつながることでもあります。
この本は、そんな可能性をしっかりとつかむために女性活躍推進にとどまらず、企業の成長に欠かせない様々な要素──ジェンダー平等（女性活躍、男女の育児・介護と仕事の両立）、LGBTQ＋の理解と支援、障がい者、シニア社員、さらには外国人材や経験者の活躍──まで、特に職場や組織で必要とされるテーマを体系的にカバーし、「具体的にどう取り組めばよいのか」を一つひとつ解説しています。

本書を通じて、多様性推進がなぜ企業や組織の中長期的な成長に必要なのかを実感していただけるでしょう。特に企業・組織・職場・チームを活性化したい方やダイバーシティ推進を新たに任された担当者の方にも、どのように具体的な取り組みを進めていくべきかがわかり、今日から実践できるノウハウやToDoが詰まっています。実際の職場における多様性導入や多様性活用のエピソードも交えながら、リアルな現場感覚

でお届けする内容は、きっとあなたにも役立つはずです。

　多様性を取り入れることは、ただ人員を増やすことではありません。異なる視点や経験を持つ人々が共に関わることで、自分にはなかった新しい考え方や解決方法に触れ、視野を広げることにもなります。この変化が、ファシリテーションやマネジメント力も含めたあなた自身のスキルアップ、さらには一人ひとりの人間的成長と魅力にもつながるのです。こうした一人ひとりの成長によって組織全体の活力が高まり、企業の競争力を高める「多様性の波」が起こります。職場が「働きやすく、働きがいのある場所」へと変わっていく様子を、きっと実感していただけるでしょう。

　私は約20万人の社員が働く企業の人事部で、ダイバーシティ推進を本業に、多様な人材の力を引き出す取り組みを続けてきました。以前はサステナビリティ推進に10年携わっていたこともあり、「ダイバーシティ×サステナビリティ」の視点で取り組んでいます。それよりもさらに前には、新人研修担当として毎年100名の新入社員の悩みに耳を傾けていましたが、15年以上経った今でも当時の新入社員や社員たちから連絡が来て、その後の状況報告などを嬉しく聞かせてもらっています。
　これらの活動を通じ、また様々な対話を続ける中で、「多様な人がいるからこそ、組織は強くなる」という確信を得ました。また、今では企業の経営者・幹部が中長期的な成長に、ダイバーシティが不可欠だと強く認識して経営重点施策と位置づけ、取り組んでくれる状況になりました。

　本書では、現場で社員と向き合い、多くの失敗や試行錯誤を通じて得た知見をもとに、今日から実践できるノウハウを詰め込みました。多様性を活用するための小さな工夫が、組織をどう変えるかをお伝えします。

　ダイバーシティ推進に「正解」はありません。絶えず対話し、考え続

け、**まずはできることからやってみる**ことが大事です。はじめは戸惑うこともあるかもしれませんが、諦めずに取り組むことで必ず最適解が見つかります。この本があなたの行動や言動に新たな一歩をもたらす手助けとなり、気づきのある一冊となれば幸いです。

「多様性」は今ある課題を解決する可能性に満ち溢れています。そして、取り組むこと自体がとても楽しい活動です。
　さあ、一緒に「多様性」をチャンスとしてとらえ、新しい未来を切り拓いていきましょう！

目次

はじめに ……………………………………………………………………… 3

第1章 多様性で職場はどう変わるのか？ …………… 9

- 1-1 人材獲得のためにダイバーシティの推進は不可欠 ………… 10
- 1-2 人権・コンプライアンスと企業活動 …………………………… 15
- 1-3 ダイバーシティが企業価値に与える影響 ……………………… 18
- 1-4 政府の施策と人的資本開示 ……………………………………… 21
- 1-5 多様性の推進が企業の存続に不可欠な理由 ………………… 26
- 1-6 ダイバーシティ推進の現在地 …………………………………… 32

第2章 ダイバーシティの基礎知識 …………………… 37

- 2-1 ダイバーシティ、エクイティ&インクルージョンとは ……… 38
- 2-2 見えやすい属性と見えにくい属性 …………………………… 40
- 2-3 アンコンシャス・バイアスとは ………………………………… 43
- 2-4 職場でのアンコンシャス・バイアス ………………………… 47
- 2-5 用語を整理する ………………………………………………… 50
- 2-6 それぞれの国の多様性に合わせたビジネス ………………… 55
- 2-7 誰だって間違える ……………………………………………… 57
- 2-8 企業の公式発信の注意 ………………………………………… 60
- 2-9 多様性時代に求められる「3つのスキル」 ………………… 64

第3章 職場での多様性の推進方法 ………………… 73

- 3-1 外部評価を活用して現在地を知る …………………………… 74
- 3-2 トップメッセージの発信 ……………………………………… 83
- 3-3 まず外部に褒めてもらう「逆輸入」作戦 …………………… 89
- 3-4 研修を通じた人材開発・ダイバーシティの理解促進 ……… 92
- 3-5 連絡体制 ………………………………………………………… 97
- 3-6 セミナーを実施する …………………………………………… 99
- 3-7 ERGを立ち上げる ……………………………………………… 105
- 3-8 ダイバーシティに関する相談への対応 ……………………… 108
- 3-9 社員の声を集めて改善につなげる …………………………… 111

第4章 ジェンダー平等 …………………………………… 117

- 4-1 「女性活躍」から「ジェンダー平等の実現」へ…………… 118

4-2	ジェンダー平等の法律と数値目標 · · · · · · · · · · · · · · ·	121
4-3	ジェンダー平等の評価指標 · · · · · · · · · · · · · · · · · · ·	126
4-4	現状をデータで把握する ·	131
4-5	バックキャストで「あるべき姿・目標」を立て KPIで評価してPDCAを回す · · · · · · · · · · · · · · · · ·	133
4-6	企業のジェンダー平等制度 ·	137
4-7	研修・セミナーの種類 ·	140
4-8	コミュニティ構築 ·	144
4-9	ジェンダー平等のロールモデル · · · · · · · · · · · · · · · ·	146
4-10	女性管理職の登用 ·	150
4-11	昇進のタイミングと出産・育児のタイミング · · · · · · ·	152
4-12	女性社員育成の制度 ·	157

第5章 働き方改革   171

5-1	働き方改革はダイバーシティ推進の両輪 · · · · · · · · ·	172
5-2	業務の効率化 ·	175
5-3	長時間労働の防止 ·	179
5-4	働く時間の選択肢を増やす · · · · · · · · · · · · · · · · · · ·	182
5-5	リモートワーク（テレワーク）環境の導入 · · · · · · · · ·	184
5-6	リモートワークのコミュニケーション · · · · · · · · · · ·	187
5-7	リモートワークを支える制度 · · · · · · · · · · · · · · · · ·	189
5-8	育児休暇・介護休暇 ·	191
5-9	多様な働き方を推進する評価制度 · · · · · · · · · · · · · ·	194

第6章 LGBTQ＋   201

6-1	LGBTQ＋とは ·	202
6-2	LGBTQ＋にまつわる言葉 ·	205
6-3	LGBTQ＋当事者たちが困っていること · · · · · · · · · · ·	209
6-4	LGBTQ＋全体の考え方 ·	213
6-5	本人への確認がLGBTQ＋支援の基本 · · · · · · · · · · · ·	217
6-6	PRIDE指標を活用して取り組みを進めよう · · · · · · · ·	220
6-7	PRIDE指標1〈policy：行動宣言〉：トップメッセージの発信 · · ·	234
6-8	PRIDE指標2〈Representation：当事者コミュニティ①〉： アライ活動（LGBTQ＋の人が安心できる人的環境）· · · · · · ·	237
6-9	PRIDE指標2〈Representation：当事者コミュニティ②〉： アライコミュニティの活動 ·	244
6-10	PRIDE指標3〈Inspiration：啓発活動〉：研修・セミナーの実施	246

6-11	PRIDE指標4〈人事制度、プログラム〉： [ケーススタディ] トランスジェンダーのトイレ利用 ‥‥‥	251
6-12	PRIDE指標5〈Engagement/Empowerment：社会貢献・ 渉外活動〉：社外のイベントも活用する ‥‥‥‥‥‥‥	254

第7章 障がい者 ‥‥‥‥‥‥‥‥‥‥‥‥‥‥‥‥‥‥‥‥ 259

7-1	法律と障がい者雇用 ‥‥‥‥‥‥‥‥‥‥‥‥‥‥‥‥	260
7-2	障がい者雇用の対象になる人 ‥‥‥‥‥‥‥‥‥‥‥‥	267
7-3	障がい者雇用の実態 ‥‥‥‥‥‥‥‥‥‥‥‥‥‥‥‥	270
7-4	特例子会社 ‥‥‥‥‥‥‥‥‥‥‥‥‥‥‥‥‥‥‥‥	274
7-5	求人ルートと支援機関 ‥‥‥‥‥‥‥‥‥‥‥‥‥‥‥	278
7-6	障害者手帳の把握 ‥‥‥‥‥‥‥‥‥‥‥‥‥‥‥‥‥	282
7-7	障害者差別解消法の改正〜障がいのある方への合理的配慮〜	285
7-8	障がい者活躍のための施策 ‥‥‥‥‥‥‥‥‥‥‥‥‥	288
7-9	それぞれの部署にできるサポート ‥‥‥‥‥‥‥‥‥‥	293
7-10	職場での取り組み ‥‥‥‥‥‥‥‥‥‥‥‥‥‥‥‥‥	297
7-11	得意・不得意と業務のマッチング ‥‥‥‥‥‥‥‥‥‥	299
7-12	障がい者の特性にあった仕事を依頼する ‥‥‥‥‥‥‥	304
7-13	イノベーションを生み出す障がい者対応 ‥‥‥‥‥‥‥	306

第8章 シニア雇用・経験者採用・外国人材 ‥‥‥ 313

8-1	シニア雇用の法的義務 ‥‥‥‥‥‥‥‥‥‥‥‥‥‥‥	314
8-2	シニア雇用の形態と業務 ‥‥‥‥‥‥‥‥‥‥‥‥‥‥	319
8-3	シニア社員へのサポート制度 ‥‥‥‥‥‥‥‥‥‥‥‥	323
8-4	経験者採用の概要 ‥‥‥‥‥‥‥‥‥‥‥‥‥‥‥‥‥	326
8-5	経験者採用へのサポート制度 ‥‥‥‥‥‥‥‥‥‥‥‥	329
8-6	経験者採用の多様化が進んでいる ‥‥‥‥‥‥‥‥‥‥	333
8-7	外国人材の概要 ‥‥‥‥‥‥‥‥‥‥‥‥‥‥‥‥‥‥	337
8-8	ハンドブックを活用しよう ‥‥‥‥‥‥‥‥‥‥‥‥‥	340
8-9	その他、必要なサポート ‥‥‥‥‥‥‥‥‥‥‥‥‥‥	347

第9章 職場からのFAQ ‥‥‥‥‥‥‥‥‥‥‥‥‥‥ 355

キーワード解説 ‥‥‥‥‥‥‥‥‥‥‥‥‥‥‥‥‥‥‥‥‥‥‥ 365
おわりに ‥‥‥‥‥‥‥‥‥‥‥‥‥‥‥‥‥‥‥‥‥‥‥‥‥‥ 373

第 **1** 章

多様性で職場は
どう変わるのか？

♪ 本章の
キーワード

- ダイバーシティ
- ESG投資
- コーポレートガバナンス・コード
- 人的資本開示
- 「くるみん」「えるぼし」
- スモールスタートではじめる

※多様性を表す言葉には、「ダイバーシティ」「ダイバーシティ、エクイティ＆イ
ンクルージョン」「多様性」など様々な表現がありますが、本書では「ダイバー
シティ」を中心に用いて解説しております。

1-1

人材獲得のためにダイバーシティの推進は不可欠

❱ 社会の人材不足が進んでいる ❰

　企業の経営者が危機感をもってダイバーシティの推進に取り組むようになった大きな理由の一つに、人材不足があります。

　少子高齢化によってこれまで企業にとって主戦力だった「生産年齢人口の日本人男性」の数が少なくなり、またグローバルな競争の激化により、外資系企業の日本進出や海外での就職など、被雇用者側にとって国内企業以外にも選択肢が増え、**社会全体が人材不足になりました。**

　多くの企業が採用で困っているので、給与水準を上げたり、場合によっては以前なら基準に達しなかった能力の人材も雇用しないといけないという話を、他社の人事部門などの人たちから聞くことが多くなりました。さらに、知名度が高く十分な志望者が集まる企業であっても、**優秀な人材に来てもらうためには、魅力的な企業である必要があります。**

　加えて人的資本開示が企業に義務化されたこともあり経営側が人を大事にする経営目線に大きく変化しています。

　だからこそダイバーシティの推進、言い換えると、「一人ひとりの個性が認められる、それぞれの能力を最大限発揮できる"働きやすく""働きがいのある"企業」になることは企業にとって危急の課題になっており、中長期的な企業の成長に責任を持つ経営層のほうが危機感を持って「持続的に成長し続ける企業」かつ「どうやって人が来てくれるよい企業にしていくのか」という課題に向き合っています。

　また、就職から退職まで一つの企業やそのグループ会社で勤め上げる「終身雇用」と、入社してからの年数によって給与がある程度決まる「年功序列」が、かつては被雇用者側にとってキャリアプランを描く際の前提でしたが、現在では年功序列による給与上昇が頭打ちになり、**転職に**

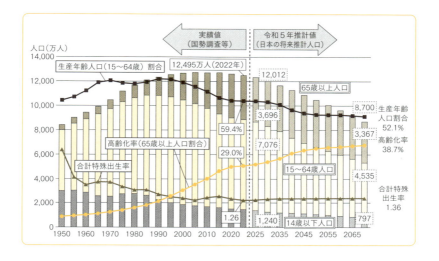

よるキャリアアップを選択する人も増えています。

　これまで年功序列だった企業でも、ジョブ型雇用への対応や、昇格により管理者側に移行していく従来型のキャリアプランに加えて、専門職として昇進・昇格していくキャリアプランを用意するなど、社員にとって取り得るキャリアの幅は広がっています。しかし転職市場が活発になったということは、企業からすると働き盛りで退職する社員が増えたということでもありますから、それだけ企業にとっての社員獲得競争は激化していると言えます。

▶ 日本企業が海外の人材を採用している ◀

　さらに近年は日本企業も海外の人材を求めるようになっています。人口減少などの理由で日本の市場が縮小しつつある現状から、多くの企業が海外市場に活路を求めるようになりました。日本で育てたビジネスを海外に広げていくために、そして**新しいビジネスを生み出すために、外国人をはじめとする海外出身のメンバーに来てもらって活躍してもらうことが、企業にとって大きな課題になっているのです。**

　海外のメンバーが日本企業の仕事をする際に海外、特に欧米と日本の

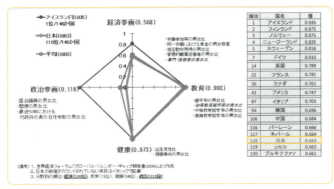

GGI ジェンダー・ギャップ指数

出所：「男女共同参画に関する国際的な指数」内閣府男女共同参画局（https://www.gender.go.jp/international/int_syogaikoku/int_shihyo/index.html）

ダイバーシティへの意識の差は大きな課題になります。

毎年、世界経済フォーラム（WEF）が発表する、日本のジェンダー・ギャップ指数は、146カ国中118位（2024年）で、政治・経済分野は低迷が続き、男女格差が埋まっていない現状が改めて示されています。

イギリスの経済誌「エコノミスト」が、主要な29カ国を対象に女性の働きやすさを評価したランキングを発表し、日本は開発途上国各国より順位の低い最下位から3番目でした。

各種調査にも表れているように、欧米と比べ日本は社会全体のダイバーシティへの取り組みが遅れていると言えます。

■ 職場でのやりとり

私の所属する会社は、現在では約20万人の社員の半分以上が海外のメンバーですが、海外拠点と日本のダイバーシティの推進状況（例えば女性管理職比率・女性役員比率）もギャップがあり、例外ではありませんでした。

本社がグループ全体の方針を決めて経営戦略・事業戦略を進めていますが、ダイバーシティの推進に関しては欧米拠点の方が進んでいるため、本社としてグローバルで推進しつつも、日本の推進を進

めていかなければならないという状況でした。同様の悩みは、他社でも日本が本社の担当者の方からはよくお聞きします。

「世界国際女性デー2025」ホームページ
出所：international women's day公式サイト（https://www.internationalwomensday.com/）

　またある時はアメリカやヨーロッパの女性役員数名から「会社の方針としてダイバーシティを重要視している・積極的に推進しているとアピールしないと、顧客や採用活動で勝てない。ぜひヘッドクォーターである日本に、ダイバーシティへの取り組みをトップメッセージとして改めて社外にも発信してほしい！」という強い要望が何度も上がりました。
　これをきっかけに、毎年3月8日に開催される『世界国際女性デー』で、公式サイト（英語）にCEOメッセージを発信することにし、それを世界各国の各拠点で活用したPRとして社内、社外で行うようになりました。

新卒時の就職でもはじめから海外で働くことを視野に入れている敏感な学生は、日本の経済成長が限界を見せはじめているように感じる意識が高くなってきています。じつは企業の側も同じような方向に向いてきています。国内の経済が成長せず、縮小の可能性もある状況だとすると、企業も海外を視野に入れて事業展開を進める準備を急ぐ必要があります。よく「タイタニック号の沈没」に例えられますが、国内の市場が縮小してから慌てはじめても手遅れです。自社存続のために、多くの企業が海外展開に活路を求めており、ダイバーシティの推進はその面でも重要な課題になっています。

　このように、人材不足が待ったなし、かつグローバル展開も視野に入れていかないと企業が存続できないという危機感は、近年経営層に広く共有されるようになりました。ですから多様性への対応も、以前だったら本業とは関係ない、「やれたらよいよね」という努力目標としての取り組みだったかもしれませんが、最近では**「多様性に取り組まないと企業が存続できない」という危機感をもって経営戦略化し、KPIを設けて推進している企業が急激に増えています。**

1-2

人権・コンプライアンスと企業活動

▶ コンプライアンスに配慮しよう ◀

　多様性への配慮は、人権に関わる企業のコンプライアンスにとっても重要な要素になっています。

　「コンプライアンス」は、辞書的には「企業が法令や社会規範・企業倫理を守ること」（広辞苑第七版より抜粋）と説明されます。つまり法令だけでなく社会規範とも向き合うことが、現代の企業には求められます。企業活動が人権を侵害しているかどうかは、以前は法令とマスメディアが基準になっていました。**しかし近年は投資家やNGO・NPOからの注目、さらにはSNSの利用拡大により一般消費者からもダイレクトな反応が返ってくるようになり、人権に関する問題が投資の撤退や不買運動といった打撃に結びつきやすくなっています。**

　商品CMを例にとると、人種の身体的特徴を強調するような表現や、「育児は母親一人でやるもの」のような昔ながらの価値観を引きずった表現は、以前だったら大きな問題にはなりませんでした。

　しかし多様性に関する社会の基準が変わり、それらの表現の差別性に気がつく人が増え、またSNSで、マイノリティ（少数派）の当事者をはじめ実際に不快な気持ちになった人々の声が直接発信されるようになった結果、広告主に批判が集まるいわゆる「炎上案件」になり、CMの放送が中止になる例が相次いでいます。

　多くの企業では、CMをはじめとする発信には広報のチェックが入ります。広報担当も当然社会の風潮にはアンテナを張っていますが、それでも気がつかないケースはありますから、**広報に加えて多様性推進の担当者もチェックに入る、あるいは有識者にチェックを依頼する体制が必要になってきていると感じます。**

第1章　多様性で職場はどう変わるのか？

15

また、消費者を直接の顧客にしないBtoB（企業向けにサービスを提供している企業）の企業にとっても、人権に関するコンプライアンスのアップデートはとても重要です。

　最近は、行政、企業などのインターネットなどを通じた利用者登録の際に、性別欄に「男」「女」だけでなく「その他」や「回答しない」という選択肢を設けるケースが増えてきました。もしその利用者登録を準備する行政企業などが配慮に気づいていないようであれば、システム開発を請け負った会社がこういった提案をできると、委託元の行政・企業なども批判されずに済みます。自社が顧客から受ける評価もよくなることでしょう。

　ものづくりでも、これまで当たり前だと思われていたけれど、じつは多様性に配慮できていなかった品物は数多くあります。

■ **事例**

[**自動車のシートベルト**]

　男性を基準につくられており、「斜めにかけるベルトが胸につっかえるし、胸の形がわかってイヤ」な女性は少なからずいます。「チャイルドシートは違う形なのに…」と女性どうしで話すことがよくあります。

女性　男性　赤ちゃんは違う形なのに……

イヤだなー

[**スポーツ用ヒジャブ**]

　スポーツ用品メーカーがイスラム教徒の女性アスリート向けにスポーツ用のヒジャブ（ムスリム〈イスラム教徒〉の女性が頭髪を隠すためのスカーフ性の布地）を開発し、販売しています。

出所：dotshock/PIXTA（ピクスタ）

他にも、障がいがある人の目線、LGBTQ＋の当事者の人の目線など、PRや商品開発といった企業活動でも、これまで気がつかなかった多様な声に耳を傾け、対応することが求められるようになっていますし、多様な人たちの声を活かした商品が競争力につながります。

1-3 ダイバーシティが企業価値に与える影響

▶ ESG投資とダイバーシティは深く関わっている ◀

　企業価値を上げるうえでも、ダイバーシティの存在感は高まっています。近年、ESG（環境、社会、ガバナンス（統治や統制、管理を意味する健全な企業経営を行うための管理体制）の頭文字）投資に注目が集まっており、経済産業省の資料（『ダイバーシティ経営の推進について』https://www.meti.go.jp/policy/economy/jinzai/diversity/01_siryo.pdf）によると、「投資決定にあたりESGを重視することを宣言するPRI（責任投資原則）に署名した機関投資家は、2021年に3,826機関、運用資産残高の合

投資決定にESGを重視する宣言PRIに署名した機関

出所：「ダイバーシティ経営の推進について」経済産業省（https://www.meti.go.jp/policy/economy/jinzai/diversity/01_siryo.pdf）

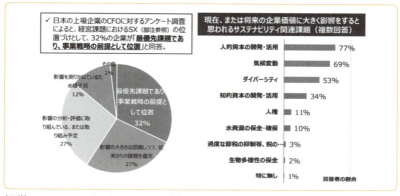

経営へのサステナビリティへの織り込み
出所:「ダイバーシティ経営の推進について」経済産業省 (https://www.meti.go.jp/policy/economy/jinzai/diversity/01_siryo.pdf)

計は121.3兆米ドルまで拡大」とされています。2011年の機関投資家数は890機関、運用資産残高の合計は24.0兆ドルでしたから、10年間でESGを重視する機関投資家の数は4.3倍に、運用資産残高は5倍になっており、**ESG投資が急激に拡大してきた傾向が見てとれます。**

　ESG投資とは、社会と企業のサステナビリティ課題への投資でもあります。同資料では、日本の上場企業のCFO（最高財務責任者）に対して「どのサステナビリティ課題が企業価値に大きく影響を与えると思われるか」というアンケートを行った結果、人的資源の開発・活用が77％、気候変動が69％に続き、ダイバーシティが53％と、**約半数のCFOがダイバーシティへの取り組みが企業価値に大きく影響するという結果になりました。**

　また、2022年に公開された内閣府の調査では、約3分の2の投資家が、「投資判断に女性活躍情報を活用している」という結果が出ており、中でも役員や管理職における女性の比率が活用されています。これらの情報が投資判断に活用される理由としては、「社会全体として女性活躍推進に取り組む必要があると考えるため」というCSR的な観点が44.4％

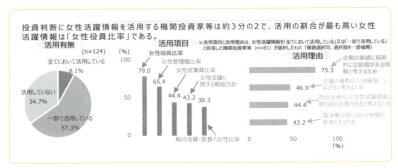

企業が女性活躍に取り組むメリット

出所：「女性活躍・男女共同参画の重点方針2024に向けて」内閣府男女共同参画局（https://www.gender.go.jp/kaigi/senmon/keikaku_kanshi/siryo/pdf/ka36-4.pdf）

あった一方で、「優秀な人材確保につながると考えるため」という回答はそれより多い46.9％、「業績に長期的には影響がある情報と考えるため」という回答は75.3％もあります。

　役員や管理職という要職を女性が担うことは企業の業績向上につながると、投資家からも判断されているのです。

1-4

政府の施策と人的資本開示

❱ 近年の政府の施策はダイバーシティを推進している ❰

　日本の政府も法律や制度によって、企業の人的資本におけるダイバーシティ推進を後押ししています。「ジェンダー平等（女性活躍は言わずもがな、さらには男女の育児・介護と仕事の両立も含めて）」「障がい者」といった個別のキーワードに関係する法律に関しては、それぞれについて解説する章で改めて触れることにして、ここでは2020年以降の主な変化を挙げてみます。

　まず2021年6月に金融庁と東京証券取引所が行ったコーポレートガバナンス・コードの改正の中で、[企業の中核人材における多様性の確保]が必要だとし、以下のような点が明記されました（東京証券取引所『コーポレートガバナンス・コード』2021年6月11日）。

●上場会社は、女性・外国人・中途採用者の管理職への登用等、中核人材の登用等における多様性の確保についての考え方と自主的かつ測定可能な目標を示すとともに、その状況を開示すべき。
●中長期的な企業価値の向上に向けた人材戦略の重要性に鑑み、多様性の確保に向けた人材育成方針と社内環境整備方針をその実施状況と併せて開示すべき。

　内閣府がまとめている「女性版骨太の方針（女性活躍・男女共同参画の重点方針）」では、各年度版で以下のように打ち出されてきました。

●「男女間賃金格差に係る情報の開示」（2022年版）
●「男女間の賃金格差に関しては、雇用者が301人以上の事業主に

対して公表を義務づけ」(2022年7月の女性活躍推進法改正)
● 「プライム市場上場企業を対象とした女性役員比率に係る数値目標の設定等」(2023年版)

2023年には「性的指向及びジェンダーアイデンティティ多様性に関する国民の理解の増進に関する法律」が施行され、**事業主に対しては性的マイノリティ(本書では「LGBTQ＋」と表記します)に関する労働者の理解促進や就業環境の整備、相談の機会確保の努力義務が定められました。**

2024年の4月からは、障害者雇用促進法を根拠とする**障がい者の法定雇用率が、それまでの2.3％から2.5％に引き上げられました。**2026年度からは2.7％に引き上げられる予定になっています。

▶ 企業の人的資本開示が義務になった ◀

金融庁に有価証券報告書の提出が義務づけられている企業に関しては、2023年4月以降は**有価証券報告書における「人的資本開示」が義務づけられ、従業員や役員の男女比率や給与差、育休取得の状況などを公開することになりました。**

厚生労働省「女性の活躍推進企業データベース」ホームページ

出所:「女性の活躍推進企業データベース」厚生労働省 公式サイト (https://positive-ryouritsu.mhlw.go.jp/positivedb/)

提出された有価証券報告書自体は金融庁が公開していますが、企業も自社サイトで人的資本の開示として数字を公開する企業が増えています。まだ取り組みが不充分で、成果が数字に表れていなくても、現状を認めてきちんと公開することで、これからがんばって変わろうとしていることを伝える。その姿勢を投資家は見ているのです。こういった数字は投資家の材料になり株価にも反映されますし、また採用面でも多様性の推進に積極的か消極的かは、学生・求職者にとって会社選びの判断材料としても使われます。

　さらに、第4章で詳しく解説しますが、厚生労働省による「子育てサポート企業」の認定である「くるみん」や、同じく女性活躍推進企業の認定である「えるぼし」といったダイバーシティに関わるいくつかの評価指標は、認定されることで公共調達への入札で加点されたり、民間事業者との取引でも評価されたりと、ビジネスの上でも重要です。

　これらの認定を受けるにあたっては、行動計画の策定・公開に加えて、

「くるみんマーク」「プラチナくるみんマーク」「トライくるみんマーク」

「えるぼし」認定マーク

次世代育成支援対策推進法とは

企業のみなさま・国・地方公共団体に次代の社会を担う子どもの健全な育成を支援するための行動計画を策定することを求めている法律です。

くるみん認定 プラチナくるみん認定とは

子育てサポート企業として、次世代育成支援対策推進法に基づき、厚生労働大臣（都道府県労働局長へ委任）が企業に対して行う認定です。

企業が次世代育成支援対策推進法に基づいた行動計画の策定・届出を行い、その行動計画に定めた目標を達成するなどの一定の要件を満たした場合、「子育てサポート企業」として認定（くるみん認定）を受けることができます。

また、くるみん認定企業のうち、より高い水準の取組を行った企業が一定の要件を満たした場合、優良な「子育てサポート企業」として特例認定（プラチナくるみん認定）を受けることができます。

くるみんマークが新しくなります

2017年4月1日から、新しい認定基準を満たした場合、より高い基準を満たした企業として、新しいくるみんマークが付与されます。

新しいマークは上部に最新の認定年を記載し、いつ認定を取得した企業か、一目で分かるようになりました。

また、星の数は、これまで認定を受けた回数を表しています。実際に付与されるマークは、認定を受けた回数に応じて星の数が変わります。

認定1回　　　　認定10回

次世代育成支援対策推進法（くるみん認定）とは

出所：厚生労働省（https://www.mhlw.go.jp/file/06-Seisakujouhou-11900000-Koyoukintoujidoukateikyoku/0000156432.pdf）

プラチナえるぼし
- 策定した一般事業主行動計画に基づく取組を実施し、当該行動計画に定めた目標を達成したこと。
- 男女雇用機会均等推進者、職業家庭両立推進者を選任していること。（※）
- プラチナえるぼしの管理職比率、労働時間等の5つの基準の全てを満たしていること（※）
- 女性活躍推進法に基づく情報公表項目（社内制度の概要を除く。）のうち、8項目以上を「女性の活躍推進企業データベース」で公表していること。（※）
　※実績を「女性の活躍推進企業データベース」に毎年公表することが必要

えるぼし（3段階目）
- えるぼしの管理職比率、労働時間等の5つの基準の全てを満たし、その実績を「女性の活躍推進企業データベース」に毎年公表していること。

えるぼし（2段階目）
- えるぼしの管理職比率、労働時間等の5つの基準のうち3つ又は4つの基準を満たし、その実績を「女性の活躍推進企業データベース」に毎年公表していること。
- 満たさない基準については、事業主行動計画策定指針に定められた取組の中から当該基準に関連するものを実施し、その取組の実施状況について「女性の活躍推進企業データベース」に公表するとともに、2年以上連続してその実績が改善していること。

えるぼし（1段階目）
- えるぼしの管理職比率、労働時間等の5つの基準のうち1つ又は2つの基準を満たし、その実績を「女性の活躍推進企業データベース」に毎年公表していること。
- 満たさない基準については、事業主行動計画策定指針に定められた取組の中から当該基準に関連するものを実施し、その取組の実施状況について「女性の活躍推進企業データベース」に公表するとともに、2年以上連続してその実績が改善していること。

えるぼし認定、プラチナえるぼし認定

出所：「女性活躍推進法特集ページ（えるぼし認定・プラチナえるぼし認定）」厚生労働省（https://www.mhlw.go.jp/content/11900000/000594317.pdf）

「子育て支援制度を活用した社員の割合」といった実績値を一般に向けて公表することが認定基準に含まれているので、厚生労働省の「女性の活躍推進企業データベース」への登録掲載や自社の外部向けIRページなどに数字を掲載する必要があります。

　人的資本開示の制度が2023年に始まったばかりということもあり、ジェンダー平等などの課題に積極的に取り組んでこなかった企業では、数字のうえでも取り組みの遅れが可視化されてしまっていますが、そういった企業の担当者に話を聞くと、「いったんは現状を受けとめ、ありのままの数字を公開して、そこから現状を認めて変わろうという姿勢を伝えながら、取り組みを進めるしかない」という考えが大多数です。強制的に数字が可視化されることで、これまでダイバーシティ推進に消極的だった企業も取り組みのスタートラインに立つことになりました。
　経営者にとっては、もはや多様性の推進はスローガンではなく、経営戦略としてKPI化して、なんとしても数字を上げないといけない課題の一つになっているのです。

1-5 多様性の推進が企業の存続に不可欠な理由

▶ ダイバーシティの推進は早期かつ継続的な取り組みが必要 ◀

　ここまで説明した社会の動きや法的な義務・要請により、ダイバーシティへの取り組みは多くの企業にとって事業を継続し、かつ企業価値を高めるために必要不可欠になっています。

　そのうえで知っておいてほしいことは、ダイバーシティの推進には早期かつ継続的な取り組みが必要であり、すぐ取りかかるべきだということです。**いくら経営者が「多様性こそが企業存続の鍵だ」と気がつき、「我が社はこれから多様性を推進する」と号令をかけても、一朝一夕で社風が変わるわけではありません。**

　私の会社では、管理職・一般社員がアンコンシャス・バイアスの研修を組織のKPIとして全員受講必須で実施、毎年定期的に実施する研修の中に女性活躍、男女の育児・介護と仕事の両立、LGBTQ＋、障がい者活躍のテーマを盛り込んだり、様々な場面・研修で何回もダイバーシティに関わるテーマに触れてもらっています。

　アンケートを取ってもわかりますが、一回の研修で理解度は上がるかもしれませんが、それが全員の行動変容につながるまでには、繰り返し学習し、理解し、少しずつ行動や感情を変化させることが必要です。

　国が企業に義務づけている数値目標を達成したり、公表が義務づけられている数値を小手先で一時的に改善したとしても、根本的な解決にはつながりません。人材育成や社内文化の醸成の結果、社員の考え方が変わり、一人ひとりの行動につながり、つまりダイバーシティが企業に本当に根付き始めるのには時間がかかるのが私の実感です。

　けれども、取り組みを継続することで確実に社風は変わっていきます。

私の会社では、私がダイバーシティ推進を担当するようになってからの６年で、例えば女性活躍については企業として「取り組まなければいけない」のだという理解は確実に高まっています。６年前は社会でも「なんで女性だけ下駄を履かせるのか」といった声が聞こえてくる時代でしたが、現在は会社の中で女性の登用比率がKPI化され、全社方針になっていますので「真剣に取り組む必要があるし、推進すべきものだ」と明確になっています。そのうえで、女性により活躍してもらうために実際に職場で起こりうる、越えるべきギャップをどう解決・工夫していくのか、関わるみんなが考え工夫しながら進めています。

１年では革新的な大きな数字の変化までつながらないかもませんが、今始めないと３年後に変わらない。だからこそ**多様性推進は早めに取り組みを始め、はじめは反発があったとしても粘り強く継続する必要があるのです。**

例えば、出産し、育児をする女性にとって働きやすい職場にするために、短時間勤務の制度を設け、サポートし合える環境を整備します。それにより、同じように育児をする男性、あるいは介護をしているメンバーにとっても、働きやすい職場環境になります。ある特定の問題を緩和するための方策が、他のダイバーシティテーマの問題に悩む人たちにも広がって使えるものになるケースは多々あります。

ですから、**職場のダイバーシティを推進する**ことは、「働く女性」「育児・介護をする男女」「LGBTQ＋」「障がい者」といったさまざまなキーワードの人が直面している困りごとに対処するだけでなく、本当の意味で**「みんな」が働きやすい職場をつくることにつながります。**

これまでは昼夜休日を問わず働くのが当たり前だと思っていた男性社員にとっても、会社に短時間勤務の制度があると、子どもが生まれたことがきっかけになり、改めてワークライフバランスについて考えて、「子育ての負担を妻と分け合うために、自分も短時間勤務を利用したい」と希望するといった選択が生まれてきます。

第1章 多様性で職場はどう変わるのか？

■ 職場でのやりとり

　私自身のことを話すと、多様性推進の担当に着任したばかりの頃は、これらのカテゴリ別に人を分けて考えていました。ですが、毎年東京代々木で開催されるLGBTQ＋の大きなイベント『東京レインボープライド』に出たときの参加者から「私は、LGBTQ＋の当事者のレズビアンでもあり、シングルマザーでもあり、職場では女性活躍の対象者でもあるんです。一人でいくつもマイノリティ（少数派）を持ってるんです」と言われ、ハッとしました。

　それぞれのマイノリティのキーワードに対応する施策はあるけれど、**一人ひとりはいろんなマイノリティを持っている、それぞれが影響しあっている**ことを忘れないようにしています。

▶ 多様性を活かす職場は社員満足度が上昇し、働きたい人の離職を防げる ◀

　ライフイベントによってそれまでと同様の働き方ができなくなる事態は、すべての人の身に起こり得ます。私自身、子育てのために短時間勤務の制度（４時間、５時間、６時間勤務）を活用しましたし、あるいは配偶者が海外転勤になって一緒に移住することになったので、当時は珍

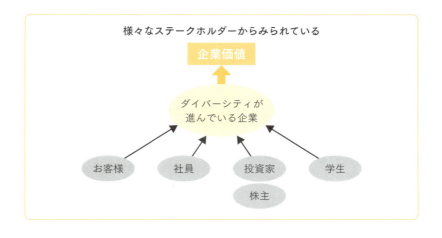

しかった『配偶者の転勤に伴うやむない退社の再採用制度』を使って、退職してもまた数年後に職場にそのままの処遇で戻れる制度を活用しました。それが「こういう制度があってすごくありがたい会社だな」「これからも働き続けるなら、今の会社がよいな」と実感・体感することにつながり、結局同じ会社でキャリアを重ねてきました。

近年は成果主義的な価値観も一定の支持を集めており、「働きやすさ」よりも「個として評価されること」を求めて転職する人がいるのも事実です。

一方で社員に話を聞くと、ライフイベントをサポートしてくれるような制度や会社の文化・雰囲気、上司や同僚の人柄といったことに好感を持っている、つまり「働きやすい職場」だから「ずっとこの会社にいたい」と言ってくれる人もかなりの割合です。同じようにLGBTQ＋や障がい者のようなマイノリティの人たちにとっても、働くうえでの困りごとに職場として対応する働きやすい会社をつくることで、当事者の方、ひいては**LGBTQ＋の当事者ではない周りの「LGBTQ＋の人たちを応援している組織文化・会社が好き」と思ってくれている、長く勤めたいと思ってもらえる会社になることができる**のかもしれません。

▶ 多様性は創造的な商品アイデアの源泉になる ◀

　会社にとって多様性が重要であるそもそもの理由は、当たり前ですが社会を構成する人に多様性があるからです。ということは会社から外に目を向けると、お客様にも多様性がある、ひいてはマーケットにも多様性があるということです。

　ですから、社員自身の多様性から来る困りごとが、外にいるお客様の困りごとでもあり、創造的な商品アイデアに結びつくことは珍しくありません。

　例えば、小〜中学校から保護者への連絡には、現在でこそLINEのようなチャットアプリが利用されることが多くなりましたが、ある世代より上の方には子どもの頃に、あるいは親として伝言ゲームのように一人ずつ次の人へ連絡事項を口頭で伝えていく電話連絡網を使っていた経験がある人が多いと思います。まだ電話連絡網が主流だった頃に、私の会社の子育てをしていた女性社員の「連絡網って使いづらい」という困りごとが発端になり、お知らせを一斉配信して既読履歴を確認できる連絡システムが商品化されました。同じ悩みをもった、日本全国の学校はたくさんあって、導入されました。

　もう一つの例として、遠方に高齢になった家族を持つ困りごとから、給湯ポットに触れるとお知らせが届き、元気に生活していることが確認

できるシステムが生まれました。このシステムは高齢者介護のために開発されたわけですが、ペットの様子を確認する用途や、子どもの様子を確認する用途にも活用することができます。

　このように、**自分と同じことに困っている人は必ずいるし、その解決方法は、他のことに困っている人を助ける可能性をも秘めている**のです。

1-6

ダイバーシティ推進の現在地

❯トップ層の変化と、職場での進捗と課題 ❮

　トップ層・経営層はダイバーシティ推進以外にも多くの重要経営課題に直面していますので、私がダイバーシティ担当になった6年前は、担当から「これは会社として進めましょう」とボトムアップで説明し、理解・賛同してもらったうえでダイバーシティの大きな一つのプロジェクトを進めはじめるという流れがありました。

　そこから6年経った現在では、経営層が社会の潮流を捉えて、企業の存続にダイバーシティが不可欠だと認識し、むしろとても積極的にやって当たり前、さらには推進しないと企業の成長や存続に大きな影響があると、**ダイバーシティの重要性は説得せずとも経営層の共通認識になってきました**。また今では全社のKPI目標にダイバーシティの項目が掲げられ、その達成結果が役員報酬にもつながっています。また、「こういった取り組みをやろう」とトップのほうから提案があったり、「このテーマで他社はどんな取り組みをしているだろうか」という相談も来るようになってきています。加えて中には、経営層自らが積極的にダイバーシティの情報発信を継続して行ってくれる幹部がいるほどの状況になりました。

　経営層はダイバーシティ推進に本腰を入れて取り組むようになった一方、**現状の課題は、現場で取り組む体制の整備がまだまだ途上であること**です。現状においては、職場の社員や管理者が無理をする中でなんとか運用しているといった状況が多く見られます。職場の社員、特に管理職のレベルで、ダイバーシティ推進の重要性は頭ではわかっているけれど、ダイバーシティを推進したくても、快くサポートできるような体制

が会社として整っていない、という問題もまだまだ散見されます。

　例えば、男性の育児休職の取得率向上を会社の方針として推奨し、管理職向け研修でもその旨を説明し頭で理解し、ぜひ応援したい、推進したいと思ってくれたとしても、現実の管理職やまわりの社員の立場としては人員が抜けることはなかなかインパクトが大きいのが現実です。育児休職の取得が会社としてのKPIになっている以上応援したいと思うけれど、そもそも人員不足で悩んでいるところに育休でさらに人が抜けたら現場の負担が増すことは避けられません。

　育児休職は理解するけれど、チーム内での助け合いだけで支えるのには無理があります。その限界や葛藤を目の当たりにして、人員が抜けた分の要員の補てんやサポートし合った人たちへの手当をはじめとした具体的な方策についても考えたほうがよいでしょう。

　育児以外のテーマについても、多様性を推進するために様々な取り組みを行おうとする企業は増えていますが、ただでさえ人員に余裕のない状態で、どうやってサポートのためのリソースを割けばよいのか、周囲の人のモチベーションの配慮などという問題が、多くの現場で起こっています。

　企業が求めるところは、いろんな人たちに働いてもらい、その人の能力を最大限出してもらうことです。上記のような理想と現実がありつつも、能力を発揮してもらえない、または発揮せずに辞められるのはもったいないと考え、**「働きやすい」「働きがいのある」職場づくり**を進めるために、社員や管理者や経営者、関わる人が主体性をもって、多様で一人ひとりのニーズや価値観が違うダイバーシティの推進を担うことが求められます。

　「何か一つの答えがあるわけではない。それぞれが話し合いながら、考え続け、スモールスタートでもよいので行動し続ける」。
　これが、企業のダイバーシティ推進として重要な姿勢だと言えるでしょう。

経営層／・ダイバーシティが企業の存続に不可欠だと認識
　　　　・全社KPI目標にダイバーシティの項目を設定
　　　　・結果が役員報酬にもつながっている

現　場／・ダイバーシティの重要性を理解応援
　　　　・ただし、実際の職場での苦悩・葛藤はあり

うーん

チームメンバーが育休などで抜けると……
・人員が減る
・仕事は減らない
・周囲の負担増
・周囲のモチベーション配慮

重要！

「働きやすさ」　　「働きがい」

の両軸の実現に向けて

・何か一つの答えがある訳ではない
・それぞれが話し合いながら考え続ける
・スモールスタートでも行動し続ける

▶ この章のまとめ ◀

- 「ダイバーシティの推進＝一人ひとりの個性が認められる、働きやすい、働きがいのある企業」になることは企業にとって危急の課題であり、中長期的な企業の成長に責任を持つ経営層は危機感を持って「持続的に成長する」かつ「どうやって人が来てくれるよい企業にしていくのか」という課題に向き合っている。

- 欧米と日本のダイバーシティへの意識と進捗状況の差は大きなギャップがある。

- 「多様性に取り組まないと企業が存続できない」という危機感をもって経営戦略化し、KPIを設けて推進している企業が急激に増えている。

- 多様性への配慮は、人権に関わる企業のコンプライアンスにとっても重要な要素になっている。

- ESG（環境、社会、ガバナンス）投資の注目により、企業価値を上げるうえでも、ダイバーシティの存在感は高まってきている。

- 投資家の約3分の2が、「投資判断に女性活躍情報を活用している」という結果が出ている。

- 2023年4月以降、有価証券報告書における「人的資本開示」が義務づけられ、従業員や役員の男女比率や給与差、育児休職取得の状況などを公表しなければならなくなった。

- 経営者にとって「多様性の推進」はスローガンではなく、経営

戦略としてKPI化し、数字を上げることが企業の成長につながるという課題の一つになっている。

- ダイバーシティの取り組みを継続することで、確実に社風は変わっていく。

- 多様性推進は早めに取り組みを始め、はじめは反発があったとしても粘り強く継続する必要がある。

- 「社会を構成する人に多様性がある」ということは、目を会社から外に向けると、「お客様にも多様性がある」「マーケットにも多様性がある」ということでもある。

- 企業のダイバーシティ推進に重要な姿勢として大事なのは、「何か一つの答えがあるわけではない。それぞれが話し合いながら、考え続け、スモールスタートでもよいので行動し続ける」こと。

第2章 ダイバーシティの基礎知識

本章のキーワード

- ダイバーシティ
- エクイティ
- インクルージョン
- 「目に見えやすい属性」と「目に見えにくい属性」
- ジェンダー平等
- アンコンシャス・バイアス
- 多様性時代に求められる「3つのスキル」
  1．コミュニケーション力
  2．想像力・共感力
  3．協働力

2-1 ダイバーシティ、エクイティ&インクルージョンとは

　多様性活用を推進していくうえで関連する用語がいくつかありますが、国連PRIの"Diversity, equity and inclusion（DEI）has a clear basis in human rights"に基づいて代表的な用語である「ダイバーシティ」「エクイティ」「インクルージョン」を定義しておきます。

ダイバーシティ（Diversity）：多様性
多様な属性（性別・人種・国籍・宗教・障がいの有無・性的指向・性自認など）の違いをもった人々が共存している集団や状態

エクイティ（Equity）：公平性
すべての人が活躍・成功・成長するために必要な公正な機会、資源、力をもてるようにすること

38

インクルージョン（Inclusion）：包摂性
すべての人の個性の強みや視点を理解し、尊重し、その能力を最大限発揮できるような環境を創ること、その状態

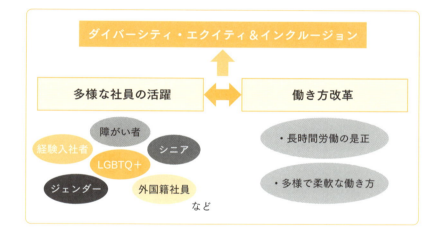

2-2

見えやすい属性と見えにくい属性

　ダイバーシティに取り組むうえでの基本概念の一つに、「目に見えやすい属性」と「目に見えにくい属性」があります。「目に見えやすい属性」としては一般に性別、国籍、年齢、人種、障がいの有無が挙げられ、「目に見えにくい属性」には性格や価値観、宗教といった内面に関わることを始め、職歴やスキル、働き方（正社員、アルバイトなど）、家族構成、第6章でも大きく取り上げている性的指向・性自認、コミュニケーションスタイルといった項目が挙げられます。

　これらの分類は、一つひとつの項目が本当に「見えやすい」「見えにくい」と完璧には言い難いかもしれません。例えば色覚異常は障がいに分類されますが、周りから「見えやすい」属性ではありません。またLGBTQ＋に分類される中でLGBとQの人は見た目のうえでは他の人と変わりませんし、トランスジェンダーの方も、自認している性に合わせるまではやはり外からはわかりません。
　ですからまず大事なことは、**一つひとつの項目が「見えやすい」か「見えにくい」かではなく、そもそも見かけだけで「この人はこういう**

目に見えやすい属性

性別　国籍　年齢　人種　障がいの有無

性格　価値観　宗教などの内面に関わること
職歴　スキル　働き方(正社員、アルバイトなど)　家族構成
性的思考　性自認　コミュニケーションスタイル

目に見えにくい属性

> 昔NTTドコモのCMだった「あなたという一人は、いくつもの人生でできている」という、色とりどりの属性が書いてあるTシャツを脱いでいく動画が好きでした。
>
> 出演者：
> ・プロボクサー　・ダンサー　　・医者　・父親　・経営者　・シングル
> ・モデル　　　　・囲碁の先生　・患者　・元女性　・義足モデル　　ファザー
> ・シングルマザー　　　　　　　　　　　　　　　　　　　　　　　・アルバイト
>
>
>
> これと同様に一人ひとりはいろんな属性を持っています
> ・シングルマザー　・聴覚障がい者　　　　・外国人
> ・レズビアン　　　・トランスジェンダー　・がんの闘病者
>
>
>
> などなど

属性だ」と判断するのを止めること、そしてすぐ近くにいろいろな属性のマイノリティの人がいるという前提を持って、**誰もが傷ついたり嫌がったりするような行動・発言をしないように気をつけよう**、ということです。

　もう一つ大事なことは、本書でもキーワードとして個別に取り上げている性別や国籍、障がいの有無や性的指向だけでなく、「目に見えにくい」ものまで広げると人間にはいろいろな属性がある、ということです。

　例えば「日本に住む外国人のゲイの人」を想像してみると、国籍、人種、性的指向、そしておそらく宗教でも日本の中ではマイノリティ（少数派）ということになります。

　逆に日本の企業社会における「マジョリティ（多数派）」と思われてきた「日本人の男性」の中でも、職歴や仕事上のスキル、コミュニケーションスキルの違いや、病歴、子育てや介護といった社会的な支援を必要とする状況など、「目に見えない属性」にまで注目すると、人それぞれ違いが見えてきます。このように**人間はそもそも多様であり、一人ひとりが違う人間であり、それぞれの生きづらさを解消し、それぞれの違いを活かすことがダイバーシティ推進の目指すところ**なのです。

もちろん本書が多様性を表すキーワードごとの章立てになっていると
おり、それぞれのキーワードごとに対応の際の心構えや、キーワードに
当てはまる当事者の多くの人にとって整備されることが望ましいような
制度はありますが、会社として、まずは多様性やダイバーシティ自体を
どう捉え、推進していくかといった大きい網から取り組む姿勢自体は間
違いではありません。それでも「障がい者」や「LGBTQ＋」などの一
つのキーワードだけで、目の前の当事者のことを「このキーワードの人
は、こういうタイプだ」と決めつけるのではなく、**自分を含めた一人ひ
とりがみんな違うので、それぞれの事情に個として対応していくことが
重要**である、ということを忘れないことが大切です。

　この意識を職場での多様性推進に活かすと、例えばLGBTQ＋の当事
者の方が上司にカミングアウトした時にも、その理由は一人ひとり異な
ります。同性パートナーとの間で職場の支援制度を使いたいのか、トラ
ンスジェンダーなのでビジネスネームを変えたいのか、心の性に合った
トイレを使いたいのか。あるいは、職場での世間話の話題を配慮してほ
しい、ということなのかもしれません。人によって望んでいる配慮はま
ったく異なるので、一人ひとりに何をしたいのか確認して、理解を持っ
たうえで、可能な対応をしていくことが大切です。

一人ひとりはいろんな属性を持っている。
まずは本人がどうしたいのか、
相手の背景とニーズをきいて、理解して、
個別に対応することが大事。

2-3

アンコンシャス・バイアスとは

　多様性の推進に関するもう一つの重要な概念が、「アンコンシャス・バイアス（無意識の偏見）」です。**アンコンシャス・バイアスとは「自分では気がついていない、ものの見方や捉え方の歪みや偏り」**のことです。その人が育つ中で身につけた価値観や知識、過去の経験や信念をベースに、自動的に認知や判断が行われ、何気ない行動や発言として現れるもので、**誰もがアンコンシャス・バイアスを持っています。**

　例えば
・「親が単身赴任中だ」と聞くとまず父親を思い浮かべる。
・男性社員が育児や介護の休暇を申請すると、「奥さんはどうしてるの？」と聞いてしまう。
・よかれと思って、子育て中の女性に転勤、出張やタフな仕事は頼まない。
といったものは、代表的なアンコンシャス・バイアスです。

　目に見えやすい属性、見えにくい属性を含めて、いろいろな属性を持った人が「自分らしく活躍できる」という理想自体に反対の人はあまりいません。しかし自分自身では意識しづらい歪みや偏りによって、知らず知らずのうちに差別的な発言をして人を傷つけたり、部下のチャンスを奪ってしまうといった事態は、実際に多くの職場で起こっています。
　人間は何かしらのアンコンシャス・バイアスを必ず持っているもので、完全に無くすことはできません。だからこそ「自分もアンコンシャス・バイアスを持っている」という前提でなるべく改善していくことが大切ですし、職場レベルで多様性を推進していくときの重要なベースの考え方になります。

第2章　ダイバーシティの基礎知識

43

ホントにそうなのか疑ってみる

▶ アンコンシャス・バイアス改善のポイント ◀

アンコンシャス・バイアスを改善していくうえでのポイントは
① 決めつけ言葉に注意する
② 相手の表情・態度をよく見る
③ ものの見方・考え方のクセに気づき、行動を少し変えてみる
ことです。

① 決めつけ言葉に注意する

アンコンシャス・バイアスは、「もしかしたらこの人の場合は違うかもしれない」という疑問を持たず、自分自身が育ってきた中で身につけた価値観や経験を当たり前だと思ってしまうことで生まれます。

ですから、「普通はこうだ」「そんなはずはあるわけない」「こうあるべきだ」といった「以前から自分が持っている価値観や常識と合わない」という感覚から生まれる言葉が出てきた時には、自分がアンコンシャス・バイアスに陥っているのではないかと振り返ってみることが大切です。これらの言葉を「決めつけ言葉」と呼びます。

② 相手の表情・態度をよく見る

打ち合わせや雑談の中で、相手の表情が急に曇った時には、自分が知らず知らずのうちに相手が傷つくなることを言ってしまったのかもしれません。また、相手がむきになって「それは違うと思います」と言い返

決めつけ言葉の例		
価値観	●「普通」はそうだよ ●「たいてい」はこうだよ ●「ほとんど」はそうなるよ　など	
能　力	●「どうせ」無理だよ ●「どうせ」駄目だよ ●「そんなことはできるわけないよ」　など	

押しつけ言葉の例		
解　釈	●「そんなはずはないよ」 ●「そうに決まっているよ」 ●「そんなことはありえないよ」　など	
理　想	●○○のようにする「べき」だよ ●こうしなければ「駄目」だよ ●「それじゃあ○○とは全然違うよ」　など	

「決めつけ言葉」「押しつけ言葉」に注意しよう

出所：一般社団法人アンコンシャスバイアス研究所資料を参考に著者作成

してきたことでムッとしたとしても、もしかしたら自分のほうが偏見を口にしてしまったのかもしれません。

　自分では自分の偏見に気がつきにくく、言動にアンコンシャス・バイアスが出てしまうわけですから、相手の反応を見ることが気づくための第一歩になります。自分の言葉によって会話の相手が変な様子になった時には、すぐに改めたり相手の意見を聞いたりするのとともに、自分のクセとしてメモを取って見直すようにするとよいでしょう。

アンコンシャス・バイアスは誰でも持っているもの。だから自分のクセに気づき、都度修正してできるところから発言・行動を変えていこう

③ものの見方・考え方のクセに気づき、行動を少し変えてみる

　アンコンシャス・バイアスは誰もが持っているものであり、完全に無くすことはできません。ですから、アンコンシャス・バイアスを改善していく前提になるのは、まず「自分にも何らかのアンコンシャス・バイアスがあるはずだ」という前提を仮説として置いてみることです。そして一度にすべてを解決しようとせず、「少しでも自分の歪みに気がついたら、言動や行動を変えようと気をつけよう」ということが、長い目で見ると大きな前進につながります。

2-4

職場でのアンコンシャス・バイアス

アンコンシャス・バイアスが職場で引き起こす問題の一つに、よかれと思った上司がなんらかのマイノリティ属性を持った部下のキャリア上のチャンスを奪ってしまう、というものがあり、とくに女性活躍の文脈では顕著です。

例えば、育休明けで短時間勤務期間の女性に対して、「子どもが小さいからまだ無理だよね」と気を遣って出張をはじめから打診しない、といった話です。実際には事情は個々人によって異なり、もちろん乳幼児を置いて出張に行けない女性社員もいるでしょうが、男性のパートナーが育児休職を取る人も増えましたし、専業主夫だったり、より時間の自由が利く働き方をしている夫に子どもを任せられたり、実家の両親に預けられたりできるなど、育休明けでもバリバリ働きたい、という希望を持っている女性もいます。

実際に私が知っている事例でも、子どもが３〜４歳の子育て中で短時間勤務が明けたばかりの女性に海外転勤の話が持ち上がりました。直属の上司は「子どもが小さいから無理だろう」と思い込み、最初は別の独身の男性に行かせようと考えました。しかし本人に念のため確認してみたところ、「是非行きたい」と希望しており、子どもを連れて海外に赴任して数年働き、その間は夫のほうが単身で日本に残った、というケースも数件あります。

このようにライフステージが変化するタイミングで、昇進・昇格や成長するチャンスがキャリアから取り除かれることが重なった結果、入社時には同期の男性より優秀だった女性でも、年次を経るにつれて社内で男性とのギャップが出てきてしまう状況が現在でも多くの職場で見られます。これは何も女性社員がいじわるをされているのではなく、「女性の標準的なライフプラン」のようなものを上司や職場がアンコンシャ

よかれと思って、ではなく本人の意思を確認しよう

ス・バイアスとして内面化してしまっているせいです。よかれと思って本人が望まぬ配慮が行われてしまった結果、起きてしまっていることなのです。

▶「本当にそうなんだっけ？」◀

　例えば、妊娠・出産すると、「子どもが小さいうちはハードな仕事は大変だろう」という前提で楽な仕事しか頼まなくなる、といった判断があるとすれば、それはアンコンシャス・バイアスの典型と言えます。逆に「育児は妻がするべきだ」というアンコンシャス・バイアスに縛られて、子育てに専念したい男性から育児休職の相談を受けた際に「お前、もう昇格は諦めるのか」と言ってしまうような上司も残念ながら存在しています。
　もし本当に男性が育児休職を取ったときに昇進・昇格に影響がある制度であれば会社として改善していかなければなりませんし、育休をとる女性ならば普通は昇格をあきらめるのは仕方がないと思われているのであれば、それは正していく必要があります。
　けれども、**現実には一人ひとりの事情や希望は異なります。**結婚したら出産して子育てをしたい女性がいるのと同じように、結婚しても妊娠を選ばない女性もいますし、出産したら子育ては周りに任せて自分はす

ぐに職場に復帰したい女性もいます。共働きが当たり前になったことで、協力して子育てを行い、仕事のうえでも自分もパートナーもできる範囲でのキャリアアップにチャレンジしたい、という価値観を持った人たちも増えています。

　アンコンシャス・バイアスがあるからこそ職場でのチャンスを失ったり、生きづらくなったりしている人は大勢いるかもしれません。**「一般論はこうだ」「自分はこうしてきた」という基準を人に当てはめそうになったら、踏みとどまって「本当に誰もがそうなんだっけ」と考えることが、アンコンシャス・バイアスの解消につながり、ダイバーシティ推進の基礎になる大事な姿勢**です。

アンコンシャス・バイアスは、ダイバーシティ推進の基礎

2-5

用語を整理する

▶ 用語をカテゴリー分けしてアンコンシャス・バイアスに気づく ◀

　私たちが普段何気なく使っている言葉の中には、じつは型にはまった思い込み、言い換えるとアンコンシャス・バイアスを前提にしていて、その言葉を使うことが思いがけず差別になってしまったり、当事者を傷つけてしまったり、アンコンシャス・バイアスを再生産してしまうようなものがあります。私は国や市区町村のウェブサイトの人権を取り扱ったページを時折確認したり、関連団体のセミナーに出席したり、記事などで、用語についても最新の知識を確認するようにしています。また全社員向けに行っている人権研修やダイバーシティ研修で、年に一度は用語について学んでもらう機会をつくるようにしています。

　例えば、会話相手の配偶者について話す際、夫を「旦那様」、妻を「奥様」と呼んだり、本人同士が「主人」「家内」と呼ぶことは現在でも一般的ですが、これは「旦那（＝お世話をする人、パトロン）である人」「家の中にいる人」という役割を反映した言葉になっており、じつは「お金を稼ぐのは男性」「家事をするのは女性」という固定的なイメージを反映してしまっている言葉遣いです。ですから最近では「配偶者」「お連れ合い」「パートナー」と言い換えるケースも増えてきています。

■ 事例

　ディズニーシーにある「タートル・トーク」の亀のキャラクター「クラッシュ」は、お客さんとの会話のやりとりが面白くてセンスがあると人気です。YouTube動画でもたくさん掲載されていますが、こんなやりとりがあって感心しました。

子ども「クラッシュの奥さんはどこにいるんですか？」
クラッシュ「俺のパートナーのことか？　だとしたら……」

　これは、「奥さん」という言葉を「パートナー」にさりげなく言い換えて会話を続けている様子です。ディズニーリゾートの人権配慮の素晴らしさを再確認した場面でした。
　日々の小さなことですが、これをきっかけに「なぜ言い換えたのか」という話題に広がったならとてもよい機会になります。私たちもこのように日常でできることから知り、行動を変えていけるとよいな、と思います。

　こういった用語を一つひとつ確認してもよいですが、「家族に関する用語」「心身の障がいに関する用語」「LGBTQ＋に関する用語」など、自分なりにいくつかのキーワードやカテゴリーに分類してまとめてみると、言葉の裏にあるアンコンシャス・バイアスや社会的な偏見が浮かび上がってきます。

▶ 言葉を言い換えよう ◀

　かつて性別によって呼ばれ方が変わってしまう職業が多くありましたが、近年は職業を示すのに性別で分けるのはおかしいという考え方が広まっています。例えば以前「看護士」「看護婦」と男女で名称が異なっていましたが、現在は男女関係なく「看護師」と表記されるようになったり、資格名そのものが女性であることを前提にしていた「保母」は、現在では「保育士」へと資格名が変更になっています。現在でも女性の場合にだけ「女医」などの俗称が使われることがありますが、その場合も男女関係なく「医師」としたほうがよいでしょう。
　ジェンダー以外にも、障がい者や病気の当事者を傷つけたり、人種・民族差別につながる用語は、言い換えられる表現に改めるのが基本です。どのような用語・表現に気をつけたらよいのかがわからなかったり、「こ

第2章　ダイバーシティの基礎知識

言葉の言い換え	
■家族に関する用語	
お父さん・お母さん、父兄	保護者
片親	母子家庭・父子家庭
奥さん、家内	妻
主人、旦那、亭主	夫
奥さま	配偶者、お連れ合い、パートナー
旦那さま、ご主人	配偶者、お連れ合い、パートナー
子女	子、生徒（例　帰国子女　→　帰国生）
■性別に関する用語	
男らしい、男のくせに、男勝り、女々しい	使わない
女のくせに	使わない
男らしく、女らしく	自分らしく
レズ、ホモ	レズビアン、ゲイ
オカマ、オナベ、ニューハーフ	使わない
■職業に関する用語	
スチュワーデス	客室乗務員、キャビンアテンダント（CA）
看護士・看護婦	看護師
保母・保父	保育士
助産婦	助産師
女医	医師
女社長	社長
女流作家	作家
女性記者	記者
女子アナ	アナウンサー
サラリーマン、OL	会社員
ビジネスマン	ビジネスパーソン
■その他	
ガキ・小僧・小娘・坊主	こども・児童
老人性痴呆、ボケ	認知症、物忘れ
精神分裂病、精神薄弱	統合失調症、知的障がい
片手落ち、白い目で見る	不公平・一方的、冷淡な態度を取る・嫌悪する
啓蒙	啓発

言葉の言い換え例

の表現はよくないんじゃないか」と疑問に思ったときに調べるのには、市販されている用字用語集が役に立ちます。たとえば出版・マスコミ業界で広く使われている『記者ハンドブック』（共同通信社）には、差別語、不快語やジェンダー表現がまとめて紹介されているので、一冊手元にあると便利です。また、市区町村のウェブサイトでも、気をつけるべき用語と言い換え例を紹介しているところがあります。（参考：橿原市ウェブサイト https://www.city.kashihara.nara.jp/soshiki/1057/gyomu/3/4/1066.html）

> 正しい表現は配慮していることの表れ。
> 広報・ダイバーシティ担当だけでなく
> 登壇・記事発信などする役員や営業担当者な
> どをはじめ社員全員が知って意識しよう！

会社・個人への信頼へ

　以上の内容を知っておいたほうがよいのは、社外への発信を確認する広報やダイバーシティ担当だけではありません。お客様とのやりとりの中で何気なく使った言葉遣いで相手を傷つけてしまったり、会社の顔として登壇したイベントの中で使った言葉によって社会的な信用を失ってしまったりといった事態を防ぐためにも、基本的な内容は会社の役員をはじめ、社員全員が知って、日頃から意識してもらうようにすることが必要です。全社員向け・役員向けに行うダイバーシティ研修または人権研修のプログラムの中に組み込む形で教育するのがおススメです。

　言葉は時代によって変化していきますが、前ページの表にあるような言葉には意識的に注意を払い、細かい言葉遣いについて学んでもらうとよいでしょう。

　正しい言葉を使っている役員・社員がいる会社は、人権や他者への配慮をしている背景も踏まえて、役員・社員自身、さらには会社の信頼にも繋がります。

■ 事例

　私のいる会社は昔、年末にお客様に配布するカレンダーの中に、意図せず入っていた絵の表現がほんの一部人権的に問題があることに配布直前に気づきました。このため、各職場に配布済みで、あとはお客様に渡しに行くだけだったカレンダーを全部回収し、作成し直しました。費用もかかり、配布時期が年明けになりましたが、そ

れでも配慮が足りなかったかもしれないものを配布してしまって、お客様に一年間掲示されるよりも、制作しなおす判断を瞬時に行うことが正解だったと感じています。その後は有職者や人権担当が確認することになりました。

■ 事例

　あるアーティストのプロモーションビデオが公開されましたが、初日にその内容が差別的な表現・描写に取れるとSNSで炎上。すぐにその動画の公開が中止になりました。

　その他、このような企業の事例は他にもよく目にします。特に**公開・配布するものは、PRのためのものがむしろ信頼・評価を下げることにならないよう、多数の立場の人や必要があれば有識者とチェックすることが大事**です。

2-6 それぞれの国の多様性に合わせたビジネス

▶「タブー」に気をつける◀

　世界には様々な文化の国があるので、特に「やってはいけないこと」については注意が必要です。社員が出張や転勤する際に、例えば、ヒンズー教圏における「左手は不浄の手とされているので、食事を口に運ぶ際や人に物を渡す際に使わない」というマナーや、東南アジアや中東における「子どもの頭を触ってはいけない」というタブーについて知らずに現地に行ってしまうと、企業としても個人としてもトラブルの元になります。ですから会社としては、出張・転勤前に異文化理解のための学習（オンライン教材・動画など。最後にテストを実施）を必須で実施したり、説明会を実施して、事前に知識を学んで行動できるようにしてもらったうえで送り出す必要があります。

　まず参照できる情報源としては、外務省の「海外安全ホームページ（https://www.anzen.mofa.go.jp/）」が挙げられます。犯罪やテロ、紛争に遭わないための危機管理情報を主に提供しているサイトですが、それぞれの国別に気をつけなければいけないタブーの情報もまとまっています。より詳細な異文化理解の講座を企業に提供している専門の会社に委託するのも慎重を期すための方法です。

　また海外の支社で企業活動を行う際や、世界各地で本社が行っている取り組みについて発信する際、その活動や発信が受け入れられるか、それとも拒否反応が起こるかは文化によって異なるので、それぞれの国ごとに活動や発信の内容を変える必要があります。

　例えば、本書ではLGBTQ＋への取り組みと配慮について一章をかけて解説していますが、いわゆる西側諸国以外に目を向けると、中近東を中心にLGBTQ＋が違法の国も多く、当事者が死刑になる国すらありま

す。難しい問題ではありますが、こうした国に赴いて企業活動を行う以上は、まずはそれぞれの国・社会の多様な価値観そしてタブーを尊重することにして、当該国ではLGBTQ＋支援に関する発信をしない（その国の企業公式サイトの掲載、ニュースリリースの配慮）、といった対応も必要です。

▶ その土地の文化に合ったコミュニケーションをする ◀

　タブーなどの「してはいけないこと」だけでなく、外国で現地の人たちとビジネスをするにあたっては、その国の人たちにあったマネジメントや交渉の仕方、物事の伝え方を身につけることも大切です。例えば、インドの人たちに仕事を頼む際には、「この仕事をすることで、あなたにどういうメリットがあるのか」をしっかり示さないと動いてくれないと言われています。そのような文化では、「報酬がこれだけ増える」「こういう成果をあげると役職が上がる」といったものを具体的に示すマネジメントの仕方が必要になります。一般的な日本人の感覚からすると、「ドライすぎる」「がめつい」と感じるかもしれませんが、日本を含めてどの国の文化もローカルなものですから、**他の国では相手のやり方に順応することも多文化理解の一環**です。

2-7

誰だって間違える

▶ 誰だって間違いをしてしまうから ◀

　これまで何気なく使ってきた言葉を言い換えたくない、めんどうな気持ちもあるでしょうが、そんな時には「**自分のすぐ隣に、この言葉を見聞きして傷つくマイノリティの当事者がいるはずだ。本人でなくても、家族や親しい人にマイノリティがいるかもしれない**」とイメージして、常になるべく「みんなが傷つかない言葉」を使っていくようにすることが大事だと思います。

　それに、どれだけ気をつけていて、自分では知識があるつもりでも、ついアンコンシャス・バイアスが出てしまい人を傷つけてしまうことはあります。

■ 職場のやりとり

　私自身の失敗として、「子育てが大変だ」と言っていた女性の同僚に対して、よかれと思って「自分が笑顔でいることも子どもに大事だから、パートナーに預けたりして、好きなことをしたりリフレッシュする時間もつくったほうがよいよ」とアドバイスしたところ、「いやいや、配偶者はいないし、実家も遠いから預ける人がいないんだよね。でも保育園に預かってもらっている時間にリフレッシュはしているから大丈夫」と笑いながら返されたことがあります。恥ずかしい話ですが、その時の私の中には「夫婦がいて、子どもがいる」という家族観がアンコンシャス・バイアスとしてあったのでしょう。彼女は身近な同僚だったこともあり言葉を飲み込まずに訂正してくれましたが、もっと遠い関係だったら注意してくれなかったかもしれません。

LGBTQ＋に関するセミナーで講師をしているような方でも、セミナー中に「そこの青い服を着ている男性の方」と参加者を指名したところ、その参加者が男性から女性に性別移行中のトランスジェンダーの当事者で、嫌な思いをさせてしまった、後から本人がそっと伝えてくれたので気づき、反省した、とおっしゃっていました。

　「自分のすぐ隣に、この言葉を見聞きして傷つくマイノリティの当事者がいるはずだ。本人でなくても、家族や親しい人にマイノリティがいるかもしれない」とイメージして、常になるべく「みんなが傷つかない言葉」を使っていくようにすることが大事。

当事者に確認してもらう

　このように、ダイバーシティ推進やマイノリティの権利について日頃から取り組んでいる人たちですら、アンコンシャス・バイアスから完全には逃れられないのが実際のところです。
　なるべく配慮の行き届いた言葉を使うために私がやっている工夫の一つに、「当事者に確認してもらう」というものがあります。LGBTQ＋に関する研修を開いたり、情報を社内で周知する際、プログラムや台本、お知らせの中で十分に行き届いた表現ができているか不安な時には、当事者の人に見てもらっています。確認してくれた人からも「私ができる範囲では確認しましたけれども、私もすべてのLGBTQ＋の代表ではないですから見逃しがあるかもしれません」と言われますが、他の当事者

にも確認してみるなど、できる範囲で当事者に見てもらうと、担当者が一人でチェックするよりは安心できます。さらに大事な時は有識者に確認してもらうこともおススメです。

第2章　ダイバーシティの基礎知識

2-8

企業の公式発信の注意

　商品名やCMや広報活動といった企業のオフィシャルな発信の場では、**単純な用語の言い換えだけでなく、発信したメッセージが差別や偏見を助長するものにならないように配慮することも必要**です。

　例えば「仕事から帰ってくるお父さんを、お母さんが食事をつくって待っている」「赤ちゃんをお世話しているのはママ」のような表現が少し前までよく見られましたが、これは男女の固定的役割を想起させるものなので、本当にそれ以外の表現の可能性がないか検討してみるべきです。

　以下は日本弁護士連合会『人権の観点からの日本弁護士連合会公式企画チェックリスト』から引用した、公式な発信内容についての留意事項で、とくにジェンダー面に関してよくまとまっています。

□ 性別・性的指向・性自認・人種・年齢ほか、多様性に配慮した表現になっていますか。

□ 男女の固定的な性別役割を想起させるような表現になっていませんか。

□ 固定的な家族像にとらわれず、様々な家族の在り方を尊重する表現になっていますか。

□ アイキャッチャーとして性的側面を強調するような表現になっていませんか。

この他にも、

□ 特定の民族や国、地域、外国人を差別したり、イメージを固定化するような内容になっていませんか。

□ 身体的な比喩表現・慣用句を使っていませんか。

> □ 容姿や身体的特徴を過度に強調していませんか。
> □ その他、人を不快にさせるおそれのある表現になっていませんか。

といったことに気を配ったほうがよいでしょう。

▶ 配慮された表現も増えている ◀

　以前の価値観を引きずった商品名や広告表現がある一方で、最近は配慮のある表現も出てきました。

　例えば、「おままごと」は従来「女の子がするもの」というイメージがありましたが、実際には料理の真似をしたがる子どもは男女関係なくいます。スウェーデンで創業し、普段から配慮のある広告表現をしている家具量販店のIKEAでは、子ども向けキッチンセットの広告の中で男の子に商品で遊ばせており、ここでも従来の「女の子向け」イメージから脱却した表現になっています。

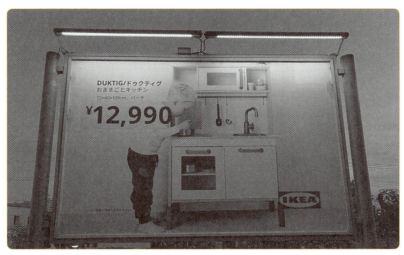

IKEA　おままごとキッチン広告

色とりどりのランドセル

　また、かつては「黒〜青が男の子らしい色、赤〜ピンクが女の子らしい色」というイメージが一般的で、ランドセルや子ども服をはじめそのイメージに縛られた色の商品ばかりでした。そのせいで、例えば身体は女性、心は男性で生まれたトランスジェンダーの子が、身につけるものがみんなピンクになってしまうのを気持ち悪く感じたり、LGBTQ＋でなくても、好きな色の服や道具を使いたい子どもにとって選択肢がない状況でした。

しかし最近では、ランドセルにも黒・赤・ピンク以外の色ができて誰もが水色のランドセルを持てるようになったりと、子ども用品のカラーバリエーションが増えてきています。これもメーカー側が子どもの多様性に対応した例と言えるでしょう。

第2章　ダイバーシティの基礎知識

2-9

多様性時代に求められる「3つのスキル」

　社内で多様性を推進する役割を担っていると、管理職をはじめとした社員から「発言しづらくなる」「下手なことを言うと炎上するから何も言えない」「すぐセクハラになるんでしょう？」といったホンネをこっそりと聞かせてもらう場面がよくあります。私自身も、多様性を推進する立場でありながら発言に失敗してしまうこともあります。ですから、そういったことと関係ない部署で働いてきた方々が、自分が若かったときとは常識が変わってしまい、戸惑ったりやりにくさを感じる気持ちはよくわかります。

　そういった方に私が伝えたいことは、**確かにはじめはやりにくさもあるでしょうが、これは仕事にとって、ひいてはご自身一人ひとりの成長につながる、「3つのスキル」を身につけるチャンスなんだ、**ということです。

　そのスキルとは、以下の3つです。

1．新しい発想・意見を、臆さずに、かつ謙虚に伝える力（コミュニケーション力）
2．意見の相違があった時でも、世代や環境といった、相手の意見の背景を想像する力（想像力・共感力）
3．意見や立場が違う人とも、同じゴールを目指す仲間・プロジェクトメンバーとして連携する力（協働力）

　この3つのスキルが、昨今のように多様性の重要性が増してくる前から、仕事を円滑に進めるために必要不可欠な能力だったことは、長年にわたり仕事を経験してきた方にこそ納得してもらいやすいと思います。

　私自身も職場で多様性を推進する立場ですが、以下のような経験を踏

まえて実感したことをお伝えします。

1．新しい発想・意見を、臆さずに、かつ謙虚に伝える力（コミュニケーション力）

これは私自身の失敗談でもあるのですが、ある飲み会に参加した時、参加者の一人が可愛がっている部下のことをにこやかに、「こいつ、バカなんだよねー」と言ったことに周りにいる人たちが驚いてしまい、場の空気が悪くなったことがありました。私はその発言がよくないことをその場で言うことができず、多くの参加者から「これ、NGワードだよね。〇〇さん、ダイバーシティを推進してるのに指摘しないの？！」とその場にいる何名もの人たちから無言の圧力と視線が一勢に届いたときがありました。場の空気を悪くする発言をした方だけでなく、それを指摘できなかった私や周りもそれを本人に伝えることができず、この時は失敗してしまったわけです。

よく言われることですが、間違わない人は絶対にいません。ですから、間違えないように気をつけることも大切ではありますが、それ以上に、誰かが間違ったときに「それ違いますよね」「もっとこうしたほうがよいですよ」とその人が今後も恥ずかしい思いをしないよう、二人になったときにさりげなく伝えるなど、**お互いに言える関係づくりや、相手にとっても受け入れやすく伝えられるようなコミュニケーション力を磨くことが大切**です。

2．意見の相違があった時に、世代や環境といった、相手の意見の背景を想像できる力（想像力・共感力）

1．で解説したとおり遠慮しないで伝えるコミュニケーションが大切であることは間違いないのですが、現実の職場は、いつも感じたことを

言い合える場というわけではなく、意見の相違が埋められない場面はどうしても出てきます。

　ですから、世代の違いや価値観の違い、育ってきた環境の違いを想像し、意見の相違があったとしても相手の立場を配慮できる能力もまた、職場の多様性を活かすうえで大切な能力です。1．のコミュニケーション力にとっても、「なるほど、あなたがそういう意見を持っているのは理解できる」と相手に共感し、そのうえで相手に直すべきところがあるのなら、**立場を尊重したうえで方法を提示してあげる**。そういった力を伸ばすことが、みんなの個性ある力を活かしていく前提になるのです。

3．意見や立場が違う人とも、同じゴールを目指す仲間・プロジェクトメンバーとして連携する力（協働力）

　そもそも「多様性を推進する」とは、いろんな人がいろんなことを言う状態を目指している、ということです。ですからこの3．は、じつは**「多様性を仕事に活かす」**力そのものです。その中ではきっと、びっくりしたり、腹が立ったり、逆に自分の至らなさを反省する場面も出てくるのですが、それらを受け入れながらどうにかみんなで協働していく。

　もしかしたらある時期の日本では既製品のような、画一的な価値観を持った、ある意味で「扱いやすい」社員が求められていたのかもしれませんが、**これからのビジネスにおける活力とは、一人ひとりの違いを受け入れて活かすこと**にあります。

企業における多様性推進は、多くの場合トップダウンで行われており、職場の社員にとっては「やらされ感」が出てしまいがちです。けれども社内で多様性を推進している実感として、多様性を推進することは、根底では一人ひとりの社員のスキルアップにつながります。誰もが簡単に身につくものではなく、実際私も苦労していますが、仕事で身についたら家族に対する接し方も変わるし、その先に広がる社会の他の方々への接し方も変わってくるものです。

　はじめは「やらされている」という意識かもしれませんが、やっていくうちに仕事、さらにはプライベートでも人間力が向上していきます。特にこれら3つのスキルが重要になる管理職からは、「もっと一人ひとりの個性を活かすチームをつくれるようにになりたい」と言って自発的に多様性スキル学ぶ人も出てきています。

「確かめる」コミュニケーション力

　多様性の尊重とは最終的には「多様な個」を尊重することですから、現実にはリソースに限りがあるにしても、**本来は一人ひとりの困りごとに丁寧に向き合い、解決していくのが理想**です。とは言え、多様性を推進していくうえで、「女性活躍」「LGBTQ＋」といったキーワードごとに対応する方針を整備することは、より多くの人が直面する問題に対処できる体制・制度を整えるためにとても大切です。本書もそのような方針で章立てを編成しています。

　しかし、「このような当事者には、この対応をしよう」と定石化することには弊害があり、特にLGBTQ＋の当事者に対しては、本人の意向を確かめなかったがために、よかれと思って行った配慮が真逆の結果をもたらすケースもあり得ます。実際に問い合わせがあった事例ですが、例えば、「部下にLGBTQ＋の当事者がいて、自分は上司として日頃から応援していたし、気持ちよく仕事をしてもらえるように配慮をしていた。ところが自分が異動することになったので、"本人"のことをよく知っ

ておいてもらって今後も応援してもらいたいから後任に引き継ぎとして伝えておいたほうがよいでしょうか？」といったケース。

　これは決して行ってはいけません。よかれと思ってだとしても、本人が望まないアウティングになってしまうからです。この方は理由を説明したらすぐ納得してくれて「本人に確認してみます！」と言ってくれました。

　LGBTQ＋は、キーワードとしては一括りにされてしまいますが、L、G、B、T、Qのそれぞれが別の性的指向・性自認ですし、個々人それぞれで性的指向・性自認も、置かれている状況も異なります（詳細は第6章で解説します）。ですから大切なことは、本人にとっての困りごとが何で、どんな状況を希望しているのか（例えば、会社で使う通称名を変えたいのか、性自認と合ったトイレが使いたいのかなど）。そして配慮が必要だということを、関わる人のどこまで共有したいのか（例えば、チームメンバーに共有するのか、トイレの利用なら、同じビルに入居している他社にどこまで共有するのかなど）。それらを想像しつつも、配慮を行動に移す際には**必ず本人に一つひとつどうしたいかを確認することが、LGBTQ＋への配慮を行ううえでの基本**です。

　他のキーワードの場合にも、よかれと思っての配慮が、本人に確かめなかったがために希望に沿わない結果に結びつくことがあります。前述したように、例えば子育て中のメンバーに対して、「子どもが小さいから、出張は別の人に頼もう」とよかれと思って配慮したけれど、本人としては「実家の親が子どもを預かってくれるから、本当は出張に行きたかった」と、望んでいたチャンスを失ってしまった、という話もあります。

　困りごとのある当事者の事情は想像し、配慮を持ちつつも、物事を勝手に進めずに本人の希望を確かめる。このような「コミュニケーション力」も、多様性を活かす職場をつくるうえで、重要な能力の一つです。

多様性時代に求められる「3つのスキル」

1. コミュニケーション力

新しい発想・意見を、臆さずに、かつ謙虚に伝える力

2. 想像力・共感力

意見の相違があった時でも、世代や環境といった、相手の意見の
背景を想像できる力

3. 協働力

意見や立場が違う人とも、同じゴールを目指す仲間・プロジェク
トメンバーとして連携する力

▶ この章のまとめ ◀

- 多様性活用を推進していくうえでは、代表的な用語である「ダイバーシティ」「エクイティ」「インクルージョン」について各々の定義を理解しておくことが必要。

- ダイバーシティに取り組むうえでの基本概念に、「目に見えやすい属性」と「目に見えにくい属性」がある。
  「目に見えやすい属性」
  性別、国籍、年齢、人種、障がいの有無など。
  「目に見えにくい属性」
  性格、価値観、宗教、職歴、スキル、働き方、家族構成、性的指向・性自認、コミュニケーションスタイルなど

- 決めつけるのではなく「自分を含めた一人ひとりはみんな違う、それぞれの事情・ニーズに個人として対応していくことがゴールである」ということを忘れないことが大切。

- 多様性の推進のベースになる重要な概念に「アンコンシャス・バイアス（無意識の偏見）＝自分では気がつきづらい、ものの見方や捉え方の歪みや偏り」がある。

- アンコンシャス・バイアスは誰もが持っているものであり、完全に無くすことはできないが、少しでも自分の無意識の思い込みや、偏ったものの見方に気がつき、言動や行動を変えようと気をつけることが大切だ。

- 「家族に関する用語」「心身の障がいに関する用語」「LGBTQに関する用語」など、自分なりにいくつかのキーワードやカテゴリーに分類してまとめてみると、言葉の裏にあるアンコンシャス・バイアスや社会的な偏見が浮かび上がってくる。

- 商品名、CM、広報活動といった企業のオフィシャルな発信の場では、単純な用語の言い換えだけでなく、発信したメッセージが差別や偏見を助長する人権的に問題ないものに配慮することが重要。

- 世界には様々な文化の国があるので、特に「やってはいけないこと」については注意が必要。

- また外国で現地の人たちとビジネスをするにあたっては、その国の人たちにあったマネジメントや交渉の仕方、物事の伝え方を身につけることも大切。他の国では相手のやり方に順応することも多文化理解の一環といえる。

- 多様性時代には「3つのスキル」が求められる。
  1. コミュニケーション力
     新しい発想・意見を、臆さずに、かつ謙虚に伝える力
  2. 想像力・共感力
     意見の相違があった時でも、世代や環境といった、相手の意見の背景を想像できる力
  3. 協働力
     意見や立場が違う人とも、同じゴールを目指す仲間・プロジェクトメンバーとして連携する力

第3章

職場での多様性の推進方法

本章のキーワード

- 外部指標の活用
- トップメッセージ発信
- 経営層へのインプット
- 外部からの刺激
- 「逆輸入」作戦
- 「間借り」作戦
- ERG
- 相談窓口設置
- ガイドライン整備
- 社員の声を集める

3-1 外部評価を活用して現在地を知る

　ダイバーシティを推進するうえでは、LGBTQ＋、ジェンダー平等などのキーワードごとに活動を整理すると、方針が立てやすくなります。後の章ではそれぞれのキーワードについて施策を進めるうえでの注意点を解説していきますが、本章ではどのキーワードにも共通する施策の概要を紹介していきます。主に経営者や推進者などの方針に即してダイバーシティを推進していくうえの指針としては、経済産業省が「ダイバーシティ2.0 行動ガイドライン」およびその実践のための7つのアクションを示しています。

　同じく経済産業省が公開している「改訂版ダイバーシティ経営診断シートの手引き」では、取り組みの具体的方法に加えてダイバーシティが成果に結びつくイメージについても触れています。

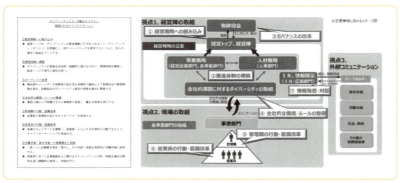

経済産業省「ダイバーシティ2.0 行動ガイドライン」に基づく実践のための7つのアクション

出所：「ダイバーシティ2.0行動ガイドライン」経済産業省（https://www.meti.go.jp/policy/economy/jinzai/diversity/h30_guideline.pdf）

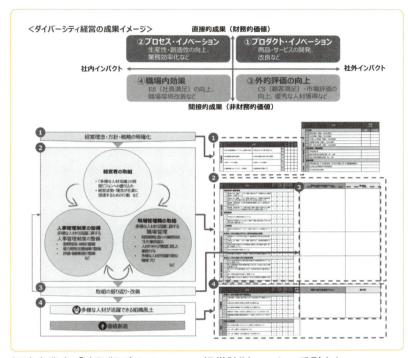

経済産業省「改訂版ダイバーシティ経営診断シートの手引き」

出所:「改訂版ダイバーシティ経営診断シートの手引き」経済産業省（https://www.meti.go.jp/policy/economy/jinzai/diversity/turutebiki.pdf）

【改訂版】ダイバーシティ経営診断シート

出所:「【改訂版】ダイバーシティ経営診断シート」経済産業省（https://www.meti.go.jp/policy/economy/jinzai/diversity/turusimenban.pdf）

第3章 職場での多様性の推進方法

75

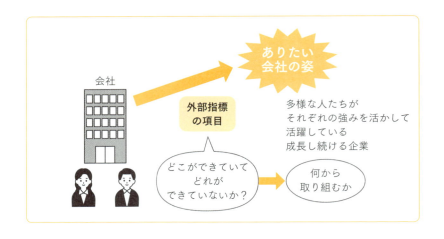

▶ 外部指標を活用して現在地を知る ◀

　何もないところから、例えば「ジェンダー平等の施策を進めてください」と言われても、「そもそもジェンダー平等の施策とは何なのか、よくわからない」という人が大半だと思います。それぞれのキーワードについて施策を洗い出し、方針を立てる時に役に立つのが、LGBTQ＋ならPRIDE指標、ジェンダー平等ならWEPs［女性のエンパワーメント原則（WEPs：Women's Empowerment Principles）］といった外部認定やガイドラインです。障がい者雇用については、まずは「法定雇用率の向上」をKPIにするとよいでしょう（詳細は後の各章で解説します）。

　これらの指標は、「こういうことを確認していけば、企業・組織のダイバーシティを推進していける」ということを有識者の人たちがまとめてくれている、とても便利なものです。項目に沿って自社の取り組みをチェックすることで、現在「何をやれていて、何をやれていないのか」が明確になりますし、やれていない項目のうち、重要度の高いものやすぐに改善できるものを優先的に埋めていくことで、ダイバーシティ推進の方針を立てることができます。シニア活躍や外国人材の登用についても関連省庁がガイドラインをまとめており、活用方法を本書の中で紹介しています。

その他、企業評価を測る外部評価は以下のようなものをはじめ、様々なものがあります。

中にはESG課題の中で投資家の関心が高いものや投資判断に有用な項目を特定し、企業の公開情報や個別質問票で情報を収集・調査して機関投資家の判断に使っているものもあります。例えば、国際的に広く認知された「GRIスタンダード」といった経済・環境・社会に与えるインパクトを報告するフレームワークなどです。

現在地を知る、方針を決める、企業価値を上げるために、認証・認定の取得も検討してみてください。

■ ESGインデックス例

・**Dow Jones Sustainability Indices**
ダウジョーンズ社とロベコサム社が開発した、経済・環境・社会の３つの側面から企業の持続可能性を評価するインデックス

・**The S&P Sustainability Yearbook**
世界的なESG投資の調査・評価機関である米国のS&P Global社が発行

・**FTSE 4 Good Index**
ESG（環境・社会・ガバナンス）を強力に実践する企業のパフォーマンスを測定

・**FTSE Blossom Japan Index**
ESG（環境、社会、ガバナンス）評価の高い日本企業のパフォーマンスを測定

■ 認証・認定等例

・**ISS ESG Corporate Rating**
ISS ESG（Institutional Shareholder Servicesの責任投資部門）の「ESG Corporate Rating」

- Top Employer
- Global Equality Standard
- えるぼし
- くるみん
- 100選プライム

など

▶ 取得する認定は優先順位を付けて選んでよい ◀

こうした認定や外部評価は、企業がダイバーシティに取り組むうえでガイドラインとして活用できるだけでなく、**認定を得ることによる企業のプレゼンス向上の効果も期待**されます。

一方で、世の中には様々な認定や外部評価があり、昨今ダイバーシティの重要性が高まっていることもあり、国内でも認定、アンケート、外部評価が増えてきています。

ただし、それぞれの団体が独自に設定しているものも多く、同じ「女性管理者比率」の算出だとしても、母数の社員数の定義が異なり（勤務形態等をどこまで対象にするのかなど）算出条件がそれぞれ異なっている場合もあります。このため、同じ算出条件の数値が使えればよいのですが、そうでない場合は、認定申請対象が多いとその分算出に相当な手間と時間がかかり、算出する関連組織の担当者が疲弊してしまいます。

■ 職場でのやりとり

「いろんな取り組みをしているので、外部評価を多数取りに行きたい・なるべく回答したいのはわかるんですけど、それぞれの質問項目の算出方法が少しずつ違っていて、一つひとつの外部評価やアンケートごとに算出し直さなくちゃいけなくて、すごく大変です。内容によっては質問項目が多岐にわたっているので多数の部署が分担して回答内容を準備する必要もあるし、間違った報告をしないように社内承認してから提出するようにしているし、すごく稼働負荷

がかかります。なんとかできないですか。回答する外部評価、アンケートを優先度つけてもらえないでしょうか!!」

これは私が以前の担当で外部評価の窓口もやっていたときの、他組織の担当者から言われた切実な依頼のやりとりです。

昨今、ESGなどの外部評価がいくつもあって、特にダイバーシティ関連の指標も増えています。とてもよい方向だとは思いますが、中には「今度新しい調査を始めることにしたので必ず回答してください」と依頼が来た団体もあったりして、気持ちはわかるのですが少し驚きました。

スタッフ部門は間接部門・売上が立たないコストセンタなので、人員にあまり余裕がない企業がほとんどです。このため、残念ながら外部評価・アンケートの優先度を付けざるを得ない状況の企業も多いと聞いています。

以前調査をしている団体の方にも企業側の状況をお伝したら、既に認識していて「そうですよね。企業さんもいくつも回答するのが大変ですよね」「調査団体側が連携できなくてすいません」と言ってくれました。

すでに一部の団体はやってくれていますが、各団体・評価が、各社が公表している数値を公式サイトから拾ってくれる、または、企業が毎年国などに報告している数値を使ってそのまま回答できる、という風になってくれたらよいのになと願っています。

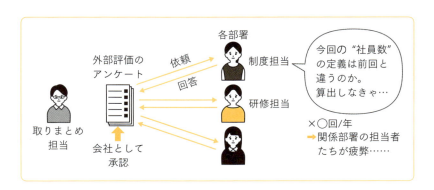

このため、施策を見直すために利用しない認証は、影響力の大きい認定・表彰から優先順位を付けて効果的に対応し、必要以上に広げない判断も大事です。

ただし必ず取得した方がよいものもあります。厚生労働大臣が認定する女性活躍推進企業の認定である「えるぼし」と子育てサポート企業の認定である「くるみん」です。なぜなら、これらに認定された企業は、公共調達の入札の際に認定段階に応じて加点されるからです。その他の国による評価や認定も、国内での影響力も大きいですから優先的に回答するようにしています。また、経済産業省と東京証券取引所が共同で女性活躍に優れた上場企業を選定している「なでしこ銘柄」についても以前より基準がかわり難易度が高まりましたが、検討してみてください。

国連・UN Womenが作成した、企業のジェンダー平等推進の行動原則であるWEPsへの参加もおススメです。これは「基準を満たしたから認定される」というタイプのガイドラインではなく、WEPsに署名することでトップが決意表明し、行動原則に沿った取り組みを実施・報告する、PDCAをまわして改善していくものです。さきに挙げた「えるぼし」「くるみん」も近い分野の認定ですが、あくまでに日本政府の認定になります。ですから**海外でもビジネスを行う企業がダイバーシティの取り組みを海外メンバーと推進していくなら国連がつくったWEPsへの参加も検討するとよい**でしょう。

民間の任意団体が行っている外部認定の中で、PRIDE指標は特におススメです。日本で設立されたLGBTQ＋の指標ですが、総計463社（2024年度）が応募している指標です。LGBTQ＋の取り組みの指標、ガイドラインとしてもよくまとまっていて、取り組みの現在地の確認と、今後進めていく施策のチェックリストとしても活用できます。指標に沿って取り組みが進んだら、認定を目指すとよいでしょう。

大企業限定、かつESG全体の指標になりますが、世界的なESG投資指標であるDJSI（ダウ・ジョーンズ・サステナビリティ・インデックス）は、ESGを重視する世界の機関投資家から判断に使われている重要な指標の一つです。国内で注力すべきものとしては、東洋経済による「ダイ

【PRIDE指標】
職場におけるLGBTQ＋などの性的マイノリティ（以下、LGBTQ＋）の取組みの評価指標
毎年7月〜8月頃に応募、結果発表・表彰　11月
主催：一般社団法人work with Pride
https://workwithpride.jp/pride-i/
評価指標の各項目を一定数クリアすると表彰される。

PRIDE指標

1　Policy（行動宣言）

2　Representation（当事者コミュニティ）

3　Inspiration（啓発活動）

4　Development（人事制度・プログラム）

5　Engagement/Empowerment
　（社会貢献・渉外活動）

PRIDE 5つの評価指標カテゴリ

- ✓ ＜Policy: 行動宣言＞評価指標
- ✓ 会社としてLGBTQ+注1等の性的マイノリティ（以下LGBTQ＋）、およびSOGI注2に関する方針を明文化し、インターネット等で社外に向けて広く公開していますか。

- ✓ 評価項目（以下1〜9のうち4つ以上該当で1点）
- ✓ (1) 会社としてLGBTQ+、またはSOGIに関する方針（差別禁止等）を明文化し、インターネット等で社外に向けて広く公開している。
- ✓ (2) 方針に性的指向注3・性自認注4という言葉が含まれている。
- ✓ (3) 方針に性表現という言葉が含まれている。
- ✓ (4) 従業員に対する姿勢として方針を定め、社外に向けて公開している。
- ✓ (5) 従業員に求める行動として方針を定め、社外に向けて公開している。
- ✓ (6) 学生や求職者に対する採用の姿勢として方針を定め、社外に向けて公開している。
- ✓ (7) お客様・取引先に対する姿勢として方針を定め、社外に向けて公開している。
- ✓ (8) 取引先に求める行動として方針を定め、社外に向けて公開している。（調達コード等）
- ✓ (9) 経営層からのメッセージとして、社外に向けて公開している。

PRIDE 5つの評価指標カテゴリ具体的な質問例

バーシティ企業」ランキング、日経新聞グループによる「女性が活躍する会社」ランキングがあり、これらも優先的に回答するとよいでしょう。逆に、こうした指標やランキングで高評価を得て、他の認定の回答有無を判断してもよいかもしれません。

3-2 トップメッセージの発信

▶ トップメッセージで会社の方針を明確に発信する ◀

　トップメッセージの発信は、会社としてダイバーシティの推進に前向きな姿勢を社内・社外に示す重要なものです。社長や役員から「経営方針としてダイバーシティを推進していく」と公式に方針が出ることには重みがあり、私のようなダイバーシティの担当者が他部署と連携する際や、研修の際に「なぜこのような研修を行うのか」を納得してもらう際の一つの根拠になります。

　またダイバーシティに注目している社外のステークホルダーも、まずトップがどんな発信をしているかを見ます。実際、就活生にとっては会社選びの条件の一つになっていますし、株主・投資会社にとっては投資の材料になります。ダイバーシティ推進企業を認定する外部評価では、「経営者・トップが会社の方針として〇〇を推進するトップメッセージを出していること」を最初の評価項目としていることが多く、企業の公式サイトに公開しているトップメッセージのURLはそのまま認定の根拠になります。

　トップメッセージを公開する媒体としては、外部に公開している会社のウェブサイトのIRページや、IRレポートやサステナビリティ・レポー

社長

私たちの会社はダイバーシティ・エクイティ＆インクルージョンを推進しています。

・株主
・投資家
・学生
・社員
・転職者

ステークホルダー

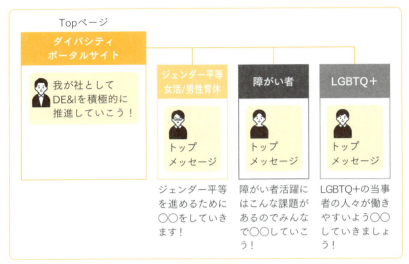

インターナルサイトイメージ

ト、統合報告書内の経営者のメッセージにもダイバーシティの文脈を入れたほうがよいでしょう。

　また社内限定のインターナルサイト（イントラサイト）にも社員に向けたトップメッセージを掲載しましょう。ダイバーシティのサイトがインターナルサイト内に設けられているなら、まずはそのトップに社長メッセージを掲載します。さらに「ジェンダー平等（女性活躍、男女の育児・介護と仕事の両立）」「LGBTQ+」「障がい者」といったそれぞれのキーワードごとに情報のページが分かれているなら、**それぞれのキーワードに個別に対応するトップメッセージを掲載することで、当事者や周囲でサポートしている社員に対してより指向性をもったメッセージを伝えることができ、安心感につながります**。もし難しければ、トップページにまとめて様々なマイノリティのキーワードにふれる、というのでもよいでしょう。

　社長や会長といった会社のトップや、人事の責任者、様々な部門の担当役員にもメッセージをもらうと、社員の立場からすると自分の組織の

社長		会社としてダイバーシティを進めましょう！	
副社長		私はこんなことダイバーシティでやってみます。みんな一緒にやってみよう！	
A事業部長		男性の育児休職応援しています！	自分の組織長も応援してるのか。安心して育休とってみよう。 A事業部
B事業部長		私も子ども2人の保育園のお迎えと夜のお風呂と食事の準備がんばっています！	Bさんみたいになりたいなー B事業部

上長にあたる役員がダイバーシティにメッセージを寄せていることになり、親近感につながります。組織全体の風土も変わりますし、社員たちは安心して仕事と育児・介護の両立などができます。

メッセージは、役員本人に書いてもらえれば一番よいですが、会議やイベント、メディアでの発言を集めて下原稿を作成し、役員に確認してもらう方法もあるでしょう。

外部に向けたメッセージ発信は、公開する以上、広報担当がチェックするとは思いますが、広報ではダイバーシティの動向まで追い切れていないことも可能性としてはあります。このため、ダイバーシティ担当も連携して、言葉の使い方、潮流にあわせた発信など念のためダブルチェックするとよいでしょう。

特定のキーワードに向けたメッセージは、社内のそのキーワードの当事者にチェックしてもらうことでも、リスクをさらに減らすことができます。

▶ 経営層へのインプットもダイバーシティ担当の仕事です ◀

　ダイバーシティ以外のキーワードと共通することですが、社長や部門担当の役員といった幹部層は他にも非常に多くのテーマ・課題を抱えているので、ダイバーシティに関する情報について、細かく自分から集めるには限界があります。

　このため、法改正や社会や社内の大きな課題などダイバーシティに関する基礎知識を知ってもらう、世の中の最新動向をキャッチアップしてもらうといった、**企業の方針・方向性に影響する幹部層への情報のインプットもダイバーシティ担当の重要な役割**です。

■ 工夫ポイント

　インプットのために幹部層に改めて時間をとってもらうこともありますが、定例で開催している役員会議の際に、例えば１時間の会議のうち10〜15分くらいの時間をもらって、役員のダイバーシティ・プチセミナー的にジェンダーや障がい者などダイバーシティに関する最新情報を学んでもらったり、理解だけでなく実際の行動の変化のきっかけづくりに「自分がこの立場だったらどう考えるか」というロールプレイをするなど、テーマについて考え、理解・納得してもらう場をつくってみるのもよいでしょう。

インプット		アウトプット
・講演を聴く ・オンライン教材を見る	＋	・ロールプレイをする ・気づいたことを書いてもらう　　　など

※アウトプット型のみでもOK！

役員だけでなく社員に対しても同じことが言えますが、日々の忙しい業務の中でなかなかダイバーシティについて自発的に考える時間がない場合も多いと思います。

このため、改めてダイバーシティ研修を開催することもありますが、**普段やっている打ち合わせや社員研修の中で、ダイバーシティについて考えてもらう時間を確保できないか、という工夫はとても有効**です。

また、理解だけでなく、いかに行動の変容まで促せるのかもダイバーシティ推進のポイントになります。

幹部層に限らずダイバーシティについて学んでもらう際には、講演を聴く、オンライン教材を見る、だけでなく、ロールプレイをしてもらう、セミナーで気づいたことをメッセージで書いてもらうなど、アウトプット型のプログラムを計画するとよいでしょう。その後、顔写真と一緒に社内に掲載・発信することもとても効果があります。一般社員にとって、社長のトップメッセージはもちろん重要ですが、それに加えて自分の部門を統括している役員もダイバーシティに関するメッセージを出していると、親近感をもってもらえます。また、安心して男性の育児休職などが取りやすいなどの効果もあります。

▶ 外部からの刺激を活用する ◀

経営層がそもそもダイバーシティの取り組みの重要性を納得していない場合、ダイバーシティは中長期的に企業の存続につながる重要課題ですから、多忙な経営者だとしてもぜひ他社の経営者がすでに危機感をもって動いていると知ってもらうことも効果的です。

一つの方法として、外部団体が開講している経営層向けの講座の中で、ダイバーシティに関連するものを受けてもらうのも効果的です。この場合は、ダイバーシティの担当者からおすすめの講座を調べておいてもらい、受けてもらうよう働きかけをするとよいです。

ダイバーシティに積極的に取り組んでいる企業の経営者が集まる場としては、イギリスで始まった女性の役員比率などの向上を目的としたキ

第3章 職場での多様性の推進方法

ャンペーンである「30%Club」が、2019年から日本でも活動しています。毎月１回日本のトップ企業を含めた社長たちが集まり、女性が活躍できる企業・社会を創るための取り組みについて議論し、刺激しあう場になっています。その他、他社の経営者がダイバーシティに積極的に危機感をもって取り組んでいる様子を知ってもらいましょう。

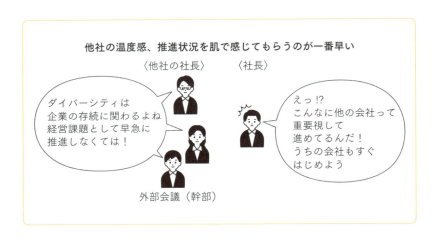

「30%クラブ」ホームページ
出所：30%クラブ公式サイト（https://30percentclub.org/）

3-3 まず外部に褒めてもらう「逆輸入」作戦

よく他社のダイバーシティ担当者から相談される悩みに、「まだトップの理解が薄くて大きな施策がなかなか進められない」というものがあります。一つの解決方法として、まず**取り組みを進めて外から褒めてもらうことで取り組みの価値をトップに気づいてもらう**、「逆輸入」作戦があります。

担当レベルで進めた取り組みの様子や結果を、統合報告書やサステナビリティ・レポートに掲載したり、自社サイトや外部メディアの記事にして社外に向けて発信したり、あるいはインターナルサイトで社内に掲載したりすることにはブランディングの意味合いももちろんある一方で、外部の組織から評価・表彰されたり、メディアから幹部への取材申し込みにつながることがあります。外部メディアから幹部が取材を受ける際には、幹部自身の言葉で対応するために、事前にダイバーシティの背景・重要性・取り組みを学んでもらえますから、取材をきっかけにいろんな取り組みがしやすくなった、積極的に応援してもら

ようになったという話はよくあります。社員たちも社外で評価されることで興味がわく、気づくことも多いです。

▶ 効果的な発信方法を考える ◀

　ダイバーシティの取り組みの社外発信は、「社外向けに企業価値を上げること」と、「社内に逆輸入して取り組みの価値を社内で理解してもらうこと」の二つの目標を視野に入れつつ行うとよいでしょう。

　取り組みが社外に広がるにあたっては、メディアが取り上げやすい、「独自性」「納得性」のある取り組みを発信することが重要です。

　それではどうやって独自性・納得性をつくればよいのかというと、まず考えるべきは「会社の本業に関係する取り組み」です。例えば、私の会社はIT企業なので、「ITを活用して寝たきりの障がい者の方に全国の自宅からでリモートワークしてもらっている」という取り組みは、聞いた人の納得性も高いですし、話題としても取り上げやすいです。このようになぜこの会社がそれぞれの本業に則した取り組みをしているのかを打ち出していくと、ストーリーとして受け入れてもらいやすいですし、理解されやすいでしょう。

　発信に数字でインパクトを出す方法もあります。大企業の場合は「10万人の社員が活用している」のように社員数や顧客数でインパクトを出せることがありますし、中小企業でも「この取り組みを始めて20年目になる」と継続期間に訴えることが可能です。各国の企業の広報活動をチェックしていると、イベント的に一度だけ実施した社会貢献活動をとても効果的に発信している事例を見ることも多いです。日本の企業は発信するのがあまり得意でない企業も多いようですが、自社で行っている（継続的な）取り組みは、等身大でしっかり発信していきましょう。

　企業が社会活動に取り組む場合、その活動分野を専門にしているNPOと連携して行うことが多いですが、活動の評判がよくないNPOと連携している会社もたまに見られます。会社の評判を上げるつもりの取り組みが、逆に筋のよくない活動に関係するリスクにならないよう、連

携先を探す際には本業での調達先を探す際と同じように、連携する団体の背景、寄付金の使用用途や割合、あるいは取り組みの来歴や中身をしっかり見てから判断したほうがよいでしょう。

第3章

職場での多様性の推進方法

3-4 研修を通じた人材開発・ダイバーシティの理解促進

　社員のダイバーシティへの理解を推進するもっとも基本的な施策は、研修の実施です。研修の方式には、参加者に会場に集まってもらって対面で行う研修、オンライン会議システムを使ってリアルタイムで行う方法、eラーニングで行う方法などがあります。研修の対象規模にも、全社員や全管理職が対象のものもあれば、申し込みをしてくれた数十人に対して行うセミナー形式のものもあります。全社員を対象とする研修や、実施回ごとに「今回はLGBTQ＋」「今回はジェンダー平等」などテーマを設定し、興味のあるテーマに参加してもらう形も可能です。研修を受けてもらうことでダイバーシティの様々なトピックについて一通りの知識を修得してもらいます。

■ 研修の種類

```
形　式　①対面で行う研修
　　　　②オンライン研修－同じ時間にオンラインで開催
　　　　③e-ラーニング（オンライン教材）
　　　　　－好きな時間に各自がオンライン教材を見て学ぶ

対象者　・役職別　・昇給、昇格の対象者　・選抜制　・募集型
　　　　・全員　　・新入社員　　　など

内　容
　　　　・ダイバーシティ・エクイティ＆インクルージョン全体
　　　　・テーマ別
　　　　　　例・ジェンダー平等
　　　　　　　・LGBTQ+
　　　　　　　・障がい者　　　　　　　　　　など
```

❱ 研修会社を利用する際の注意 ❰

自社内でゼロから研修を開発するのは、ノウハウの面でもマンパワーの面でも難しいので、研修の実施にあたっては外部の研修会社が開発した教材のパッケージを利用することも多いかもしれません。

研修会社を利用する際の注意として、**教材が想定しているレベルが自社の職場の状況やダイバーシティ推進の現状から外れすぎていないかを確認する必要**があります。

■ 職場でのやりとり

以前、研修を実施する際に連携していた研修会社が、とてもよい感じだったので、実際に教材を体験させてもらったのですが、結局契約には至りませんでした。理由は、教材と当社の実際の職場の状態がかけ離れていたからです。

教材内容

「女性にお茶汲みやコピー取り、データ入力などの簡単な仕事をやってもらうのではなく、男性と同じ仕事をやってもらうようにしましょう」

昇進やワークライフバランスの改善といったテーマよりも先の課題と向き合っている会社も多いはずです。私の会社はすでに男性も女性も関係なく同じ採用で同じようにバリバリ仕事をしている組織文化だったことやそれ以外の理由もあって結局独自で制作しました。これには結構、費用と制作時間がかかりましたが、15,000人が全員必須で実施する研修だったこともあり、受講者が違和感のある教材をやってもらうよりも制作してよかったと思います。

とはいえ、今は多数の研修会社や教材が充実していますので、ぜひいろいろ試してみてください。

第3章 職場での多様性の推進方法

▶ すでにある研修に「間借り」するのがおススメ ◀

　研修やセミナーを一つ実施すると、研修当日対応以外にも、講師の調整、周知などの事前準備や参加者を集めたり、支払い処理、事後アンケートの集計・分析、実施報告をインターナルサイトに掲載するなどの事後処理といった様々な業務が発生します。私はダイバーシティ担当になる前に社会貢献推進担当の仕事をしており、そこでもやはり社会貢献をテーマにした研修やセミナー、イベントを企画・運営していました。しかし、一回開催するだけでも金銭面・人的リソースがかかるので、年間に開催できる数は限られてしまいましたし、私が社会貢献の部署から離れた後、モチベーションが続かなかったのか方針が変わり、止めてしまったイベントも多数あります。

　会社の取り組みでも、ある熱意を持った担当者がいるときは新しい施策が立ち上がったり、効果の高い取り組みになったりしますが、その担当者が異動したとたん、取り組み施策自体がなくなった、という話はよくあります。また、担当の任期がだいたい2〜3年で人が入れ替わるこ

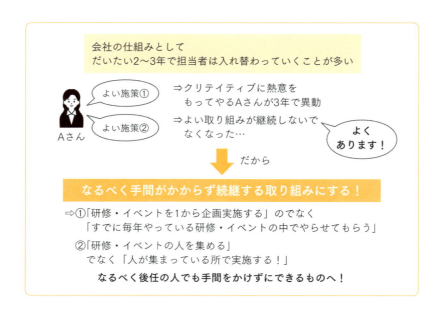

ともあり、よい取り組みは継続して組織醸成をしていくことも重要です。いかによい取り組みを改善しながら継続して実施しつづけ、組織文化を変えていくのかというのが重要です。

私自身がこういった経験をしてきたので、**社内の啓発活動については「人を集めよう」とするのではなく、まずは「人が集まっているところに行く」方針を取ったほうがよい**と考えるようになりました。ダイバーシティの基礎知識や最新動向といった座学的な内容や、参加者がその場でできるワークショップなら、普段から開催している定例会議や毎年やることが決まっている研修、イベントの時間の一部を「ダイバーシティの時間」として割り振ってもらう、言い換えると**「間借り」すればよい**のです。このほうが多くの社員にアプローチできますし、**費用や担当者の稼働の負担も下がります。担当者が異動になっても、定例で開催している研修や会議の中で実施すれば、仕組みとして継続しやすくなります。**

具体的には「新入社員研修」「新任管理職研修」や「新任役員研修」といった選抜研修や、これまた年に一度全社員が毎年受けることになっている「人権研修」などがあると思います。1日や数日実施するこれらの研修の時間を1時間程度もらって、全社員に知ってもらいたいダイバーシティの基礎知識や、マネジメント面でのダイバーシティ推進について学んでもらうのです。

例えばマネジメント層に対するインプットとしては、「新任部長研修」「新任部長研修」といったダイバーシティ以外にも広い範囲の知識を取

第3章 職場での多様性の推進方法

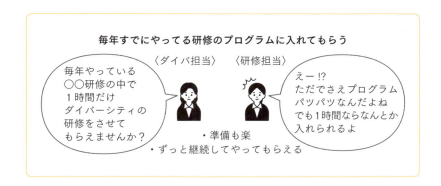

り扱っているカリキュラムの中で、ダイバーシティにも最低１時間以上の時間を割り振ってもらいます。マネジメント全般に関する研修の一環として、「多様な働き方をする人たちに対してのマネジメントや評価」のパートを設けている建て付けです。

「間借り」するのが有効な研修の内容は、一律に同じ情報を聞いてもらうインプット型の研修や、「○○について考えて、紙に書いてみてください」といった10分程度のシンプルなワークショップ、またロールプレイ型のワークショップでも、「LGBTQ＋の当事者とカミングアウトされた側とを、隣の人同士でロールプレイして、どう感じたかお互いにシェアしてください」といった隣同士でその場から動かずにできるものも可能です。

逆に「間借り」に向いていない研修は、まず２～３時間に及ぶような長いものです。90分の講義でしっかり基礎知識を身につけてもらったうえで１時間とってワークショップをやる、といった内容だと、他の研修と既存でやっていた内容を圧迫して、主催担当からの了承が難しくなる可能性が高くなるので、単独で開催したほうがよいでしょう。

3-5

連絡体制

▶ ダイバーシティ連絡体制を整理する ◀

　啓発イベントに会社として参加したり、対面でセミナーを実施したり、職場で勉強会を開いたりと、会社が関わるイベントやセミナーは多岐にわたり、開催のたびに関係各所に告知をすることになります。

　数十人から数百人規模の組織なら、ダイバーシティの担当者が直接全社に連絡するだけでも混乱しないでしょうが、お互いの顔がわかりづらい数千人規模以上の大きな組織では、ダイバーシティに関するお知らせに限らず、全社対象の告知や申し込みをどのような経路で行うか担当者を決めておくが大切です。

　組織として、部門ごとの総務や人事の担当が兼任する形もありますし、立候補してもらった社員にボランティアで運営してもらっている会社もあります。

　ただ注意するポイントとして、連絡体制をつくることで、いろいろな担当者の手を通らないと現場まで届かない、周知されない、時間がかかるなどといった状況になるのはよくありません。なるべく効率的に関係者の手間と時間をかけないような工夫をしましょう。

　参加希望者のとりまとめ作業ミスを防ぐために、例えば申込みサイトをつくっておき、直接本人にエントリーしてもらうなどもよい方法です。

▶ ダイバーシティに興味のある社員リスト、グループをつくる ◀

　組織の窓口ルートだけではなく、ダイバーシティに興味のある社員向けに直接メール周知ができる社員リストをつくる。または社内チャットグループをつくって周知するなどダイバーシティ担当が、直接個人に周

第3章 職場での多様性の推進方法

知する方法も活用するとすごく反応がよいです。

　キーワード別に「ジェンダー」「女性活躍」「ワーママ」「ワーパパ」「LGBTQ+（アライメンバー：支援者）」「障がい者」「シニア」などで分けた社員リストもよいでしょう。

　LGBTQ＋の支援活動に賛同してくれる社員には、登録制の社内アライコミュニティ（LGBTQ＋の支援者コミュニティ）への参加をお願いしていますが、これは希望する人に直接お知らせを送るという意味合いもあります。インターナルサイトにイベントや勉強会のお知らせを掲載するだけでは、「そんなイベントをやっているなんて知らなかった」と見逃してしまう人が多いので、メーリングリストや会社で使っているチャットツールのコミュニティルームを通じて、コミュニティメンバー勉強会やイベントのお知らせを直接送る仕組みにすると、参加者の増加などお知らせへの反応がぐっとよくなります。

　希望者制の多くの参加者を集めるイベントの場合、とても効果的です。

3-6

セミナーを実施する

▶ セミナーは録画して教材にする ◀

　全員参加型の研修が全員に知ってもらいたい知識を修得してもらうためのものなら、希望者が興味のあるテーマに手を挙げて参加する型の研修（ここではセミナーと呼びます）は「ワーママ（ワーキングマザー）」「ワーパパ（ワーキングファザー）」「LGBTQ＋」といった**それぞれのテーマについてより深い実感を持ってもらうこと、そして参加者同士の横のつながりをつくることが狙い**です。

　例えばLGBTQ＋のセミナーなら、社員に実感を持ってもらうために講師として外部からの当事者の方に話してもらったり、ワークショップに入ってもらったり、ワーパパのセミナーならすでに子育てをしている男性社員にロールモデルとして登壇してもらい、自身の体験を話してもらいます。セミナー会場で仲よくなった流れから打ち上げで盛り上がり、参加者同士のつながりが生まれたり、後述するERG（Employee Resource Group　従業員リソースグループ）やアライコミュニティに参加してくれる人も出てきます。

　こうしたセミナーや外部イベントを行う際には、できる限り同じ時間に参加するようなオンライン配信にして、遠方や自宅からでもリモートで視聴できるようにすると、後日その録画素材をもとにアーカイブ動画をつくることができます。また、インターナルサイトのページに掲載していつでも見られるようにしておくと、参加者の復習や、参加しなかった人への教材として利用できます。その際は事前に講師に許可をもらったり、参加者で録画や写真NGの人がいないか、仮名にしたい人は表示名を変えるなど確認しておきましょう。

第3章　職場での多様性の推進方法

▶ ダイバーシティのメーリングリストに登録してもらう ◀

　他社のダイバーシティ担当の方からよく質問されることの一つに、イベントの集客方法があります。

　「イベントを開催しているのに、参加者が集まらない」ということです。

　これは、社会貢献推進室時代から積極的にやっていたのですが、セミナーやイベントの周知にあたっては、**何かしらのセミナーやイベントに参加してくれた人に、「ダイバーシティ関連のメーリングリスト」のメンバーになってもらう**のがとても効果的です。イベントの情報をインターナルサイトで周知しているつもりでも、後になって「そんなイベントをやっていたなんて知りませんでした」と言う多くの人が毎回必ず出てきます。そもそも普段の業務で忙しくて、インターナルサイトにアクセスしていない人も大勢いるのでしょう。全社的に導入しているチャットアプリで情報を流すこともしていますが、私の会社では、今は結局のところメールで周知するのが一番反応がよいです。

　「メールで周知してくれたら、イベント参加したかったのに」と言われたことが何度もあります。

　各企業の文化や状況により、メールがよいのかチャットがよいのか、あるいは両方使うかなど工夫してみてください。

　日々、いろんな研修な研修やイベントを企画・運営していますが、一番の教訓は**「いくら事務局側として施策を実施しても、伝えたい社員たちの心に届いていない、行動に繋がっていないのであれば意味がない」**

です。

> ■ **職場でのやりとり**
>
> 　先日こんなことがありました。
> 　障がい者活躍の一環として、社員向けに障がい者の方がいる部内にもっと仕事を委託してもらえるようにイベントを開催しました。大々的に時間をかけて準備して、ふだんは全国の自宅でリモートワークをしている、なかなか家から出られない障がい者メンバーが東京本社に集いました。
> 　ただ、周知はしたけど参加者が思ったように集まらない。
> 　そこで気づきました。来てほしい参加者が参加したくなるようなメリットが見えないのです。
> 　周知は一貫してこんな感じでした。
>
> ・「私たちの活動を知ってください」
> ・「私たちのできること、できないことを知ってください」
> ・「私たちの仕事が増えるように協力してください」
>
> 　そうです。来てほしい社員たちの具体的なメリットが見えず、周知をみた社員が思わず「参加したい！」と思ってしまうようなメッセージが伝えきれていませんでした。

きっと、
・「忙しいあなたの業務を手伝える障がい者メンバーがたくさんいます。

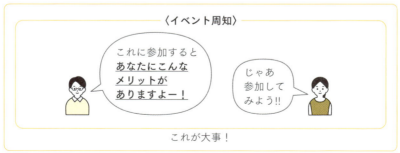

第3章　職場での多様性の推進方法

ぜひイベントに来てどんな仕事が頼めるか確認してください！」

などといった、参加者側のメリットをアピールした方がもっと「参加してみよう」という気になったのではないかと思います。

「周知していても、ターゲットの心に届いていない、行動の変化につながっていないのであれば意味がない」

伝えている内容をもう一度確認してみる、誰か他の人にみてもらって確認するなど、ぜひやってみてください。

■ メーリングリストの登録者を増やすコツ

- セミナーやイベントを開催後に事後アンケートを取りますが、その最後の項目に「今後、ダイバーシティ関連のイベントなどのお知らせをお送りします」と聞き、「Yes/No/考え中」、で選択できるようにする。
- 事後アンケートは、実施後のまだ温かいうちだと、事後アンケートの回答率、およびYesと回答する率が高いため、セミナー・イベントの「直後」に書いてもらう。
- 事後アンケートはオンラインで回答できるものを用意すると集計も便利。
- オンラインでもリアル研修でも、「事後アンケートを書き終わった人から退席してください」と司会がアナウンスすれば、その場の1〜2分でパソコンか携帯から回答してくれる。
- パソコン回答用はURLをチャットなどで送る、携帯回答用はQRコードを投影するとよい。
    - → これで事後アンケートの回答率、およびメーリングリストの登録者率は格段に上がります。

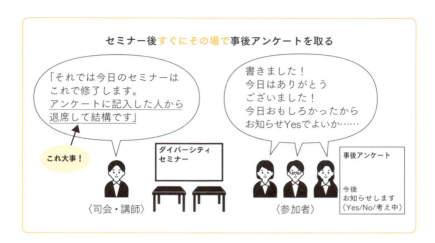

　メーリングリストでは、ダイバーシティ担当が主管するセミナーやイベントのお知らせをすべて流すとよいです。つまり、例えばLGBTQ＋に興味があってLGBTQ＋セミナーに参加した人に、LGBTQ＋だけでなくジェンダー平等や障がい者といった別のキーワードに関するお知らせも流し続けることになります。

　多くの場合、興味のないキーワードのメールは開かれずにスルーされることになりますが、それでもよいと思っています。**今まで何らかのキーワードに反応してセミナーやイベントに参加してくれた人は、ダイバーシティの他のテーマについても興味を持ってくれる土台があるはず**です。少なくとも反感は持っていないでしょう。メールのタイトルだけ眺めて「うちの会社、こういう取り組みもしているん

だ」となんとなく知ってもらうだけでも意味がありますし、ある日突然興味がわいたり、少し時間に余裕ができたりしてメールを開いてくれ、参加に結びつくかもしれません。

　実際にメールを送ったメンバーの数名が、自分が参加できなかったとしても、イベント告知のメールを「こういうお知らせが回ってきたので、興味がある人がいれば」と自発的に職場内で周知してくれたり、組織のインターナルサイトに掲載したりしてくれる人も出てきて、とても助かっていますし、広がりを感じています。

▶ 実施したセミナーの様子を社内外に積極的に発信しよう ◀

　ダイバーシティ担当が中心になって開催したセミナーや、次の節で解説するERGや社内の有志が企画・運営した勉強会、社外の啓発イベントへの参加といったダイバーシティの取り組みは、インターナルサイトや社外向けサイト、広報SNSなどを通じて、社内・社外に対しても積極的に発信していきましょう。

　参加しなかった人たちにとっては「こんな勉強会を近くでやっていたんだ」「うちの会社、こんな取り組みもしているんだ」と知る機会になります。参加者にとっても、自分たちの活動が記事になるのは単純に嬉しいですし、参加した社員は職場の同僚にも「この前こういう勉強会に参加してきたんだ」と紹介しやすくなります。LGBTQ＋や障がい者といった**当事者にとっては、会社や同僚たちが自分たちの理解促進や支援のために活動している姿を見ることで、職場環境への安心感が高まります。**

　もちろんここでも、ダイバーシティのメーリングリストでこの発信記事のURLを共有するのをお忘れなく。次回の参加者増加にもつながります。

3-7

ERGを立ち上げる

▶ 社員の想いの力を借りるERG ◀

ERGとは「Employee Resource Group（直訳すると「従業員による支援グループ」。「社内リソースグループ」とも）」の略称で、例えば「女性が働きやすい会社づくり」といったなんらかの目的を共有して活動する、組織や部署の枠を越えて集まった有志による社内コミュニティのことです。ダイバーシティやサステナブルといった関連テーマを中心によく見られます。

ERGのメンバーの集め方は会社それぞれです。例えば１年任期で募集し、エントリーの際に「このグループでどんな活動をしたいのか」というアイデアを提出してもらって、面接で選抜するというパターンもありますし、逆に来る者は拒まずのコミュニティとして開いて、動けるタイミングの人が動き、ずっと動けない人がいてもよいという形で運営することもあります。

ERGのメンバーは、業務時間外のボランティアとして、または業務の一環として無償で活動をしてもらうことになりますが、会社からも外部から講師を呼んだ際の講演・ワークショップ費用を出したり、メンバーの上長に対してダイバーシティ担当が「〇〇さんにこの取り組みでも活動してもらうことになったので、ぜひご理解とサポートをお願いします」といった

集め方	・──── ・────
条件	・無償で ・
サポート （ダイバ担当）	・講師料 ・お茶菓子 ・職場の上長へ 依頼メール
参加する メリット	・──── ・────

第3章 職場での多様性の推進方法

調整をしたりといったサポートをすると、本人も職場の理解が得られやすく参加しやすいですし、活動が勢いを増します。

ERGに参加する人にとってのメリットは、自分が思いを持っている活動を社内でできることです。普段所属している職場での仕事と違って、ERGでは自発的に参加したテーマで自分たちのイベントを企画・運営したり、会社として企画にも携わることができたり、「こういった取り組みがあったほうがよい」ということを、担当部署に提案できたりします。実際に、私の会社が以前運用していた会社内の保育施設も、提言が採用されてERGのチームで実現したものでした。

またERGの活動は、それぞれのメンバーが所属する組織のオフィスで持ち回りで行うこともできるので、メンバーにとっては同じ社内でも普段は関わりのない部署やオフィスを訪れる機会にもなります。

そして、**さらに素晴らしいメリットは、社内の違う部署の人たちとのつながり**です。同じ価値観を持った、とても積極的に課題を解決しようと思う人たちが集うので、絆も深くなりますし、情報共有も起こりやすいです。数十年前に一緒だったメンバーといまだに仲よしな人たちも多数いますし、この横の繋がりが仕事で連携プロジェクトに発展したという話もあります。

どの企業でもダイバーシティを担当する人員は少なく、最少人数で様々なキーワードについて取り組みを進めなければならないので、やりたいこと・やるべきことのすべてを実現できるわけではありません。ですからどうしても全社を対象にした取り組みが優先になってしまい、各職場での勉強会や対話会の開催といった細やかな施策までは手が回らないことが多いので、ERGにそこをカバーしてもらえるのはダイバーシティ担当にとって大きなメリットです。また、現場の社員が実際にどう思っているのかを聞いて施策に反映できたり、世代を超えた新しいアイデアを持ち寄ってくれることも大切です。

　社員の立場からすると、**人事部内から降りてきた施策ばかりではなく、同じ立場の社員が企画した施策になると自分ごと感や親近感が生まれます**から、ERGが積極的に活動してくれることは、多様な人が活躍する会社の文化を創りだすうえでとても価値があります。

　ダイバーシティ担当は、活動の目的・条件（何ができて何はできないか）などを明確に最初に示し、基本的にはメンバーに自由に企画・行動してもらえるような雰囲気づくりをします。ミーティングにはなるべく参加するなど、都度こまめに活動や企画状況を把握し、ダイバーシティ担当とERGメンバー一同で大きな考え方のギャップが出ないように連絡を取り合っていくことがポイントになります。

第3章　職場での多様性の推進方法

107

3-8

ダイバーシティに関する相談への対応

▶ 相談窓口をつくる ◀

　当事者や、周りの社員からの相談に乗れるように、「LGBTQ＋相談窓口」「障がい者相談窓口」などそれぞれのキーワードに対応した専門の相談窓口を設置し、運営することもダイバーシティ担当の役割です（「ダイバーシティ相談窓口」一つですべてを受付けてもよいです）。

　窓口に寄せられる相談の内容は、ダイバーシティ担当だけで対応できないものも多いはずです。例えば社内の制度に関する問い合わせは制度担当に、あるいは外部の社労士や弁護士など、必要に応じて適切な相談先とつなげることになります。自分の悩みをそもそも誰に相談したらよいかわかっていない人も多く、相談窓口には会社としての支援の入口や主軸になることが期待されますから、それぞれの窓口を立ち上げる際には、想定される連携先ともあらかじめ調整しておくとよいでしょう。

　相談窓口以外の場面では、ダイバーシティの担当者には職場レベルからの相談だけでなく、法律、会社方針、他部門などから「女性管理職比率を増やす」、「障がい者雇用率を上げる」などといった経営課題に関わる依頼が来ることもあるので、普段から関係する部署との連携体制を整えておくことは重要です。

　また、LGBTQ＋や障がいがある人などの当事者には、望まないアウティングを避けたい人もいるので、**プライバシーの保護体制を整え、連絡先と一緒に情報共有のポリシーを明示することも大事**です。職場の上司には知らせずに本人から相談窓口に直接やりとりできるようにしましょう。

▶ ガイドラインを整備する ◀

ダイバーシティに関する悩みについて、窓口に相談するだけでなく、困ったときに必要に応じて自分でも調べて対応してもらえるように、**ガイドラインを整備しておく**と便利です。私の会社では、性別に関わらない対象者向けの出産・育児・介護の各ライフステージで必要な手続き・周囲との調整関係のガイドラインと、LGBTQ＋の基礎知識・職場での配慮・言動、お客様向けのガイドライン、障がい者への配慮ガイドラインを用意し、インターナルサイト上に掲載して社内共有しています。

例えば育休を取る人や、LGBTQ＋の当事者に対する職場での対応については、社員や、マネジメント研修の場で管理職に学んでもらうだけでなく、必要な時にガイドラインを参照できると便利です。また、出産・育児を経験する当事者にとっては、必要な時期や関係している制度とそれぞれの制度の相談先が一覧になっていると便利ですから、制度一覧と利用手順のガイドラインがあると便利です。

インターナルサイトのページ構成自体が「LGBTQ＋」「ジェンダー平等」などキーワードごとに分かれているので、キーワードごとのポータルページから各々対応するガイドラインにアクセスできるようにしてい

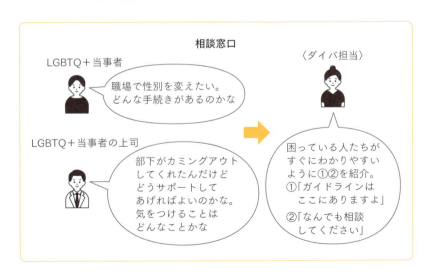

第3章 職場での多様性の推進方法

ます。例えば「LGBTQ＋」について調べたい人はまず「LGBTQ＋」のページにアクセスするので、導線としてLGBTQ＋のページにガイドラインを置くのが望ましいでしょう。また、それとは別にダイバーシティ施策全体を俯瞰する意味で、ガイドライン全体を一覧にしたページをつくってリンクに飛べるようにしたりしてもよいかもしれません。

3-9 社員の声を集めて改善につなげる

　社員に理念・方針を理解してもらい浸透させるには、**研修を通じて学ぶだけでなく、ジェンダー平等やダイバーシティについての社員自身の声を集められる仕組みをつくることも重要**です。多くの会社がすぐにでも取りかかれる方法としては、各イベントの事後アンケートで社員の声を集められますし、社内満足度を測るエンゲージメント調査などの活用もできるかもしれません。一人ひとりがジェンダー平等のようなそれぞれのキーワードについてどう考えていて、どうあってほしいと思っていて、現状はどうなのかという声を集めたり、例えば私の会社では社員と経営者が直接対話できるキャラバンの場を毎年設けて、お互いの生の声を聞けるようにしています。

　これらのやり方で収集した声を元に、問題解決のための施策につなげるにあたっては、幹部やダイバーシティ担当、事業戦略室のような会社全体の経営を考える部署が連携していきます。**集めた声は集めっぱなしにせず、収集した意見をインターナルページで公表したり、声を元にした取り組みについて報告することも重要**です。

　コメント欄では、「上長にこんなことを言われた」とか「ここがすごい問題だ」といった報告や指摘、要望が入ってくる場合があり、全社員を母数にすると大変な数のコメントが集まります。中にはたしかに問題

第3章　職場での多様性の推進方法

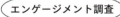

エンゲージメント調査　⇒会社としてどう施策に活かしていくか

・幹部
・事業戦略室
・その他関わるすべての担当者

111

がある状況についてのコメントも見つかるので、その場合は主管部署に共有して対応したり、あるいは制度の運用が間違っているようなら指摘された人にそのことをお伝えするなどのフィードバックをするとよいでしょう。

　職場から上がってくる一人ひとりからの直接の声は、ダイバーシティを推進する担当者として大事にして、改善に使っていくようにしています。会社として決めるKPIの数字はトップダウン的な意味合いがありますから、同時に社員からの意見をボトムアップで吸い上げて改善につなげることで、両方からアプローチをすることができます。

　ダイバーシティの担当者がただ「こういうことを学んでください、こういうことに気をつけてください」と伝えるだけでなく、一人ひとりの声に応えることは、ダイバーシティが社内に浸透していくうえでとても大切です。

▶ この章のまとめ ◀

- ダイバーシティを推進するうえでは、LGBTQ＋、ジェンダー平等などのキーワードごとに活動を整理すると方針が立てやすくなる。

- 方針を立てる時は、LGBTQ＋ならPRIDE指標、ジェンダー平等ならWEPsといった外部認定やガイドラインが役に立つ。

- 外部評価や認定を得ることによって、企業のプレゼンス向上の効果も期待される。

- 「PRIDE指標」はLGBTQ＋の取り組み指標として日本では最もよく使われており、ガイドラインとしてもよくまとまっているため、取り組みの現在地の確認と今後進めていく施策のチェックリストとしても活用できる。

- トップメッセージの発信は、会社としてダイバーシティの推進に前向きな姿勢を社内・社外に示す重要なものであり、社外のステークホルダーも、まずトップがどんな発信をしているかを参考にする。

- ダイバーシティに関する基礎知識を知ってもらう、あるは世の中の最新動向をキャッチアップして伝えるといった、幹部層への情報のインプットもダイバーシティ担当の重要な役割。

- 他社の経営者が危機感をもってダイバーシティに取り組んでいることを知ってもらうことは、経営層に対してそもそもの重要性を納得してもらうための効果的な方法になる。

第3章 職場での多様性の推進方法

- ダイバーシティの取り組みにトップの理解が薄い場合は、外から褒めてもらうことで自社の取り組みの価値をトップに気づいてもらう「逆輸入」作戦も有効。

- ダイバーシティの取り組みの社外発信は、「社外向けに企業価値を上げること」「社内に逆輸入して取り組みの価値を理解してもらうこと」の二つの目標を視野に入れつつ行うとよい。

- ダイバーシティ担当者自らが積極的にイベントや勉強会の場で取り組みなどについて発信したり立ち話したりすることで種を蒔いていくような活動も大事。

- 社員のダイバーシティへの理解を推進するもっとも基本的な施策は、研修の実施。様々なやり方や運営があるので、効果やタイミングをよく考えて実施していくことが大事。

- 定例会議や研修、イベントの時間の一部を「ダイバーシティの時間」として割り振ってもらう「間借り」も有効。

- 小規模セミナーを実施することで、参加者同士のつながりが生まれたり、ERG（Employee Resource Group　従業員リソースグループ）やアライコミュニティ（LGBTQ＋の支援者コミュニティ）に参加してくれる人も出てくる。

- 事務局側として施策を実施するうえで大事なのは、いかに、ターゲットの心に届いて、行動の変化につながるか。

- 社員に理念・方針を理解してもらえるように浸透させるうえでは、研修やセミナーだけでなく、ジェンダー平等やダイバーシティについての社員自身の声を集められる仕組みをつくることも重要。職場から上がってくる一人ひとりからの直接の声は、ダイバーシティつまり多様性を推進する担当者として大事にして、改善に使っていくようにすることが浸透策としても有効。

第3章 職場での多様性の推進方法

ジェンダー平等

―― 本章の キーワード ――

- ジェンダー平等
- 女性活躍
- 育児・介護と仕事の両立
- 女性活躍推進法（女性の職業生活における活躍の推進に関する法律）
- 育児・介護休業法（育児休業、介護休業等育児又は家族介護を行う労働者の福祉に関する法律）
- 女性管理職比率
- WEPs（女性のエンパワーメント原則 Women's Empowerment Principles）
- えるぼし
- くるみん
- バックキャスティング
- 「復職セミナー」「ワーパパセミナー」「ワーママセミナー」
- ロールモデル
- M字カーブ
- 男性の育休取得
- パイプライン管理
- メンター制度とスポンサーシップ制度

4-1

「女性活躍」から
「ジェンダー平等の実現」へ

　本章では「ジェンダー平等」と題して、「女性活躍」や「男女の育児・介護と仕事の両立」に関係する話題を取り上げます。

　日本では一般に、報道や企業の取り組みの中で「女性活躍」というキーワードが使われることがまだまだ多いですが、本書ではなるべく「ジェンダー平等」という言葉を使うことにしています。理由は大きく二つあり、一つは「女性活躍」という言葉が示す範囲が狭く、本来の目標である「女性と男性が社会の中で対等になること」から議論が逸れてしまいがちだから、もう一つは、これが男性の働き方も大きく変えるテーマだからです。

▶ ジェンダー平等の基本概念は「人権」がベースになっている ◀

　「女性活躍」という用語は、国の取り組みの根拠になっている「女性活躍推進法」の正式名称が「女性の職業生活における活躍の推進に関する法律」であることが端的に示すとおり、女性がいかに職場で能力を発揮できるかという課題にフォーカスしています。

　一方で、欧米を中心に広がっているグローバルな考え方である**「ジェンダー平等」の根底には、人権の概念があります。ジェンダー平等は、「性別にかかわらず権利、機会を享受し、政治や経済、社会、家庭などあらゆる場面において重要な意思決定に対等に参加できる状態**（Gender Action Platform・大崎麻子氏）**」とも説明されます**（https://www.works-i.com/works/no175.html）。

　この二つの用語を並べてみると、女性活躍という言葉には「（男性主体で構築された経済・政治の世界に）女性も参加（してもらう）」というニュアンスがあることがわかります。「企業における女性活躍」だけ

にフォーカスすると、たしかに初期の段階では会社も「仕事で活躍してもらう」ことにアプローチする必要があるかもしれません。例えば昔ながらに「女性はお茶汲み」という会社なら、「もっと仕事のうえで女性にも活躍してもらおう」ということにフォーカスすべきでしょう。しかし現在は、女性と男性が同じ内容の仕事をするのが当たり前な企業も多いので、本書ではその先にある**「そもそも女性と男性は、あらゆる場面で対等な権利を持っている」**という理念を前提に、ジェンダー平等という観点から説明していきます。

　人権とは、「すべての人間は、生まれながらにして自由であり、かつ尊厳と権利について平等である」ことを保障する権利であり、ジェンダー平等だけでなく、ESG、SDGsといった取り組みのベースには、人権はすべての国家によって守られるべきだという「国際人権」の概念があります。

　日本ではまだ「人権の尊重」が真剣に捉えられているとは言い難いですし、企業の立場からするとなまじ「社員や役員の女性比率を上げる」という明確なKPIがあることもあり、数合わせのための表面的な取り組みに留まってしまいがちな傾向が見られることが有識者からも指摘されています。「女性が男性と対等である社会」という本来の目標にフォーカスする意味でも、「ジェンダー平等」という用語を本書では使っていきます。

第4章　ジェンダー平等

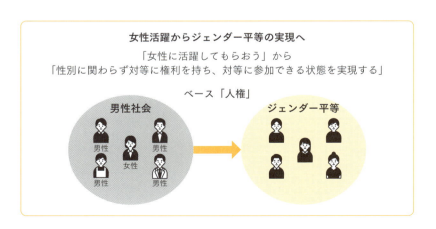

❯女性の働き方と男性の働き方は表裏一体になっている❮

　これまでの会社の仕組み、ひいては企業にまつわる社会の仕組みは、「夫が会社に出て働き、妻は家事や育児をする」ような状況が当たり前だった時代に、まさに「妻に家事や育児を任せてきた男性」が中心になってつくってきたものです。

　肌感覚では「女性活躍の施策は、女性に対してだけやればよい」と思っている人が多いかもしれませんが、女性が活躍する前提として、例えば男性の育児休職を取得して家事育児をすべて担ったり、リモートワークによって夫婦が共に自宅から仕事ができる状況になるための施策を同時に推進する必要があります。極端な言い方をすれば、特に小さな子どもがいる女性が活躍するためには、その夫である男性が職場にしばりつけられている状況を改善しなければいけないのです。そのうえで、個人の時間も、頭と心も仕事に100％つぎ込むことを前提にしていた会社の仕組みや評価のあり方も、男女ともに活躍できるあり方へと変わっていく必要があります。

　ですから、「女性の活躍」という一面的な見方から離れ、男性の働き方や企業・社会の感覚も共に平等なあり方へと変わっていく方向を「ジェンダー平等」というキーワードで表しています。

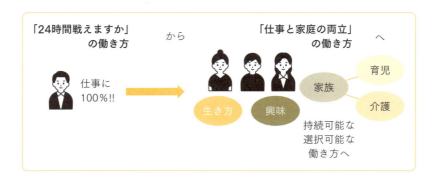

4-2 ジェンダー平等の法律と数値目標

▶ 国の取り組み ◀

　厚生労働省は、主に雇用の面から女性の活躍促進に向けた取り組みを進めています。

　2015年に施行された「女性活躍推進法（正式名称「女性の職業生活における活躍の推進に関する法律」）」は一定人数以上の労働者を雇用している企業に対して、一般事業主行動計画の策定・届出および、男女の賃金の差異をはじめとする「女性労働者への機会の提供」や「職業生活

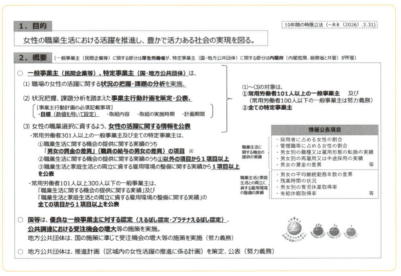

女性の職業生活における活躍の推進に関する法律（平成27年法律第64号）の概要

出所：「雇用の分野における女性活躍推進等に関する参考資料」厚生労働省（https://www.mhlw.go.jp/content/11909000/001254963.pdf）

と家庭生活の両立」に関する情報の公開を義務づけています。

　働く女性への育児支援として、育児休業や短時間勤務の法的根拠になっている「育児・介護休業法（正式名称「育児休業、介護休業等育児又は家族介護を行う労働者の福祉に関する法律」）」では、企業・雇用主に対しても育児休業をはじめとする支援制度の整備を義務づけています。また雇用保険の枠組みの中で、出産休業、育児休業、介護休業のそれぞれについて給付金の制度が設けられており、申請時には事業主がハローワークに書類を提出することになります。

　女性活躍・ジェンダー平等を推進する企業に対しての支援としては、育児休業・介護休業や男女の育児・介護と仕事の両立などの支援に取り組む企業の事業主に対する助成や取得促進にあたっての当事者・担当者に対するセミナーといった普及活動が行われています。

　なお、2025年4月の「育児・介護休業法」の改正も含め、年々更新されますので、最新情報を確認してください。

---

①常時雇用する労働者の数が301人以上の事業主

以下、（1）～（4）の取組が**義務**

（1）自社の女性の活躍に関する状況把握、課題分析

（2）①女性労働者に対する職業生活に関する機会の提供と②職業生活と家庭生活との両立に資する雇用環境の整備の区分ごとに1項目以上（計2項目以上）を選択し、それぞれ関連する数値目標を定めた行動計画の策定、社内周知、公表

（3）行動計画を策定した旨の都道府県労働局への届出

（4）女性の活躍に関する①女性労働者に対する職業生活に関する機会の提供の区分から男女の賃金の差異を含む2項目以上と、②職業生活と家庭生活との両立に資する雇用環境の整備の区分から1項目以上（計3項目以上）を選択し、情報公表

②常時雇用する労働者の数が101人以上300人以下の事業主 ※令和4年4月1日から義務

以下、（1）～（4）の取組が**義務**

（1）自社の女性の活躍に関する状況把握、課題分析

（2）1つ以上の数値目標を定めた行動計画の策定、社内周知、公表

（3）行動計画を策定した旨の都道府県労働局への届出

（4）女性の活躍に関する1項目以上の情報公表

③常時雇用する労働者数が100人以下の事業主は上記②の（1）～（4）が努力義務

一般事業主が行うべきこと

（常時雇用する労働者の数が①301人以上の事業主、②101人以上300人以下の事業主、③100人以下の事業主で行うべきことが異なる）
出所：「雇用の分野における女性活躍推進等に関する参考資料」厚生労働省（https://www.mhlw.go.jp/content/11909000/001254963.pdf）

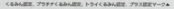

仕事と育児・介護の両立支援対策の概要

出所：「令和5年度版厚生労働白書本編図表バックデータ」厚生労働省（https://www.mhlw.go.jp/stf/wp/hakusyo/kousei/22/backdata/02-03-01-02.html）

▶女性管理職比率の向上目標◀

　日本では就業者の中の女性の割合は50%に近づいてきましたが、管理職に占める女性の割合は13%程度に留まっています（『データブック国際労働比較2022』労働政策研究・研修機構）。欧米諸国では30%前後ある国が多く、アメリカやスウェーデンでは40%を超えていますから、日本の女性管理職比率は、国際的にはかなり低い水準にあると言えるでしょう。

　第1章でも触れたように、現在は「人的資本開示」の制度によって、上場企業などでは社員や役員の男女比率や男女の間の給与格差を有価証券報告書に記載することが義務づけられています。また女性活躍推進法でも、男女間の賃金の差異を含めた項目の一般公開が一定規模の企業に義務づけられています。この流れを受けて、数字として現れる男女の待

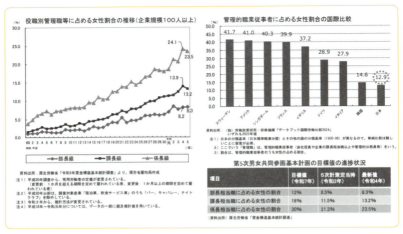

管理職等に占める女性割合

出所：「雇用の分野における女性活躍推進等に関する参考資料」厚生労働省（https://www.mhlw.go.jp/content/11909000/001254963.pdf）

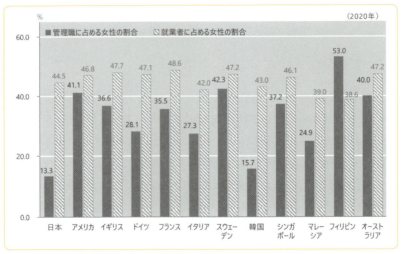

就業者および管理職に占める女性の割合

出所：「データブック国際労働比較2022」労働政策研究・研修機構（https://www.jil.go.jp/kokunai/statistics/databook/2022/03/d2022_G3-3.pdf）

遇格差を縮めていくことに多くの企業が懸命に取り組んでいます。

　が、現時点ではどうしてもある種の「数合わせ」になりがちで、実態がついてきていないことがままあります。

　例えば「女性の管理職比率を上げる」という目標を達成するために実際に女性の管理職を増やすわけですが、管理職の育成には時間がかかりますので、本来ならば20代の頃から男女ともに管理職を目指せるように育成を始めていなければなりません。

　しかし現実には、数値目標を達成するためにまだ育成途中の女性社員も優先度を上げて役職に就けてしまうケースが起こっています。その結果、十分な経験を積む前に役職に就いた本人には不安があり、管理職を目指していた男性社員は「女性活躍のせいで自分の昇進が遅れた」と不満を持ってしまい、また部下になるメンバーも経験の浅い管理職の下で苦労する、という事態になります。

　この取り組みがただの法律上での数合わせに留まらず、本当に女性が活躍するのが当たり前の社会・会社をつくっていくためには、過渡期の現在働いている人たちの不満や不安を解消できるように気を配りつつ、近い将来はそもそもの人権をベースにしたジェンダー平等な社会を実現するために、育成や評価のあり方を変えていくことが必要です。

第**4**章　ジェンダー平等

4-3 ジェンダー平等の評価指標

　企業がジェンダー平等を推進する際に指針となるガイドラインや認定の代表として、グローバルのものでは国連グローバル・コンパクトとUNFEM（現UN Women）が共同で作成した行動原則WEPs（ウェップス）、ISO 30415「ヒューマンリソースマネジメント―多様性と包括性（D＆I）」などがあります。

　この取り組みや基準を推進するために、2024年5月15日にISO（国際標準化機構）が発行したISO 53800「ジェンダー平等と女性のエンパワーメントの推進と実施のためのガイドライン」があります。

　また日本国内のものとしては、厚生労働大臣が認定する「えるぼし」があります。

▶ 国際的なガイドライン・WEPs ◀

　まずWEPsについて見ていきましょう。これは「女性のエンパワーメント原則（Women's Empowerment Principles）」の略称になっており、「企業が現在の慣行や基準、行動を調査し分析するための実践的な手引き」と位置づけられているガイドラインです。企業はWEPsへの「署名、実施、報告」のプロセスを通じてWEPsグローバル・コミュニティに参加することができ、とくにグローバルにビジネスを展開している企業にとっては国際的なプレゼンスの向上が期待できますが、署名をしない場合でも、UN Womenのウェブサイトで公開されているWEPsハンドブックは自社のジェンダー平等を推進するうえで指針として活用できます。

　WEPsでは、企業がジェンダー平等に取り組むための7つの原則を設けています。

原則1	企業トップによるリーダーシップ
原則2	職場におけるジェンダー平等
原則3	従業員の健康、ウェルビーイング、安全
原則4	女性のキャリアアップを可能にする教育と研修
原則5	サプライチェーン・マネージメントとマーケティング
原則6	社会貢献活動とアドボカシー
原則7	成果のモニタリングと報告

（https://japan.unwomen.org/ja/weps UN Women日本事務所）

　WEPsは、PRIDE指標のような外部評価指標とは異なり、「当社はWEPsの原則に従ってジェンダー平等を推進し、継続していきます」と署名するものですから、会社として取り組める項目から進めていくことが大切です。

▶国際的なガイドライン・ISO 53800「ジェンダー平等と女性のエンパワーメントの推進と実施のためのガイドライン◀

　このガイドラインは、WEPsやISO 30415を補完するために、あらゆる組織におけるジェンダー平等および女性のエンパワーメントへの取り組みの手法、及び具体的アクションや優良事例が紹介されています。

■ 4つの領域

- 組織内部：ガバナンス、労働慣行、内部ステークホルダーの意識向上、内部ステークホルダーに対する支援
- 組織の活動および投資：持続可能な調達とジェンダー予算
- 組織の対外関係：ステークホルダーへの働きかけとパートナーシップの構築組織
- 内外とのコミュニケーション：エディトリアル・コンテンツおよびコミュニケーション活動

> ガイドラインの記載例①
> 5.1.2.2（労働慣行）関連の行動および期待されること
> 組織は、以下を行うべきである。
> −育児・出産・配偶者出産休暇およびその他の介護休暇を考慮
> 　したキャリアプランを実施し、職場復帰を支援する。ジェン
> 　ダーに基づく給与格差の有無を定期的に分析し、必要に応じ
> 　て是正措置を講じる。
> −恣意的または差別的な解雇慣行を無くす。
> −女性が責任ある地位に就くことを奨励し、平等なキャリアア
> 　ップを保証するために、経営陣向けの意識向上プログラムを
> 　実施する。

出所：ISO 53800:2024
Guidelines for the promotion and implementation of gender equality and women's empowerment
（ジェンダー平等と女性のエンパワーメントの推進と実施のためのガイドライン）

　今まで日本国内の視野で進めていた女性活躍を、グローバル基準のジェンダー平等に近づけていくという意味で、グローバル視点での潮流を把握しておくことは大事です。

▶「えるぼし」は公共調達で有利になる◀

　厚生労働大臣が認定している、女性活躍推進企業の認定である「えるぼし」は、女性労働者の比率や平均継続勤務年数、管理職比率、女性の正社員としての登用といった、客観的な数値目標にでき、女性の職場での活躍にフォーカスした項目で評価されます。評価項目の達成度合いや女性活躍の情報公開の度合いなどよって１〜３段階の認定が得られ、一般事業主行動計画の目標達成などで特に優良な企業は「プラチナえるぼし」に認定されます。

　えるぼしに認定された企業は認定マークを商品などにつけることがで

き、日本国内でのプレゼンスの向上や女性求職者への訴求につながるだけでなく、**公共調達の際に認定段階に応じて加点されるという直接的なメリット**もあります。

「くるみん」は男性の育休取得や不妊治療支援も評価している

「くるみん」は、「えるぼし」と同じく厚生労働大臣による認定で、こちらは「子育てサポート企業」の証です。認定にあたっては雇用環境の整備計画を策定し、目標の達成したうえで、男性社員、女性社員それぞれに対して定められた育児休業取得率の基準をクリアし、実績を公表することなどが求められます。男女の育児・介護と仕事の両立取得率などで特に優れた基準を達成した企業は、「プラチナくるみん」に認定されます。また、不妊治療のための休暇制度や、不妊治療に利用できる柔軟な働き方の制度の整備、その他仕事と不妊治療の両立のサポート体制の構築などの基準を満たした企業は、「くるみんプラス」「プラチナくるみんプラス」に認定されます。

「えるぼし」「くるみん」認定マーク

認定企業は認定マークを商品などにつけることができ、公共調達の際に加点されることは「えるぼし」と同様です。

4-4

現状をデータで把握する

▶ データに基づいた議論をする ◀

　職場における女性活躍を推進する際、主に男性から「女性だけ特別扱いしているのではないか」という不満が挙がることがよくあります。従来存在していた男女間の待遇の格差が是正されると、相対的には女性が上がっているように見えるので、男性の立場からはそう勘違いしてしまうのも無理ないのかもしれません。

　こうした場合に社内理解を進めるためには、男女格差のデータを丁寧に示してあげることが重要です。私の会社でもやはり女性活躍の推進をはじめた当初はそういった懸念の声が挙がりましたが、社内の男女の差に関する具体的なデータをグラフ化して見てもらったところ、そういった声は消え、逆に女性活躍を応援する男性社員が増えました。

　数字を示す際に大事なことは、社員の男女比率、賃金格差、管理職に昇進する割合といった**数字だけを示すのではなく、グラフを利用して男女の待遇差を直観的に把握できるようにする**ことです。私の会社で特にインパクトが大きかったのは、よく「人口ピラミッド」を表現するために使われる、男女別・年齢別のグラフによる見せ方です。従業員数の割合、男女の管理職比率が年齢別に見た時の女性の管理職比率が低いことがグラフから一目瞭然になり、それからは「女性だけ特別扱いしてるんじゃないの？」という声は聞こえてこなくなりました。

　例えばこんなグラフを説明に使うと、状況が一目瞭然で、納得感があります。データに基づいた議論を進めるためにあなたの会社でも一度グラフをつくってみてください。

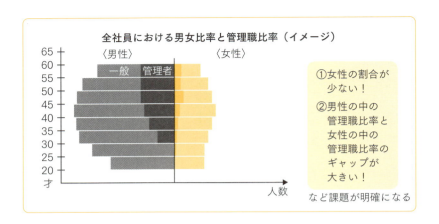

4-5

バックキャストで「あるべき姿・目標」を立てKPIで評価してPDCAを回す

▶ 数値目標はバックキャストで決める ◀

　ジェンダー平等への取り組みは、「女性管理職の割合」「男女の給与格差」や「男性の育児休職取得率・日数」といった直接数値化できるKPIを用いて、ある程度進捗を可視化・評価することができます。ですから**ジェンダー平等に対しては、会社として明確な方針を打ち出すと共に、目標を具体的にして進捗状況を定期的に測定することが重要**です。

　ちなみに「うちの会社は給与体系が男女とも一緒だから問題ないだろう」というのは違います。

　例えば出産・育児の時に一時的に短時間で働く女性がいた場合、トータル賃金は減りますし、管理者の女性が少ない場合も男女の賃金格差のギャップが広がる要因の一つです。

　中期的な具体目標を定める際には、例えば「5年後には女性管理職の割合が30％になるようにしよう」といったように、数値化可能なKPIの数年後における達成度合いを設定するのが、よくあるやり方だと思います。

　しかし現在から数年先の未来における目標を決めようとすると、どうしても「現時点での実績から現実的に達成できるかどうか」を考えながら、「置きにいった目標」を設定してしまいがちです。そうなると組織のあり方を抜本的に変えていくための駆動力にまでは至らない可能性がでてきます。

　ですから**ダイバーシティ推進で数値目標を定める際には、時間軸上でより遠くにある「ありたい未来像」をイメージしてから、より近い未来の目標もそこから逆算して決めていく「バックキャスティング」の方法を取るのが望ましい**でしょう。例えば以下のような形です。長期的に大

第4章　ジェンダー平等

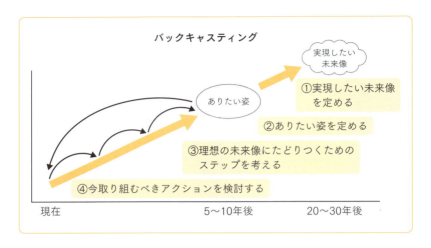

きな変化を起こしたいときに、このバックキャスティングはとても有用な方法です。

①20〜30年後に実現したい未来像を定め
②それに向けて5〜10年後のありたい姿を定める
③②にたどりつくためのステップを考える
④今取り組むべきアクションを決める

ボトムアップのバックキャスティングも有効

　バックキャストで目標を設定する際の「会社のありたい未来の姿」を決める際、経営者がリーダーシップをもって打ち出すのも一つの方法ですが、一般社員や当事者・有識者、役員といった様々な立場のメンバーによる全社的な議論を集約して「会社のみんなで決める」という方法も、多くの社員に目標を自分ごと化してもらう意味では効果的です。

　「会社のありたい未来」について社内の意見を集約して目標を設定することは、LGBTQ＋や障がい者といった他のダイバーシティのキーワードでも有用な方法ですが、ジェンダー平等に関しては特に、会社のマジョリティである「フルタイムで働く男性社員」の意識や声が強く、こ

れまでの組織のあり方そのものが変わっていかなければならないテーマであるため、会社全体が関わって方針を決めることに大きな意味があります。

　ただし日本では、人権の概念の理解やジェンダー平等というキーワードへのイメージが欧米と比べて、まだ浸透していないのも事実です。**未来の会社の姿を思い浮かべてもらう際には、「ジェンダー平等が実現した会社」という言い方よりも「多様な人々が活躍できる会社」というように、より広いキーワードから想像してもらったほうがよいかもしれません。**

対象者を分けて開催し提言をまとめ、集約する

　こういった全社的に参加してもらって方針を話し合う際に、運営側としては「社内の有志に集まってもらい、自分ごととして進めたい」という思いと同時に、「性別や国籍、年齢などで社内の多様性を反映したメンバーに参加してもらいたい」、「リーダー層に参加してもらいたい」といった希望もあるはずです。そういった際に参加する会の対象者の条件を明確にして、それぞれの開催会の意見をまとめる形にするとよいでしょう。

このように全社的な取り組みとして方針を定める際に大切なのは**「会社の未来について、みんなが参加して考えた」というワクワクとした楽しいイベントにして、社員みんなに自分ごととして感じてもらえるように参加してもらうこと**です。それぞれの参加対象者ごとの提言を挙げてもらい、それらを受け止めた方針を幹部層が主体になって打ち出したほうが結果的にスムーズな形にまとまることがあります。

　実際に私の会社でも、「30年後の会社のあるべき姿」をみんなでアイデアを出し合うワークショップイベントが開催されましたが、会社をあげてワクワクと楽しいプロジェクトになり、年齢、性別、国籍など関係なくたくさんの人が参加したイベントになりました。

4-6

企業のジェンダー平等制度

　職場の女性活躍と男性の育児・介護参加を推進するにあたっては、出産・育児に関するものを中心に社内制度を見直し、充実させていくことが必要で、その際には **「誰でも使える制度」を整備していくという考え方が大切**です。

　出産・育児において女性にしかできないことは出産と授乳だけですし、授乳は男性も少し工夫すれば可能です。ですから出産休暇以外の子育て支援制度の多くは、「女性だけ」のような要件は本来必要ありません。

　LGBTQ＋の同性パートナー同士でも、養子や精子提供、代理出産といった方法で子どもを持つ方も増えているので、私の会社では同性パートナーでも育児休暇をはじめとした性別関わらず利用できる制度にしています。

　仕事と子育てを両立したい人にとっては、保育園への送り迎えなどで8時間勤務が難しい場合には「短時間勤務（4、5、6時間勤務）」、夕方の忙しい時間だけ抜けて、あとで少し再開する「分断勤務」制度の利用も選択肢の一つです。

　「再採用」は、配偶者の転勤、育児や介護などの理由で一度会社を退職した人が、同じ処遇で職場に戻れる制度で、近年導入する企業が増えています。

■ 職場でのやりとり

　私自身、夫の海外転勤に家族で付いていくために一度会社を辞めました。海外赴任が終わり日本に戻ってきた後で再採用制度を利用して3年のブランクを経て同じ会社に同じ処遇で復帰しました。自分の希望で同じ職場に戻ったのですが、同僚は私が一度退職していた認識がないくらいスムーズに復職できました。

第**4**章　ジェンダー平等

当時はこのような制度はほぼなかったので、このような制度をつくって実際に運用していた会社に感謝し、家族や周囲からも素晴らしい企業だと評価アップでした。（企業価値の向上につながりました！）

　育休まわりの制度だけでなく、リモートワークとそれに伴う透明性の高い評価体制の構築も、子育てと仕事を両立するうえで重要な制度ですし、保育園や発熱時に保育園に行けない時の急なベビーシッター代など金銭的な補助制度が整っているとより子育てがしやすくなります。

　ジェンダー平等に関係する主な社内制度を次ページにまとめました。各項目の詳細については、本章および「第5章　働き方改革」の章もご参照ください。分類としてはまず、フレックスタイムをはじめとした「勤務時間に関する制度」、育児休暇をはじめとした「休暇に関する制度」、そして「リモートワークに関する制度」が挙げられます。これらの制度については「第5章　働き方改革」の中で詳しく紹介しています。

■ 職場でのやりとり

　先ほどもお伝えしたように、私自身も、夫が海外赴任の際に家族で付いていったので一度会社を退職して、数年経って日本に戻ってきてから再採用の制度を利用して同じ会社に復帰しました。私の場合は元々の会社に正社員として復帰しましたが、私の会社ではその他にも、形としてはパートナー型雇用形態である協働者さんとして復帰するという選択肢もあります。

　「育児・介護支援に関する制度」という枠組みには、勤務時間や休暇に関する制度と重複するものもありますが、改めて目的を絞った枠組みで考えることで、ベビーシッター料金の補助など他にも必要な制度を検討することもできます（参考：東京都産業労働局　https://www.katei-ryouritsu.metro.tokyo.lg.jp/ikuji/gaiyo/）。

「その他、性別関係なく使えるようにしたい制度」の中には、以前は婚姻関係にある夫婦の利用を前提にしていた制度もあり、こうしたものを事実婚のパートナーや同性パートナーまで範囲を拡張することも社内のダイバーシティを推進していくうえで大切です。

　育児休業のように法的な定義が存在し、整備が義務づけられている制度もありますが、国の法律を上回る制度にしたり、その他にもここで挙げたような支援制度を会社ごとに整備することで、社員にとってより働きやすい職場環境をつくることができます。

1．勤務時間に関する制度 **フレックスタイム制度**：社員が始業・終業時刻を柔軟に設定できる制度。 　中断勤務　スーパーフレックス **短時間勤務制度**：育児や介護などの理由で勤務時間を短縮できる制度。 **時差出勤制度**：通勤ラッシュを避けるために勤務開始時間をずらす制度。 **再採用、グループ会社採用** **2．休暇に関する制度** **有給休暇**：法定の有給休暇に加えて、追加の有給休暇を提供する制度。 **病気休暇**：社員が病気や健康上の理由で休むことができる有給休暇。 **育児休暇**：育児のために長期間の休暇を取得できる制度。 **介護休暇**：家族の介護を理由に長期間の休暇を取得できる制度。 **リフレッシュ休暇**：長期間勤務した後に一定の期間連続で休暇を取得できる制度。（育児目的での使用） **3．リモートワークに関する制度** **在宅勤務制度**：自宅での勤務を許可する制度。 **テレワーク制度**：社外の任意の場所で勤務できる制度。 **サテライトオフィス勤務**：自宅や勤務先以外の場所での勤務を許可する制度。	**4．育児・介護支援に関する制度** **育児休業制度**：子供が一定の年齢になるまで育児休業を取得できる制度。 **育児短時間勤務制度**：育児のために短時間勤務を許可する制度。 **企業内保育所**：社内に保育所を設置し、社員が利用できるようにする制度。 **介護休業制度**：家族の介護のために長期間の休業を取得できる制度。 **介護短時間勤務制度**：介護のために勤務時間を短縮できる制度。 **男性の育児休暇取得** **認可外保育園の費用補助** **社内託児所・保育所の設置** **ベビーシッター料金の補助** **育児・介護休暇の拡充（法定外の対応として）** **5．その他、性別関係なく使えるようにしたい制度** **住宅手当・家賃補助** **住宅ローン補助** **結婚・出産祝い金** **傷病見舞金** **弔慰金** **災害見舞金**

「育児・介護支援に関する制度」ほか主な制度

出所：東京都産業労働省資料等を参考に著者作成（https://www.katei-ryouritsu.metro.tokyo.lg.jp/ikuji/gaiyo/）

4-7

研修・セミナーの種類

　ジェンダー平等に関する研修・セミナーを大きく分けると、全社員向けのもの、管理職向けのもの、育休からの復職やワーパパ、ワーママなどの当事者向けのものがあります。全社員向けに行う研修・セミナーでジェンダー平等について学んでもらう際には、ジェンダー平等の基礎知識やアンコンシャス・バイアスの実例といった内容を取り上げます。一方で育休から復職やワーパパ、ワーママセミナーは希望者に対して、復職者が多い４月の前の12月から２月頃などに、対面型だとセミナー中に子ども連れでもOKにしたり、ベビーシッターさんを用意したり、またはオンライン型で自宅から子連れでパートナーと一緒に参加できるように行います。

　育休などの制度の運用にあたって、取得したい当事者の最初の窓口になるのが職場の管理職です。管理職向けのマネジメント研修でも、会社としてダイバーシティの推進を進めていくうえでのマネジメントで気をつけるべきことや、対応の仕方を学んでもらいます。例えば、男性の部下から育児休職の取得について相談があった時の対応の仕方や必要になるサポート・配慮、育休時にチームを動かす際に気をつけることなどを学んでもらいます。

　また、その本人や管理職をサポートする窓口の総務担当の担当者へも学んでもらう機会を優先的につくります。

▶ 育児の当事者に向けたセミナーを開く ◀

　ジェンダー平等に関する研修・セミナーの中でも特色のあるものとして、「育休からの復職セミナー」「ワーパパセミナー」「ワーママセミナー」といった、当事者向けのセミナーがあります。

　復職セミナーは、性別問わず育児休職している人たちに向けて開催し

ます。育休明けの場合、新事業年度のはじまる４月１日から職場に復帰する人が多いので、復職セミナーもそのタイミングに向けて12月から２月初頃に開催します。

　育休から数年前に復職した先輩社員にも登壇してもらい、復職にあたってどういう準備をするとよいかといった話や、復帰後の仕事と育児の両立についてのアドバイス、支援制度の活用について伝えます。また情報提供だけでなく、休職から復帰する人たちの「横のつながり」を構築することもセミナーの目的です。**同じような問題で悩んでいる者同士がつながり、やり取りできるようになると、復職にあたっての心理的な負担もだいぶ和らぎます。**

扱うトピック例

仕事と家庭での

- ・準備（心構えと物理的な）
- ・復帰後のリアルな状況やコツ
- ・様々な制度の活用
- ・便利なサービス
- ・職場と家庭での協力体制やコミュニケーションのコツ
- ・キャリア形成　　　　　　　　　　　　　　　　　　　など

　「ワーパパセミナー」は男性社員も安心して育休を取れるようにするために、これから育休を取りたい人や、将来に向けてあらかじめ知っておきたいという希望者を対象に、社内の育休取得者を紹介するセミナーを開催します。どんな形で育休を取得したか、育休期間中何をしていたのか、家での過ごし方や、仕事と両立する際の工夫などです。特に、収入がどれだけ減って、逆にどれくらいの給付が出たかといった実態を話してくれた回は参加者の満足度が高かったです。これは、男性が育児休職を取るときに心配なことベスト３に、「どれくらい収入が減るのか」が入るようですので、心配を払しょくしてもらう意味でも、登壇者には差し支えない範囲で話してもらうとよいでしょう。

また、こちらからお願いしなくても「育休を短期間取ってゆっくりしようと思っているのは間違い！　妻の家事・育児はすべて自分がやるつもりで育児を楽しもう！」と自ら言ってくれる社員が増え、とても頼もしいです。

　「ワーママセミナー」はワーパパセミナー同様、将来ワーキングマザーになりたい女性社員に参加してもらい、女性の育休取得者に登壇してもらいます。参加者から「お父さんに聞かれたくないことも話せるので、ワーパパとワーママは混ぜないほうがよい」という声が多く寄せられたので、私の会社では区切って開催しています。
　これらのセミナーは、子育て世代は日中・終業後ともに忙しい世代に重なるので、対面で集まってもらうのではなく、ランチタイムにオンラインで開催するのも一つの方法ですし、逆に土曜日に対面開催し、子ども連れの方向けにベビーシッターさんを会社側で用意するのもよいでしょう。特に対面での開催では、参加者同士のつながりが生まれたり、悩みの相談や育児のコツの情報共有などで盛り上がります。

■ 職場でのやりとり

　私が妊婦&育児休職中のころ、ワーママセミナーに毎年出ていました。
　そのときに同じチームになった先輩たちに「復帰の際、保育園を見学するときは白い靴下を履いていくとよい」とか、「復帰に向けてあった方がよい家電」「おすすめ夕食宅配サービス」「おススメ育児本」、「手の抜き方」をはじめいろんなことを教えてもらいました※。興味深々で、質問・回答が終わらず、セミナーが終わった後もカフェに移動してしばらく数人で盛り上がったことを思い出しました。
　その先輩たちとは、子どもが成人した今でもやりとりは続いていて、相談ごとが育児でなくなった今でもとても頼りにしています。

※白い靴下を履いていくとよい……保育園の床の汚れ具合が確認できるため
　あった方がよい家電……食洗機、ロボット掃除機、乾燥機、大容量の冷蔵庫など

対面ワーママセミナー後のカフェにて…

最初の投資は必要だけど
絶対あった方がよいものは……

部屋が
きたなくたって
子どもは
大丈夫よ〜

宅配
これ便利!!

食洗機!!

洗たく
乾燥機!!!

大容量の
冷蔵庫!!

ロボット
掃除機!!

自分が
笑っていられる
のがいちばん！
何でも活用
しちゃうと
よいよー

第4章 ジェンダー平等

4-8 コミュニティ構築

▶ワーパパ、ワーママの当事者同士をつなげる◀

多くの企業では女性社員の数を増やしてきてはいますが、そもそもが、男性のフルタイムワーカーが主力だという暗黙の想定のもとでできてきた組織ですから、女性が働くうえでは大小様々な不都合があります。ですから境遇が近い者同士で不安を共有できたり、制度の使い方や日常生活のおススメ情報を交換し合ったりする仲間をつくれるような**社内のネットワークを構築することは、企業で働く男女にとって、そして社員に活躍してもらいたい企業の双方にとって重要**です。ここでは主に女性を取り上げますが、こうした当事者コミュニティの構築はLGBTQ＋、障がい者や男性の育休取得者、あるいは介護中の社員、外国人社員など他のキーワードでももちろん大切です。

話を戻すと、女性社員のコミュニティやネットワークの形にはオンラインとリアルの両方があり、それぞれによさがあります。

オンラインのよさは、手軽に交流や情報交換ができることです。私の会社では、会社のチャットアプリの中に「ワーキングマザー・コミュニティ」のグループチャンネルがあり、育児の悩みをチャットに投稿して相談したり、保育園の情報を交換したりといった交流が生まれています。チャットでの交流を通じて仲よくなったワーママ同士が実際に会って、リアルの交流へとつながることもよくあります。

オンラインコミュニティで仲よくなったり、あるいは研修・セミナーなどで一緒になった人とのつながりから、ランチに行って状況を報告し合う仲になったり、近い境遇の社員同士で飲み会を開いたりといった形で社員同士のリアルな横のつながりが生まれると、孤独感や不安が和らいで仕事や育児の困りごとも解決したり、仕事にも前向きに取り組むこ

とができるようになります。

セミナーでワークショップをする場合、楽しくフランクな場づくりのために、お菓子やジュースを用意したり、セミナー時間を夕方からにして懇親会も企画したりします。ただ、ワーパパ・ワーママの場合は短時間勤務の人もいるので、セミナーはなるべく10時から15時くらいの中で開催するようにしています。

■ 職場でのやりとり

小さい子どものいる人は、急に飲みに行くのは難しいことも多いかもしれませんが、事前に懇親会があることを伝えておくと、パートナーに預けたりと調整も可能です。ふだんなかなか飲みに行けない分、セミナー後のワーママ飲みで大盛り上がりして遅くまで語り明かしたことも何回もあります。

ここも「小さい子どもがいる人たちは、飲み会は無理だろう」とはじめから思い込んでしまうアンコンシャス・バイアスが起こりやすいので、「まずは本人たちに聞いてみる」が基本です。

オンラインやリアルでのつながりから、ERG（社内リソースグループ）の参加につながる場合もあります。

例えば、「男性の育休取得を増やしたい」という目的のために、最初はダイバーシティ担当などの主管部署が会社として立ち上げ、「興味があって活動してくれる人はいませんか」とメンバーを募集します。そして集まったメンバーが中心になって、男性育休なら取得した社員による座談会や、すでに取得した社員と今後取得を考えている社員とが交流するランチ会、外部講師によるワークショップなど、当事者に近い立場からイベントを企画・運営してもらいます。

事務局としては、このERG運営が円滑にいくよう、年間での予算を用意し、講師料や打合せでの茶菓子代などに使えるようにするとよいでしょう。

4-9

ジェンダー平等のロールモデル

　ジェンダー平等に関するセミナーやイベントでは、社内の性別を問わない育休経験者にパネリストになってもらい、自身の経験について話してもらったり、質問を受けてもらったりします。これから育休を取得しようと思っている社員がこういったロールモデルの社員の話を聞くことで、子どもを育てる際のイメージや、仕事と育児との両立のイメージを持つことができますし、育休が昇進に響くことを心配する社員に対しても、「自分は復帰してからこれくらいで管理職になれたから大丈夫」という実例を本人から聞くことができれば、自身のキャリアについてもイメージしやすくなります。

　開催後はインターナルサイトにもインタビュー記事を掲載することで、セミナーに参加できなかった人も後から見ることができます。

▶ロールモデルには選択肢が必要◀

　女性活躍や男性育休のロールモデルの社員にイベント・セミナーに登壇してもらったり、インターナルサイトのジェンダー平等情報のページにインタビュー記事を載せる時のポイントとして、**見てくれた人が自分に合ったロールモデルを選択できるように、何パターンかの社員に出てもらったほうがよい**と思います。

　と言うのも、あまりに環境に恵まれている理想的な事例だけが載っていると、「たまたまこの人がうまくできただけでしょ」と思われて逆効果になることがよくあるからです。

　以前私が参加したセミナーで実際登壇者があまりに偏っていたものがありました。「子どもは実家に預け、週末だけ実家で育児している」という人や「保育園の後、送り迎えから寝かしつけまでをシッターさんに

任せ、自分は早朝から深夜まで働いている」という人にセミナーに登壇して話してもらった際には、事後アンケートで「この人の環境が特別なだけだ」「自分はそんな働き方はしたくない」という反応が多く出てしまいました。

　男性育休を取った社員の「職場のみんなが凄く応援してくれて、1年間のまとまった育休を取得できたので、妻とも協力して育児に臨めた。男性もみんな1年以上の育休を取った方がよい」という話に、「あの部署が恵まれているだけで、自分の部署とは大きなギャップがありすぎる」という反応があったこともあります。

　これらは私自身が関わったセミナーで経験した話ですが、他社のジェンダー推進のイベントを見ても、登壇者の属性や姿勢に偏りがあるケースがよくあります。ジェンダー平等推進の仕事をしていても、「子どもを産み育てて、かつ仕事を続けて」のような特定のロールモデルを理想像とするアンコンシャス・バイアスとしてもってしまうと、登壇者のアレンジやメッセージが偏ってしまうのかもしれません。

■ 職場でのやりとり

　ほかにも、職場からはこんな声が寄せられたこともあります。

　「子どもとの時間も、仕事も大事にしている」という短時間（4H）勤務で業務も軽めにしてもらっているロールモデルの女性だけが登壇したセミナーに「自分は独身で、子どもができてもバリバリ仕事をしたいと思っているので、期待していたのと違った」

　別の場面では、「私は、あのロールモデルの方たちみたいに、子どもをおざなりにしてでもバリバリ働くのはイヤです。子どもが小さいときは子育てを満喫したいんです。なんでいつもセミナーだと、『仕事も育児も家事も、一生懸命、極限までバリバリやって、みんなで管理職、さらにその上をめざしていこう！』っていうメッセージなんですか？」

　などなど。人それぞれ様々な意見があることも意識しておくことが必要です。

確かに、女性活躍推進をしているため、そういう思いは強いですが、でも**常にいろんなタイミング・価値観の人がいる。何が正しくて、何が間違っているのか、情報は伝えるけど選択するのは本人、ということを忘れない**ようにしています。

研修・セミナーの参加者一人ひとりの状況や期待は異なりますから、例えばパネルディスカッションなら、一つの回の中でいろいろなタイプの働き方をしている社員に登壇して話してもらうことで、複数の立場からのヒントを得られるようにしたり、あるいは「仕事と育児の両立」や「女性のキャリアアップ」などテーマによって回を分けて、それぞれに合ったロールモデルの人に登壇してもらう方法もあるでしょう。インタビュー記事なら、様々なタイプのロールモデルの人について記事をつくり、どの記事が自分に合っているかわかりやすいようにテーマに沿ったタイトルをつけてもよいでしょう。

人生の中で仕事をどれだけ重要視しているかは人それぞれですし、「子どもが小さいうちは一緒にいる時間を大切にしていたけれど、手離れが進んだからここからは仕事にしっかり取り組みたい」「この１年だけは親の介護環境を整えることに力を注ぎ、それ以降は憂いなく仕事に復帰したい」などライフステージの変化により、同じ人でも時期によって生活の中での仕事の重みが変わることもあります。

端から見て「働き過ぎじゃないか」と思われるような働き方は、「ワ

いろいろなロールモデルをみてもらおう
いろいろな働き方、価値観がある

育児に
専念したい
〈育児休職〉

シングルの
ままでいたい

介護
しています

男性育休１年
取りました！
家事・育児
全部得意！

思いきり
働きたい！

ークライフバランスを大切にする」という観点からは悪者にされがちですが、法律や健康のうえで問題ないなら、それも多様な働き方の選択肢の一つです。**仕事に邁進したい人も、生活の他の活動とのバランスを取っていきたい人も、それぞれの働き方、ひいては生き方を認め合い尊重していくことが大切**だと思います。

　社内向けだけでなく、社外向けサイトや採用サイトにも「活躍しているこういう女性社員がいます」といった様々なパターンのロールモデルになる社員を紹介する記事を掲載しています。会社で活躍したい女性の求職者やワークライフバランスを大切にしたい求職者にとって、社内に自分が目指す姿に近いロールモデルがいることは、会社選びの際に訴求力になります。またインターナルのページから外部向けのページに記事へのリンクを貼ることで、同じ記事を有効活用することもできます。

第**4**章

ジェンダー平等

4-10 女性管理職の登用

▶ 管理職になりたがらない社員が増えている ◀

　女性の管理職比率は、ジェンダー平等の推進度合いを示す代表的な KPIですが、近年、そもそも管理職になることを希望しない社員が男女 共に増えています。「出世しなくても、楽しく働ければよい」という価 値観が社会的にも広まったこと、日々接している管理職の大変そうな様 子を普段から見ていること、多様な働き方への対応や、産休・育休のマ ネジメントなど役割がさらに増えたこともその背景にあります。

　管理職になることを薦められた際の反応には男女で傾向の違いがある と言われています。「君には能力があるから、ぜひ管理職になってもら いたい」と上長から勧められた際に、男性の場合は「評価してもらって いるのだから、きっとなんとかなるだろう」とわりと楽観的に受け取る 人が多いのに対して、女性の場合は「絶対にできる」と思えない限りは 引き受けず、「自信がないのでできません」と断る人が多い傾向がある とされています。

　ですから女性の管理職を増やすに当たっては機会を用意したうえで、

管理職を推薦された際の反応の違いの傾向	
男性の特徴	**女性の特徴**
・成功したのは自分ががんばった　からだ	・うまくいったのは周りにサポート　してもらったおかげ
・自分でもやれそうだ！	・100％できる自信がないと　「やれそう」とは言わない

150

推奨したい女性社員がはじめ乗り気でなくても、「はじめから完璧にやれる自信がなくても、まずチャレンジしてほしい」「普段の働き方を見てきたからこそ、ぜひあなたに管理職を目指してほしいと思っている」と3回くらいは働きかけたほうがよく、加えて安心してもらうためにも「自分もサポートする」ということを特に伝えたほうがよいと言われています。

　特にリモートワークが増え、同じチームのメンバーが職場に集まる機会が減っているかもしれません。リモートワークの導入自体は、場所にとらわれない多様な働き方を可能にする意味で本書ではポジティブに捉えていますが、同じ空気を共有したり、気軽に声をかける機会が減ることは間違いありません。

　有望な女性の部下に仕事で活躍してもらって将来的に管理職、そしてその上を目指してもらうためにも、また会社での昇進に対する本人の温度感を把握するためにも、リモートワーク主体の部署の管理職は、チームが集まる機会や上司・部下が直接会う機会を意識的に設けてコミュニケーションを取ることも大事です。ぜひ工夫してみてください。

第**4**章　ジェンダー平等

4-11 昇進のタイミングと出産・育児のタイミング

▶ 昇進のタイミングと出産・育児のタイミングが重なる ◀

　女性の労働力人口の割合は、結婚、出産や育児のタイミングに当たる人が多い年齢層で一旦下がることが知られており、この現象は「M字カーブ」と呼ばれていましたが、最近はカーブが浅くなり、台形に近づいてきています。

　結婚・出産というライフイベントや育児の負担によって、職場から一旦離脱したり、短時間勤務になる傾向があるためです。
　出産や育児によって産休・育休を取ったり、短時間勤務で働き続けてもらうことは、もちろん職場でのジェンダー平等にとってよいことなのですが、ここで問題になるのが、**30歳前後〜30代の間は、多くの企業で管理職への昇進が始まるタイミングと重なってしまっている**ことです。
　管理職への昇進や役職に就くための要件として、所定の業務経験を積

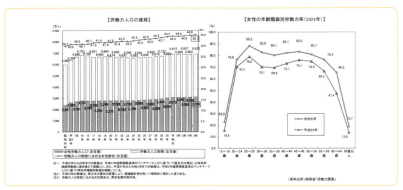

女性の労働力人口と年齢階級別労働力率

出所：「雇用の分野における女性活躍推進等に関する参考資料」厚生労働省（https://www.mhlw.go.jp/content/11909000/001254963.pdf）

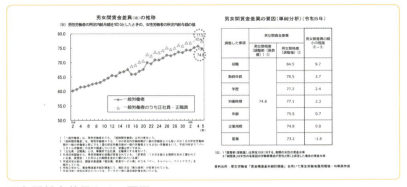

男女間賃金差異とその要因

出所:「雇用の分野における女性活躍推進等に関する参考資料」厚生労働省（https://www.mhlw.go.jp/content/11909000/001254963.pdf）

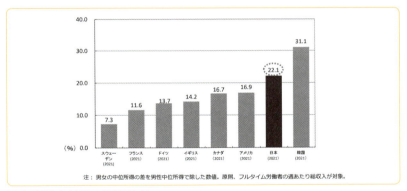

男女間賃金差異の国際比較

出所:「雇用の分野における女性活躍推進等に関する参考資料」厚生労働省（https://www.mhlw.go.jp/content/11909000/001254963.pdf）

むことや昇進試験に合格することを設定している場合、これらの要件に取りかかるタイミングと産休や育休、育児が重なってしまうと、業務経験を積むのに時間がかかってしまったり、育児と仕事の両立のために昇進試験のために十分な準備ができず、育児が一段落するまで昇進試験を通過できないといった事態が起こります。

　30歳前後に来る昇進・昇格のタイミングは、その後の昇進速度を左右する重要な分岐点になりがちです。ですからこのタイミングでの昇進

の遅れは、ただ産休や育休を取っていた期間だけ昇進が遅れるというのではなく、その後のキャリアにも尾を引いてしまいがちです。

　出産・育児と両立しながら、会社でも責任のあるポジションを担いたいと希望している女性はいますし、能力が高く管理職としての素質を持っている女性社員の昇進が必要以上に遅れて、力を発揮できるポジションにつけないことは会社にとっても損失です。

　ですから、会社として昇進してもらいたい女性社員と上司や人事との定期的なキャリア面談の中で、出産や育児の予定があることがわかった場合は、出産・育児の時期に入る前に管理職の要件を満たしてもらえるように、先取りして業務を経験させる、業務要件のために部署異動をさせる、管理職資格試験を先に受けさせるなどの対応をする企業が出てきています。

　一方で、出産・育児の予定があり、将来性が評価されている女性社員だけを対象にして昇進要件を前倒しすることには、公平性の面で課題があります。性別に依らず、管理職に昇格させるタイミングをM字カーブの前に全体的に前倒しする、昇進試験や業務要件を満たしやすくするといった方法で、より公平な形でこの課題を解決できないかという議論も出てきています。

　それでも、能力があったのに、出産・育児によって必要以上に足踏みをしてしまい、あるところ以上に昇進できなかった女性社員は、これまでにも大勢いたはずですから、今後は同様な人を生み出さないために、まずは女性を対象にした対策が取られるようになっています。

■ 取り組み例

・管理職候補（本人の希望、上長の希望）の女性社員には、出産・育児に入る前に、管理職要件を先取りして経験してもらう。
・業務要件のために部署異動をさせる、管理職資格試験を先に受験させる。

▶本人の意向の確認が大切◀

出産の前に管理職になってもらうと、例えば育児が大変な時期は、業務時間が比較的安定している管理部門で1～2年育児と両立してもらったり、同じポジションの管理職を二人体制にしたりなど、色々な方法で管理職として復帰してもらうことができます。

もちろん、本人のライフプランにおける仕事の位置づけや家族のサポートは一人ひとり異なります。「親が近くに住んでいて子育てを全面的にサポートしてくれるので、産休明けから最前線で働きたい」という女性社員も中にはおり、そういった場合はよかれと思っての配慮が逆効果になりますから、出産前後や育児期間のポジションや働き方は、あくまで本人の意向を確認し相談して決めていくことが大切です。

■取り組み例

・本人の意向を確認し、希望にあった働き方ができるようにする。

▶男性の育休は何のため？◀

出産・育児にあたって女性にしかできないことは出産だけですから、育休については男女ともに平等に取得してもよいはずですが、実際には女性側が育児も担当していることが多く、育休取得期間にも男女で大きな開きがあります。

現状では男性社員が取得する育休の期間は2～3カ月、長くても半年程度で、中には1～2日休んだだけで「育休を取った」とする場合もあり、課題になっていますが、子育てにあたって中長期的な育休を取得しない男性社員もまだまだいます。一方で女性社員の場合は、保育園に入れるまで1年間育休を取得したり、その後も短時間勤務が何年も続いたりといった事例が少なくありません。その分、出産・育児が昇進の足枷にならないような仕組みが会社に求められるのです。

もし今後、男性でも1年間育休を取るのが当たり前の社会になったら、

第4章 ジェンダー平等

女性だけに業務経験を早めに経験してもらうような配慮も必要なくなるのかもしれません。

　よく話題になるのが「男性育休取得率○％っていうけれど、取得日数も短いし、自分の休暇と勘ちがいしてる人もいるよね」という話ですが、**男性育休は出産後のママのサポート、育児をするための休み**です。
　育児と家事すべてをやるつもりで、しっかり期間をとって子育てに積極的に関わる大事な時間を過ごしてください。

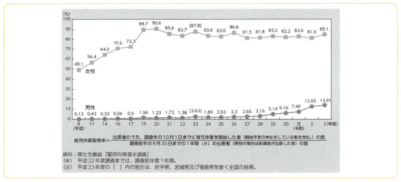

育児休業取得率の推移

出所：「令和5年度版厚生労働白書本編図表バックデータ」厚生労働省（https://www.mhlw.go.jp/stf/wp/hakusyo/kousei/22/backdata/02-01-08-01.html）

4-12

女性社員育成の制度

▶ パイプライン管理による一貫した育成を行う ◀

　人事における「パイプライン管理」とは、主に人事と管理職が連携して、社員一人ひとりのキャリアパスを10年単位で管理することです。それぞれの職場の管理職に、部下の女性社員を対象にした10〜15年スパンの育成計画を管理職に立ててもらうなどします。

　会社、特に人事部の立場からすると、女性の管理職比率や役員比率の目標値を経営側で設定するので、これを実現するためにそれぞれの部門・職場に対して「〇年度は管理職〇％が女性」を目指して今までアンコンシャス・バイアスや出産・育児のタイミングが重なって昇進昇格からもれてしまっていたような対象者も、今から数年かけて育成・経験値をつむ準備が計画的にできます。

　職場の側でも、男女比の目標がなかった時代は、それぞれの職場の責任者が「次はこの人を昇格させよう」とその時々で決めればよかったので、中長期的な育成計画を立てる必要も特段なかったわけです。しかしながら、企業の持続可能な成長にダイバーシティが必要不可欠であると経営目標にして推進していく時代においては、女性社員の育成を管理することは極めて重要です。

　管理職が面談などで本人の意向を確認して、「この人は管理職を希望しているので、〇年後に管理職になるように、このタイミングで昇格試験を受けてもらおう、ここの業務経験をしてもらおう」といった個々人の育成計画を設定し、さらに「それぞれの社員の計画が進めば、この職場の中では、〇年度に〇％の女性がこの職階まで昇っている」という職場単位の計画を立て、個人ごと、職場単位両方の計画を人事と共有します。

第4章　ジェンダー平等

運用にあたっては、「予定では、この人はこの時期までにこの業務経験を積んでいるはずですが、実現できていますか」ということを、管理職と人事との間で把握し、一人ひとりの社員のキャリアパスを管理していきます。

本来は、女性だけでなく男性にも、きめ細かいキャリア計画を設定してしっかり育成していく必要があるので、**女性だけを対象にせず、男性もパイプライン管理を行うのがよいでしょう**。社員の育成を職場の中だけで閉じず、人事まで把握して客観的に管理していきましょう。これは次に紹介する「メンター」や「スポンサーシップ」の制度も同様です。

	本人希望	上長コメント	実績		予定			
			20XX	20XX	20XX	20XX	20XX	20XX
Aさん	・昇進希望強い	・ストレッチ業務で成長したため昇進に向けてサポート中	○○研修受講	△△プロジェクト（ストレッチ業務）	昇格試験	管理職昇進		
Bさん	・子どもが小さいので3年は育児に注力したい				短期間勤務	→→→		ストレッチPJを経験
Cさん								
Dさん								

▶ メンター制度とスポンサーシップ制度をつくる ◀

女性活躍で特に大事なのはロールモデルとネットワークだと考えています。

この両方を網羅するのがこの「メンター制度」と「スポンサーシップ制度」です。

普段の業務や定期面談、あるいはパイプライン管理では本人と直接の上司に当たる管理職の間でやりとりが行われますが、仕事のうえでは普

段接している上司には関係上相談しにくい悩みや、一つの職場よりも広い視野で考えたい悩みも出てきます。

　ですから女性社員向けに、普段接している上司以外の会社の先輩に相談できる機会として、「メンター」と「スポンサーシップ」の仕組みを設けるとよいでしょう。

メンター制度	スポンサー制度
・普段の仕事で関わらない職場の上長	・役員レベルと若手の直接的つながり
・メンターを指名できる	・社員の能力を評価し会社組織に働きかける
・斜めにつなげる制度	・後見人的な仕組み

　「メンター」の仕組みでは、普段の仕事で関わらない違う職場の上長にメンターになってもらい、個人的な相談やアドバイス（メンタリング）をしてもらいます。相談したい側は、メンターになる上長を指名できるようにします。メンターは社内の「縦のつながり」にあたる上司・部下関係を「斜め」につなげる制度ですが、私の会社ではさらに横のつながりとして、有志の女性部長以上の方たちが社内でネットワークをつくり、後輩たちの悩みを聞いて、提言やアドバイスを行ってくれています。

　もう一つの「スポンサーシップ」は、役員レベルの上位層と若手社員が直接つながり、昇進・昇格を支援したり、重要なプロジェクトのメンバーとして推薦したり、業績を周知したりといったサポートをする仕組みです。メンタリングが、「経験豊富な先輩が、これから経験を積む後輩をサポートする」１対１の個人的な関係であるのに対して、スポンサーシップは社員の能力を評価し、本人にとって実力を発揮できる仕事やポジションができるように会社組織に働きかける、後見人的な仕組みに

なります。

　これらは本来は男性社員にとっても有用な制度ですので、十分な社内リソースが整っており、キャリアにおける男女の格差が改善されているようなら、男性社員にも広げていきたい仕組みです。実際に、男女問わずメンタリングを利用できる制度を整えており、世界各国のメンターに相談しやすい文化が社内に醸成されている企業もあります。

■ 育休をカバーするチームマネジメント

　出産休暇、育児休暇をはじめ、ジェンダー平等のキーワードから少し外れますが、介護や病気といったそれぞれの事情で、長期的な休暇を取ったりキャリアが分断してしまうのは誰にでも起こり得ることです。ですから、会社として制度を整備するだけでなく、職場単位でも制度による休暇取得の事例をつくることや、取得しやすい空気感をつくること、誰かが休んだ時に周りのみんなでサポートできる体制をつくっておくことは、働きやすい職場をつくるうえでの心理的なセーフティネットとして重要です。

　一方で、誰かが休暇を取得するということは、その分の仕事を他の誰かが担う人員を補充する、または効率化する、仕事を減らすという対応が必要です。

■ 職場でのやりとり

　私が職場の社員からの相談を受けていて感じるのは、実際に子どもが欲しいと思った時、なるべく職場に迷惑をかけない時期にしたいと思っている女性社員が多いということです。

　私も昔、悩んでいた時、思いきって当時の上司に時間をとってもらって相談したことがあります。大きなプロジェクトのシステム開発をやっていたので、日々職場のみんなが泊まりがけで仕事をしていたような部署でした。そして、いつもは本当に怖くて厳しい上司でした。

　私「すいません。そろそろ子どもが欲しいと思ってるんですけど

プロジェクトに迷惑をかけない時期はいつですか」

上司「何言ってるんだ。君の人生だし、子どもは授かりものなんだから、仕事のスケジュールは気にせず、好きなようにすればいいんだ。仕事のマネジメントを考えるのがオレの仕事なんだから安心して育休も好きにとればいいんだぞ！」

その後しばらくして子どもを産んで2年間の育休をとりましたが本当に今でも大好きな元上司です。

▶ 一つ上のポジションにチャレンジする機会にする ◀

実際にメンバーの誰かが休みに入った場面でどうやりくりするかは常に多くの企業で解決方法を模索中の大きな重要な課題です。

すぐに増員ができればよいのですが、なかなか難しいことも多いと思います。今いるメンバーでやりくりしなければならない場面で、チームの人たちにどうやる気を出してもらっているか、管理職の方々にヒアリングした中で、私がなるほどと思ったのは、**「一つ上のポジションにチャレンジするよい機会」だと捉えてもらう**というものです。

例えば育休を取ったAさんがいた場合、同じ部署で一つ下の役職にあたるBさんを中心にAさんの業務を担当することになったとします。多くの仕事を割り当てられた側からすると負担が増えたのも事実ですから、目の前の仕事に忙殺され「Aさんが休んだから、自分の仕事が増えて、責任も増えてしまう」と思ってしまうかもしれません。そこで、「次にあなたが昇格した時の練習みたいなものだと捉えてみよう」と伝えているというのです。役職が上がるとは、より広い視野で職務に臨むことでもあります。これまでより1ランク上の立場で業務やチームを見る練習、例えば「自分が課長になった時の予習」だと思うと、仕事が増えた状況をポジティブに捉えられるでしょう。

なるべく負担を減らすための準備としては、「第5章　働き方改革」でも触れますが、自動化による業務の効率化や業務マニュアルの整備に

第**4**章　ジェンダー平等

よる属人化の解消が挙げられます。

　育休に限らず、急病や退職など急にメンバーがいなくなる場面はありますから、リスクマネジメントの観点からも、特定の人に仕事が集中するのはよいことではありません。休暇の制度を使う社員や、時短やリモートワークを選ぶ社員が増え、==それぞれの職場が一人ひとりの事情に合わせて対応していくことは、みんなが働きやすい職場をつくると同時に、不測の事態に対応できる強い職場をつくることにもつながります。==

■ 職場でのやりとり

「育児休職を取って育児と家事を両立することが大事って頭ではわかってるんですけど、実際は周りの私たちにその分の仕事の負担が純粋に増えますよね。ただでさえ多忙だったのに、ほんと大変です。しかも私は、シングルでいたいので、結婚も出産もしないつもりです」

「シングルの人や子どものいない人（男女とも）は、深夜まで働いても大丈夫だって思われてるみたいで、仕事がどんどん依頼されます。なんかすごくやりきれないです。」

　これはどこの会社でもよく声の上がる話だと思います。
　一方で、誰かが休む前から十分なバッファを用意できている職場は現実的に多くないはずですから、いなくなるメンバーが増えると、

- これを機会に業務の効率を上げて、誰がいつ休んでも大丈夫なように情報共有できるようにする
- 人それぞれ、育児・介護・病気など、パワーダウンするときはあるので、みんなで助け合う文化をつくると、それぞれがそういう状況になったときに休みやすい。働きやすい職場になる

など、現状を改善したり、工夫したり、考え方を変えたり、派遣社員を臨時雇用したりして乗り切っています。しかしながら、予算がなかったり、その他もろもろで、誰かが大変な思いをする場合も多く、キレイに解決する方法ばかりではありません。ですので、これはどんな解決策があるのか、これからも考えていく必要があると思います。

最近、育児休職などで抜けた人がいる職場の人たちに10万円など手当を出す企業も出てきました。先日その会社のダイバーシティ担当の方と話しましたが、とても好評なようです。今後は手当を出す会社も増えていくかもしれません。

■ 職場でのやりとり

「〇〇さん、育児休職から戻ってきて短時間勤務で働いてるけど、周りの人たちにフォローしてもらうの悪いなぁ、と思って時間中がんばって無理してない？」とある30代の女性に聞きました。すると

「全然大丈夫です。だって、今まで私、周りの人の育児休職・短時間勤務の人の仕事を相当サポートしてきたんですもん。今度は私がサポートしてもらう番だって思ってるし、周りの人も言ってくれるので。今までサポートしまくってきてよかったです！」

という回答もありました。これだけ清々しく言ってくれて、周りとの関係性がよく、助け合ってきたんだということがよくわかりました。

ただ実際は部署の人の入れ替えもありますし、短時間勤務で働いている社員は、周りに申し訳ないと思っている人も多いです。

今まで自分を含めてみてきた育児短時間勤務の特に女性は、少ない時間でいかに効率を上げて仕事をするか、周りに迷惑をかけずにやるかに追われている人も多いです。コーヒーを飲みながら休憩する時間、他の人と雑談する時間、トイレに行く時間までも節約（？）してギリギリまで仕事をして、保育園のお迎えに駆け込む、子どもを家に連れて帰ったら、すぐご飯の準備・家事・お風呂・寝かしつけと続き、夜寝るまで座る時間がなかった、という毎日を送っている人も多いです。

　1日の第一部が仕事、第二部が家での戦い（？）といった状態だと笑って話してくれる社員も多いです。

　うまくパートナーとの家事・育児分担をしたり、家電機器や食事の宅配キット、家事代行サービスなどを活用しながら、子どもが一番大変な数年の時期を乗り切ってほしいですし、出産・育児・介護などで男女ともが使えるサポートサービスを会社の制度で費用負担するなど、会社として検討していくとよいでしょう。

　それこそがまさに、ジェンダー平等、そしてダイバーシティの進んだ中長期的に成長していく企業になっていくための必要な対応の一つになります。

> **コラム**

「まず女性活躍から」

　日本で企業や役所など業務の最前線に多くの女性が進出するようになったきっかけの出来事の一つに、1986年にそれまでの「勤労女性福祉法」が改正されて「男女雇用機会均等法（正式名称「雇用の分野における男女の均等な機会及び待遇の確保等女子労働者の福祉の増進に関する法律」）」が施行されたことがあります。

　この時の改正の背景には、1970年代後半から80年代にかけての女性運動の盛り上がりがあったとされています。例えば1986年に大卒1年目22歳だった新入社員は、2024年の時点で社会人生活39年目、ちょうど60歳になっていますから、2024年に60代〜70代のシニア世代の男性は、この時代のパワフルな女性運動を社会人として経験していたことになります。

　もちろん、当時の女性運動が、その後の女性が職場で活躍するうえでの礎になっているわけですが、ある意味で運動の矛先になっていた側である当時の男性社員、人によっては役員として会社に残っているであろう現在のシニア世代には、「女性活躍」というキーワードに怖れを抱いている人の割合が下の世代より高い傾向があり、彼らから「女性活躍より先に、他のキーワードの取り組みをやろうよ」と言われたことがあるダイバーシティ担当者もいると聞きます。

　しかし、ダイバーシティ推進のうえでは、社会・社内における人数が圧倒的に多く、また推進の度合いが数字で測定しやすいのでPDCAを回しやすい、女性活躍・ジェンダー平等からまず進めていくのが最も効果的です。

　また女性活躍・ジェンダー平等を推進することで、人数が多い部分にアプローチできるだけでなく、育児支援のために導入した短時間勤務が介護のためにも有用だったり、事実婚カップルへの支援制度の適用範囲を拡張して同性パートナーの支援制度としても使えるようになるなど、他のキーワードのダイバーシティ推進の土台にもなります。

第4章　ジェンダー平等

この章のまとめ

- 日本では一般に「女性活躍」というキーワードが使われることがまだまだ多いが、「女性活躍」という言葉は示す範囲が狭く、本来の目標である「女性と男性が社会の中で対等になること」から議論が逸れてしまいがち。

- 「ジェンダー平等」という言葉には、男性の働き方も大きく変えるテーマという思いも込められている。

- 欧米を中心に広がっているグローバルな考え方である「ジェンダー平等」の根底には、人権の概念がある。

- 「女性活躍推進法（女性の職業生活における活躍の推進に関する法律　2015年施行）」は、一定人数以上の労働者を雇用している企業に対して、一般事業主行動計画の策定・届出および、男女の賃金の差異をはじめとする「女性労働者への機会の提供」や「職業生活と家庭生活の両立」に関する情報の公開を義務づけている。

- 日本では就業者の中の女性の割合は50%に近づいてきたが、管理職に占める女性の割合は13%程度に留まっており、国際的にはかなり低い水準にあると言える。

- WEPs（女性のエンパワーメント原則　Women's Empowerment Principles）は自社のジェンダー平等をグローバル基準で推進する指針として活用できる。

- ISOはWEPsなどを補完する具体的なアクションや事例が紹介されている。

- 女性活躍推進企業の認定である「えるぼし」は、女性労働者の比率や平均継続勤務年数、管理職比率、女性の正社員としての登用といった、客観的な数値目標にでき、女性の職場での活躍にフォーカスした項目で評価される。

- 「子育てサポート企業」の証である「くるみん」認定にあたっては、雇用環境の整備計画を策定し、目標の達成したうえで、男性社員、女性社員それぞれに対して定められた育児休業取得率の基準をクリアし、実績を公表することなどが求められる。

- 会社全体としてジェンダー平等を推進していくために、まずは経営陣が重要性を理解して、社内外へのトップメッセージの発信を通じて積極的な姿勢を示すことが大切。

- ダイバーシティ推進は、これまでの企業のあり方を変革することであり、どこに不均衡があり、どのように変えていったらよいのかを自分を含めた会社のメンバーみんなで考えていくことが必要。

- 社内理解を進めるためには、男女格差のデータを丁寧に示してあげることも重要。

- 中期的な目標を具体的なKPIの数値として設定し、そこに向かって施策を打ち、定期的に効果をモニタリングして次の施策に活かすPDCAサイクルを回すことが、ジェンダー平等の実現では特に重要。

- 社員の意識や満足度の状況は、主管担当が課題、分析、改善策を検討し、それぞれの担当部署と連携して対応や施策を実施し

ていくことが必要。

- ジェンダー平等に対しては、会社として明確な方針を打ち出すと共に、目標を具体的にして進捗状況を定期的に測定することが重要。

- ダイバーシティ推進で数値目標を定める際には、時間軸上でより遠くにある「ありたい未来像」をイメージして、より近い未来の目標もそこから逆算して決めていく、「バックキャスティング」の方法を取るのが望ましい。

- 同時に一般社員や当事者・有識者、役員といった様々な立場のメンバーによる全社的な議論を集約して「会社のみんなで決める」という方法も、多くの社員に目標を自分ごと化してもらう意味では効果的。

- 日本では、人権の概念の理解やジェンダー平等というキーワードへのイメージがまだ浸透していないのも事実なので、未来の会社の姿を思い浮かべてもらう際には、「ジェンダー平等が実現した会社」という言い方よりも「多様な人々が活躍できる会社」というように、より広いキーワードから想像してもらったほうがよい。

- 全社的な取り組みとして方針を定める際には「会社の未来について、みんなが参加して考えた」という感想を持ってもらえる、社員みんなに自分ごととして感じてもらえるような打ち出し方をすることが大切。

- 職場の女性活躍と男女の育児・介護と仕事の両立を推進するにあたっては、出産・育児に関するものを中心に社内制度を見直

168

し、充実させていくことが必要で、その際には「誰でも使える制度」を整備していくという考え方が大切。

● ジェンダー平等に関するセミナーやイベントでは、社内の男女の育休経験者にパネリストになってもらい、自身の経験について話してもらったり、質問を受けてもらったりと「ロールモデル」の役割を担ってもらうことで、育休取得の影響を心配する社員自身のキャリアがイメージしやすくなる。

● 人生の中で仕事をどれだけ重要視しているかは人それぞれなので、各自の働き方や生き方を認め合い尊重していくことが大切。

● 管理職になることを希望しない社員が男女共に増えているため、意識的に機会をつくって、モチベーションを高めるような働きかけが必要。

● 普段接している上司以外の会社の先輩に相談できる機会として、「メンター」と「スポンサーシップ」の仕組みを設けることも有効。

● 休暇制度については、会社として制度を整備するだけでなく、職場単位でも制度による休暇取得の事例をつくることや、取得しやすい空気感をつくること、誰かが休んだ時に周りのみんなでサポートできる体制をつくっておくことが、働きやすい職場をつくるうえでの心理的なセーフティネットとして重要。

● 誰かが抜けた穴を埋めなければいけない場面は、チームメンバーにとって「一つ上のポジションにチャレンジするよい機会」になる。

- 出産・育児・介護などで男女ともが使えるサポートサービスを会社の制度で費用負担するなどを検討していくことで、ジェンダー平等の進んだ企業になっていける。

第 **5** 章

働き方改革

本章の
キーワード

● リモートワーク（テレワーク）

● 情報セキュリティ

● 育児休暇・介護休暇

● 多様な働き方

5-1 働き方改革はダイバーシティ推進の両輪

　「働き方改革」は、企業・組織におけるダイバーシティ推進にとって、多様な社員の活躍支援と並んで両輪と言える重要な位置にあります。

　企業は、社会の重要な構成員であると同時に、社員をはじめとするメンバーにとっては働くことを通じて社会に参画する舞台でもあります。これまでに述べてきたように、企業がダイバーシティ・多様性に取り組むことは、サステナビリティ経営としての意味があるだけでなく、企業自体が「多様な形でメンバーに活躍してもらえる舞台」を目指すことでもあります。**全社員がダイバーシティのキーワードについてどれだけ学び、どんな困りごとが生じているかを理解したとしても、一人ひとりの社員がその人らしく働ける職場になることに最終的につながらないなら意味がない**のです。

　職場での働き方改革が進むことで、社員にとっては新たな発想が生ま

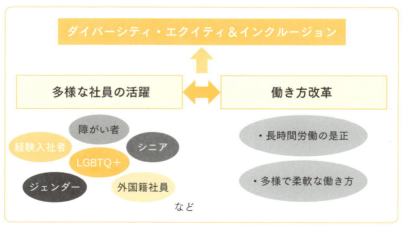

働き方改革と多様な社員の活躍支援は両輪

れやすく、変化に対応するバッファを持ちやすい環境になります。また拘束時間にこだわらない働き方を実現することで、業務時間中にただ漫然と仕事に取り組むのではなく、時間あたりのパフォーマンスや付加価値を意識できるようになります。集中ができて、よりクリエイティブな仕事ができる環境で、社員は仕事を通じたより高いレベルでの自己実現を目指すことができるのです。

　ですから**企業にとって働き方の環境を整えることは、より多様な属性や個性を持ち、クリエイティブな能力を発揮したいと思っている社員・人材から選ばれるために必須と言える状況です。**

　働き方改革を推進するうえで目指す方向性は、「長時間労働の是正」と「多様で柔軟な働き方の実現」の大きく2つに分けられます。

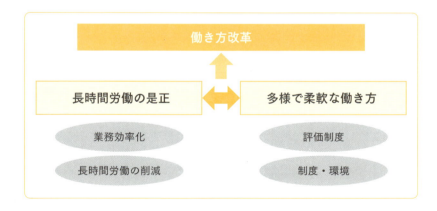

　具体的な取り組みを、
- 業務の効率化
- 長時間労働の削減
- 評価制度の見直し
- 人事制度・労働環境の整備

という観点から整理してみましょう。上記はダイバーシティ推進以外の目的でも取り組まれていることが多い課題ですが、じつはダイバーシ

ティの推進とも密接に関係していることが見えてくるでしょう。

1．働く人の視点に立った働き方改革の意義
　（1）経済社会の現状
　（2）今後の取組の基本的考え方
　（3）本プランの実行
　　（コンセンサスに基づくスピードと実行）
　　（ロードマップに基づく長期的かつ継続的な取組）
　　（フォローアップと施策の見直し）
2．同一労働同一賃金など非正規雇用の処遇改善
　（1）同一労働同一賃金の実効性を確保する法制度とガイドラインの整備
　　（基本的考え方）
　　（同一労働同一賃金のガイドライン）
　　① 基本給の均等・均衡待遇の確保
　　② 各種手当の均等・均衡待遇の確保
　　③ 福利厚生や教育訓練の均等・均衡待遇の確保
　　④ 派遣労働者の取扱
　　（法改正の方向性）
　　① 労働者が司法判断を求める際の根拠となる規定の整備
　　② 労働者に対する待遇に関する説明の義務化
　　③ 行政による裁判外紛争解決手続の整備
　　④ 派遣労働者に関する法整備
　　（法改正の施行に当たって
3．賃金引上げと労働生産性向上
　（1）企業への賃上げの働きかけや取引条件の改善
　（2）生産性向上支援など賃上げしやすい環境の整備
4．罰則付き時間外労働の上限規制の導入など長時間労働の是正
　　（基本的考え方）
　　（法改正の方向性）
　　（時間外労働の上限規制）
　　（パワーハラスメント対策、メンタルヘルス対策）
　　（勤務間インターバル制度）
　　（法施行までの準備期間の確保）
　　（見直し）
　　（現行制度の適用除外等の取扱）
　　（事前に予測できない災害その他事項の取扱）
　　（取引条件改善など業種ごとの取組の推進）
　　（企業本社への監督指導等の強化）
　　（意欲と能力ある労働者の自己実現の支援）
5．柔軟な働き方がしやすい環境整備
　（1）雇用型テレワークのガイドライン刷新と導入支援
　（2）非雇用型テレワークのガイドライン刷新と働き手への支援
　（3）副業・兼業の推進に向けたガイドラインや改定版モデル就業規則の策定
6．女性・若者の人材育成など活躍しやすい環境整備
　（1）女性のリカレント教育など職人の学び直しの支援などの充実
　（2）多様な女性活躍の推進
　（3）就職氷河期世代や若者の活躍に向けた支援・環境整備
7．病気の治療と仕事の両立
　（1）会社の意識改革と受入れ体制の整備
　（2）トライアングル型支援などの推進
　（3）労働者の健康確保のための産業医・産業保健機能の強化
8．子育て・介護等と仕事の両立、障害者の就労
　（1）子育て・介護と仕事の両立支援策の充実・活用促進
　　（男性の育児・介護等への参加促進）
　（2）障害者等の希望や能力を活かした就労支援の推進
9．雇用吸収力、付加価値の高い産業への転職・再就職支援
　（1）転職者の受入れ企業支援や転職者採用の拡大のための指針策定
　（2）転職・再就職の拡大に向けた職業能力・職場情報の見える化
10．誰にでもチャンスのある教育環境の整備
11．高齢者の就業促進
12．外国人材の受入れ
13．10年先の未来を見据えたロードマップ
　　（時間軸と指標を持った対応策の提示）
　　（他の政府計画との連携）

働き方改革実行計画

出所：「働き方改革実行計画（概要）」首相官邸（https://www.kantei.go.jp/jp/headline/pdf/
20170328/05.pdf）

5-2

業務の効率化

❱ 業務の効率をよくする ❰

　**業務の効率化の基本は「無駄な業務がないか」「自動化できる業務は
ないか」という視点を常に持ち、改善していくことです。**

　改善の第一歩は「業務の見える化」です。現在の業務プロセスをフロ
ーチャートなどの形で可視化することで、重複している工程や意味もな
く繰り返してしまっている工程、導入当初の意味をすでに失っている工
程などを洗い出します。

　洗い出した後は、単純にプロセスの無駄や重複を削減する、あるいは
自動化や効率化ができるツールの導入や、ペーパーレス化により業務を
改善できることがあります。ペーパーレス化はダイバーシティや働き方
改革の文脈だけでなく、地球温暖化対策推進法といった国の法律や自治
体の条例によって定められた温室効果ガス排出量削減の努力義務や、排
出量の開示義務に対する取り組みとしても重要です。

　業務の見える化や自動化、効率化には、各職場単位で取り組めること
から、経理や人事の制度といった全社共通で変えることまで、大小様々
な規模があります。基本的に改善は、それぞれの部署で自律的に改善を
進めてもらうことになります。

　ただし、これらは社内文書で、一番の目的は業務を効率的にすること
です。極力時間をかけず「簡単・わかればよい」資料整理にとどめまし
ょう。時間をかけて凝った資料を作成し、社内調整に時間をかけ過ぎる
など目的を忘れないようにしてください。

第5章　働き方改革

175

❯ まずはトライアルで一部門から進めてみる ◀

　経理や人事のようなスタッフ部門が業務を見える化し改善すると、全社的に仕組みが変わることになります。全社に影響する業務を改善する際のポイントは、新しい仕組みや情報システムを全社員に一斉に導入するのではなく、まずはトライアルとして1〜2カ月、主管部署の中で導入してみて、問題がないようなら全社員を対象に広げていくとよいでしょう。例えば決済フローを改善し、それに利用する情報システムを新たに導入したい際には、出来上がったシステムをまずは主管している部署の中だけでトライアル導入してみる、ということです。

　まずは小さな範囲で導入し、段階的に全社に広げていくと、トラブルやバグを自分たちで見つけて改善できるため効率的です。

　一方で、情報システムを外注しているような場合も、決済のシステムなら決済の主管部門が自分たちの部署内でトライアルを回してみて、社内の情報システム担当および外部のシステム開発業者とやりとりをしつつブラッシュアップできてから、全社に使ってもらうのがよいでしょう。

❯ 業務マニュアルを整備する ◀

　業務の属人化を防ぎ、「その人にしかできない業務」をなくしていくために**業務マニュアルを作成することは**、小さいお子さんや介護が必要な家族を持っていたり、障がいや病気で通院が必要な社員が、**急に欠勤になったときのためにも大切です。**

　もちろん業務には向き不向きがあるので、現実には職場内で業務がある程度属人化してしまうのは仕方なく、マニュアルをつくったからといって「誰でも代わりにできる業務」になるわけではありませんが、突発的に仕事を休まなければいけなくなった時に他のメンバーが最低限フォローできる状況をつくることは、部署にとっても休む本人にとってもセーフティネットになります。

私自身、育児のために短時間勤務していた頃は、小さい子どもが突然発熱することも多く、急に保育園から呼び出しの連絡があったり、早朝の発熱で休まざるを得なかったりしたことが数えきれないくらいあります。あらかじめ簡単なマニュアルをつくっておいて助かったことが何度もありました。異動の際の引継ぎにもそのまま使えます。

マニュアル作成は近々に必要になる業務ではないので手間が増えて面倒だと思いますが、結局はつくった自分自身のためにもなるので、特に、性別に関わらず育児・介護に関わる人は余裕があるうちに時間をかけずにつくれるくらいの簡単・シンプルなものを整備しておくとよいでしょう。

▶承認プロセスのIT化で「脱はんこ」しよう◀

細かい話のように聞こえるかもしれませんが、紙の使用量削減ができる業務改善に、紙ベースの承認プロセスを撤廃するいわゆる**「脱はんこ」があり、場所にとらわれない働き方を推進するうえでも効果が高い**です。

脱はんことは、ただ「はんこを押すのを止める」というのではなく、従来は紙ベースの申請書類に順番にはんこや署名をすることで承認の履歴を残していくといったプロセスから、ITを利用したより円滑な方法へとルールを変えることです。

リモートワークの導入と共に承認プロセスのIT化を進め、年間十万件以上の社内文書が十分の一以下の枚数へと削減された会社も多数あると聞いています。また、承認者が会議や出張から戻ってくるのを待ったり承認を得るためだけに出社する手間を無くせる意味で、リモートワークを推進するうえでも必須の業務改善です。

承認プロセスのIT化のシンプルな方法の一つは、電子メールを証跡に

することです。私の会社では、コロナ禍で社会的にも出社が制限されていた時期に、社内文書については従来はんこやサインをしていたものも電子メールで「内容について承認しました」と書くことで、日時と承認者もわかりますので、それを証跡として認めることになりました。シンプルですが、これだけでも承認を得るために様々な部署に文書を回す手間が省けます。

　社内の承認書類だけでなく社外との契約書類も、法律で紙での署名・保存が義務づけられているもの以外に電子署名を導入している企業も増えています。

　また契約や請求書の支払いなど、処理や承認が頻繁に起こる業務の場合、関係者間でメールを回すだけでも大変です。そのような場合、例えば担当者が経理部のインターナルサイトに書類をアップし、承認者はチェックを押すと承認でき、次の承認者に自動で連絡が行くような情報システムを導入すると便利です。

　契約や精算に関する書類は、例えば経理のような主管部署が一括して管理しておくべきですから、IT化することには承認プロセスの簡略化とデータの集積の両面でメリットがあります。承認方法の見直しと同時に、せっかくなので案件の重要性に応じて必要最小限の確認で済むように、ルールを確認しながら決裁権限とフローの見直しを進めてもよいでしょう。

5-3

長時間労働の防止

長時間労働はその人らしい働き方を疎外するだけでなく、放置していると社員の過労死に至る可能性もあるので、**働き方改革の中でも人権面で優先的に改善策を考えるべき項目です。**

▶ 労働時間を削減する ◀

すぐに取り組めることに、**「長時間労働をしにくくする制度づくり」**があります。すでに法制化されている場合もありますが、原則として休日出勤や残業は禁止し、実施する場合には上長および労働組合から事前に許可を経るといった、「気軽に残業させない／しない」仕組みをつくることは、業務の効率化への圧力にもなり、実際に労働時間を減らすことにつながります。

会議に参加すると単純にその分の時間を奪われるだけでなく、業務が頻繁に中断されることで作業効率が下がりますから、開かないでもよい会議は開かない、参加しなくてもよい会議は参加しないという「会議出席の削減」も重要です。

- ・気軽に残業しない仕組みをつくる
- ・出席会議を減らす
- ・自動ツールやAIの活用
    - 議事録
    - 資料作成
    - 要約　など
- ・ミーティングは18:00まで
    - 30分〜60分まで
    - 時間どおりに終了　など

第5章 働き方改革

メールによる連絡で代替えできるような内容はメールで済ませてそもそも会議を開かない、開く場合にも、会議の冒頭にその打合せのアジェンダとゴールを再確認してから打合せを始める、参加者は必要最低限になっているか、その他のメンバーには口頭での報告や議事メモの共有で済ませることも再確認しましょう。議事メモの制作には、自動で議事メモをとってくれるツールを利用することもできます。

また、AIをビジネスに活用すると劇的に業務の効率化が図れます。ぜひ社内で研修を実施するなど、セキュリティ確保や内容の正確性・信頼性に配慮しながらうまく活用していきましょう。

▶ 取引先に会社方針を説明・理解してもらう ◀

長時間労働、時間外労働を削減する方針を定めても、終業間際や休日前に急な連絡が来てしまった時に例外が発生してしまいがちです。ですから顧客や取引先、常駐者に会社から方針を説明し、協力してもらえるように相談してみましょう。働き方改革だけでなく、クールビズのような服装や、障がい者やトランスジェンダーの社員からの希望との調整など、社内だけでなく取引先にも協力を依頼したほうがよい場面が多くあります。

きっと取引先でも長時間労働・時間外労働は削減しているかもしれません。

▶ 労働時間を把握・管理する ◀

システム開発のようにコンピュータを使う時間が多い仕事の場合は、パソコンのログの取得によって労働時間を直接的に確認することができます。管理職は部下の残業時間を確認するために利用できますし、労働組合は届出のない残業がないか確認するために利用できます。把握・管理作業自体が大きな負担にならないよう、自動計算やシステムで対象者が割り出せるようにするなど効率的な運用ができるようなシステムやツ

ールを活用してください。

　部門の管理職にとっては、一日ごとに勤務時間を超過しているかを細かく確認するというよりは、年間の残業時間の目標値を元に月ごとの目安を計算し、月ごとのログ上の残業時間と比較する形で用いられます。あまりに残業時間が超過しているメンバーに対しては周りがサポートしたり、業務量を減らすような対応が必要になります。

　また人事や健康管理部門にとっても、残業時間が多い社員は面談対象になるため、データを確認する必要があります。近年は労働時間の管理に大きな関心が集まっており、**労働基準法に違反するような時間外労働が常態化すると社会問題に発展しかねないため、労働時間の管理に真剣に取り組む企業は増加しています。**

第**5**章

働き方改革

181

| 5-4 |

働く時間の選択肢を増やす

　一人ひとりの社員が抱えている問題や状況は異なるので、希望しているワークライフバランスもおのずとそれぞれ変わってきます。ですから、働く「時間」そして「場所」の選択肢を増やし、選択できるようにすることは、希望するワークライフバランスを叶えるうえでとても重要です。

▶ フレックスタイム、柔軟な年次休暇裁量労働を活用する ◀

　時間の選択肢の中で、日本でもかなり浸透した制度に「**フレックスタイム制**」があります。あらためて確認しておくと、フレックスタイム制とは勤務時間を「９時から18時まで」のような時間帯で定めるのではなく、「１日当たり８時間、週当たり40時間」のように仕事をした時間の長さによって定める制度です。一般に、「１日に８時間勤務すれば出退勤時間は自由。ただし10時〜14時には出勤していること」といったように勤務または出勤しなければいけない時間帯（コアタイム）が設けられていることが多く、コアタイムもなく合算の労働時間を満たせばよい場合は「**スーパーフレックス**」と呼ばれます。

　従来は１日以上単位での取得だった年次有給休暇の運用も拡大されており、１時間単位で年休の取得が可能になる企業も増えました。また私の会社では、年休を消化しなくても、例えば早引きした際にはその時間分余計に他の日に働いてトータルで勤務時間をクリアすればよい、とするスーパーフレックスに加え、勤務時間中に１時間単位で中抜けできる「分断勤務」の制度も導入しています。急に発熱した子どもを病院に連れて行ったり、勤務時間中に人工透析が必要だったりと、所定の時間帯に職場にいられない事情がある社員にとってありがたい制度です。

　実際に働いた時間に関わらず、みなし労働時間分働いたことにする

「裁量労働制」も、業務のやり方が本人の裁量に委ねられるプログラマーやデザイナーなどの職種（専門業務型裁量労働制）や、事業運営の企画・立案などに関わる業務（企画業務型裁量労働制）などで導入されるようになっています。

- ・フレックスタイム
- ・スーパーフレックス
- ・年次有給休暇（時間単位）
- ・分断勤務
- ・裁量労働

うまく導入、活用して働き方を柔軟にしよう

5-5 リモートワーク（テレワーク）環境の導入

　リモートワーク（テレワーク、本書では以後リモートワークと表記）の導入は、場所にとらわれない働き方の重要な柱です。

　在宅勤務だけでなく、最近都市部の主要駅には企業単位で契約するリモートワーク向けワークスペースも増えており、自宅では仕事に集中できないけれど保育園の送り迎えなどで自宅からあまり離れたくない社員や、様々な取引先に足を運ぶ営業職の社員にとっては利用できると役立つ施設です。カラオケでも日中は一部個室をリモートワーク用に貸し出すところが出てきており、防音性能の高さから、オンライン会議のための利用ではオフィス型のワークスペースより便利な場面があります。

　また、リモートワークの浸透によって部署の全社員が一度に出勤できるスペースが必要なくなると、よりコンパクトなオフィスへの移転によって家賃や光熱費や固定電話代を削減できるメリットもあります。その場合には、個別の机をオフィスに持たず、出社時に空いているスペースを自由に使える「フリーアドレス」が可能になるよう、ロッカーやアメニティを整備することが必要です。私の会社ではフリーアドレス化をきっかけに、職場で紙を使うことがほとんどなくなりました。紙を印刷しないのでプリンタの使い方を知らない社員も増えました。紙がほとんどないので、ロッカーもパソコンが1台入るくらいの小さなサイズです。

▶ 情報セキュリティを確保する ◀

　職種によってリモートワークのしやすさは異なります。例えばネットワークに繋がったパソコンがあればある程度の業務ができてしまうプログラマーや広報のような職種の場合は、リモートワークスペースと社用のノートパソコンを用意するだけでもリモートワーク自体は可能です。

しかしそれだけでは、業務に関する情報が記録されたパソコンを物理的に公共スペースに持ち込み、オフィス外の公共のインターネットインフラを通じてやりとりすることになり、セキュリティの面ではかなり無防備な状況になります。ですから、業態や規模によってはおざなりになっている企業もあるかもしれませんが、安全なリモートワーク環境のためには、**サイバー攻撃とか情報漏えいの防止のためのセキュリティ対策が必要になってきます。**

　大前提として、**全社共通のセキュリティガイドラインをリモートワークに対応できるように更新する**ことが必要です。業務では私用パソコンの利用は不可のルールにし、社用パソコンでしか社内ネットワークにアクセスできないように権限を設定する、また個人用のパソコンではデータを個々のパソコンに保存せず、社内サーバにしか置かないようにする、といった運用を普段からオフィス内でも行っていると、リモートワークに移行した際にもスムーズに対応できます。

　さらにリモートワークの導入にあたっては、**様々なITツールの導入も欠かせません。**勤務状況を把握するための勤怠管理システムのほか、職場のメンバーが直接顔を合わせる機会が減るためオンラインでの会議システムやSlackのようなチャットツール、セキュリティがしっかりしたファイル転送プロトコルは業務上のコミュニケーションを取るうえで必須です。Microsoft Teamsのように会議システム、チャット、データストレージがひとまとめになったチーム作業用アプリの導入も管理の一元

第5章
働き方改革

- ・ワークスペースの提供契約
- ・フリーアドレス化
- ・全社共通セキュリティガイドラインのリモートワーク対応
  - ・私用パソコン利用不可
  - ・会社の個人パソコンはシンクライアント端末（パソコンにデータ保存できない）にする
- ・**ITツールの導入**
  - ・勤怠管理システム
  - ・webex、Slack、Teamsなど

化のうえでは有効です。その他、必要な対策、ツールを適宜検討してみてください。

▶ 情報リテラシー研修を実施する ◀

いくらインフラや制度を整えても、それを使うのは一人ひとりの社員です。情報セキュリティの基本的な考え方や、それぞれの場面でやってよいことやいけないことを説明する場をつくる必要があります。

ですから、情報セキュリティのガイドラインをつくって配布することはもちろん必要ですが、それだけでは内容が周知されないので、オンライン研修を全社員および社内で働く協働者などすべての人に受けてもらい、**強制的にガイドラインの内容を学んでもらう**のも手です。ガイドラインに合わせてつくった教材に沿った内容を学んでもらい、最後にオンライン研修を受けてもらって合格するまで何度も研修をくり返す、あるいはシステムの利用資格が得られない、などの形で導入するとよいでしょう。こういった研修を年に一度必ず行い、最新の社内ガイドラインや情報漏洩事例について情報をアップデートしてもらいましょう。

▶ ヒヤリハット報告ルールをつくり、報告体制を明確にする ◀

また、何かミスが起こった際に、深刻度合いを専門家が判断し対応するために、「メールの宛先を間違えた」のような**小さいミスから大きな問題まで関係なく情報セキュリティ部門に迅速に報告する「ヒヤリハット報告ルール」**と社内報告体制を明確にしておくことも重要です。

例えば社用のスマートフォンやパソコンをどこかに置き忘れてしまったような場合には、情報部門が遠隔で端末をロックすることで情報漏洩といった被害の拡大を防ぐことができますので、どんな小さなことでも、すぐに報告してもらうようなルールにしておきます。また、年に1〜2回、サイバー攻撃メールの訓練を継続実施することも大事です。

5-6

リモートワークのコミュニケーション

▶ リモートワークの導入は人材獲得の重要な課題です ◀

　コロナ禍がきっかけになり、リモートワークは多くの企業や組織へと一気に普及しましたが、社会的な制限がなくなり、「やっぱり顔を合わせないと仕事にならない」といって出社に戻す企業も増えてきています。

　ただし社員の満足度はリモートワークのほうが高く、特に若い世代を中心に、「就職・転職の際にリモートワークできる会社を選ぶ」という人や「会社がリモートワークできなくなったので転職した」という例もあります。

　職場に出社するのが当たり前で長いこと仕事をしてきた中堅以上の世代と、就職した時にリモートワークが当たり前に選択肢に入っていた若い世代とでは、リモートワークに対する意識が大きく違うようです。若い世代の優秀な人材を獲得するうえで、リモートワーク制度の有無はかなり重要な課題となっています。

　また、男性よりも特に女性の方がリモートワークの割合が高いと満足度が高い、というデータもあります。男性は週5でリモートワークをするより、週3〜4日程度の方が満足度が高いという面白い結果でした。

▶ リモートワークの際のコミュニケーションを意図して図る ◀

　出社しての業務とリモートワークとの大きな違いに、「わからないことがあった時に同じ職場の人にすぐに聞けるかどうか」があり、これはメリットでもデメリットでもあります。

　職場に出社している時には、わからないことがあった際に、その場にいる担当者や仕事についてよく知っている上司や先輩にすぐに聞くこと

第5章 働き方改革

ができるわけですが、リモートワークの場合は誰に聞いたらよいのかわからないようなときには特に解決がしづらいものです。

　一方で聞かれる側にとっては、同じ職場の中で質問を受けるとその時に取り組んでいる業務が頻繁に中断されてしまい、集中できないというデメリットがありますが、リモートワークならチャットに質問が来ても作業が一区切りついた自分のタイミングでまとめて答えることができ、自分の仕事に集中できます。

　リモートワークだと「この人は気軽に答えてくれる」「この人は気難しいが、質問内容を明確にしたらしっかり答えてくれる」といった雰囲気を捉えづらくなります。ですからリモートワーク中心の部署では、若手社員だけでなく異動や転職でやってきた中堅社員を含め、その部署での経験が浅い**メンバーが困らないようにコミュニケーションの工夫が必要**になります。

　部署内でリモートワークを円滑に運用するために、オンライン会議システムで進捗確認のための朝会や夕会を設ける、週のどこかでリアルで出社してメンバーが顔を合わせるコアタイムを設ける、業務上で必要になった時だけリアルで顔を合わせるといった方法での**情報共有の場を、チームメンバーの意向も確認しながらマネージャーが判断して設定するとよいでしょう。

　いずれにしても、**リモートでのメリット・デメリット、出社（対面）でのメリット・デメリットなどそれぞれのよい面と悪い面がありますので、うまく使い分けをしたり、仕組みを構築するなど、工夫をしていくことが大切です。**

・オンライン会議で毎日朝会・夕会を実施する
・定期的に対面で会う場をつくる

5-7

リモートワークを支える制度

▶ リモートワークでの健康管理に気をつける ◀

　リモートワークの機会が増えると、出勤機会が減少することによって運動不足になったり、逆に残業が増える可能性があります。ですからリモートワークによる**社員の健康状態への影響もモニタリングし、場合によってはケアを提供する必要があります。**

　私の会社ではそれぞれの社員に1〜2週間に1回、2〜3分で回答できる簡易アンケートを取ることで社員の健康状態の経時変化を把握でき、状態が悪化しはじめた社員に早い段階でケアを提供することができます。また年に一度、全社員を対象にワークエンゲージメント（仕事や会社に対する満足度の把握）の調査を行い、柔軟な働き方が仕事のやりがいにつながっているかも定期的に把握して、施策の見直しなどの改善につなげています。

▶ リモートワークを円滑にする福利厚生を充実する ◀

　柔軟な働き方のために、リモートワークに加えて、居住する場所にも柔軟性をもてるような福利厚生の制度を設ける企業も出てきています。

　「東京都内の職場に出社するために、1時間くらいで通勤できる場所に部屋を借りる」のようなケースに対して、会社の側は電車やバスの交通費や家賃の補助をするのが従来からの家賃・交通費補助の形ですが、私の会社では、日本国内であればどこに住んでもよく、出社が必要な際には新幹線代や飛行機代を含めて交通費が出ます。

　この制度によって、勤務先と別の地域出身の社員が、たとえば介護の手配や出産後の療養などで中期的に実家に戻る、といった状況でも、滞

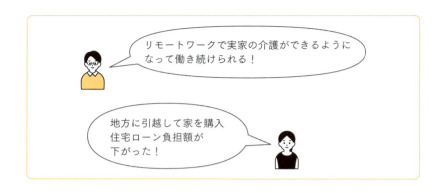

在先で可能な範囲で仕事を続けることができるようになります。

また地方に自宅を購入する人も増え大幅に住宅ローンの負担が少なくなった人もいます。

リモートワークは会社の経費から見ると通勤費やオフィスの家賃、電気代などの削減になりますが、逆に社員個人にとっては空調などの電気代や通信費の増加になります。ですからリモートワークに対して日割りで電気代をサポートしたり、通勤したとみなした分の交通費の支給といった福利厚生を整えることや、モニターなど長時間のリモートワークに必要な物品や会社貸与の携帯を全社員に配るなども、リモートワークのしやすさにつながります。

5-8

育児休暇・介護休暇

❯ 育児休暇・介護休暇を充実する ❮

　出産、育児、介護といった特定の状況に対するサポートの制度の充実も、柔軟な働き方のためには効果的です。

　育児・介護にあたっては、休暇だけでなく４〜６時間の短時間勤務の制度があると、日常的に保育園や施設の送り迎えが必要な家族にとってとても働きやすくなります（※その他については第３章ジェンダー平等参照）。

　これらは現在では性別に関係なく必要な制度ですが、その他にも特に女性の働きやすさを改善する休暇制度としては、「生理休暇」（生理による体調不良で就業が困難な場合に取得できる労働基準法第68条に基づく法定休暇）や不妊治療のために利用することができる「不妊治療休暇」などがあります。

　私の会社では、以前オフィスビルの中に保育所を開設しました。待機児童が社会問題になっていた頃に社員の要望もあって設置され、当時はニュース性もあってメディアでも取り上げられました。

　オフィス内の保育園には、通勤の際に満員電車で子どもを荷物と一緒に連れてくるのが大変だというデメリットがある一方で、１歳未満の乳児は一般に保育園に入ることが難しいため、１歳までは会社側が保育を提供することにメリットがあります。

　しかし費用面、労力面でも運営コストの高さと、待機児童問題が落ち着いたこともあり、保育所は2024年に閉鎖になり、民間の保育園の活用をサポートする制度に移行しました。リモートワークの導入が進み、そもそも親自身がオフィスに来る頻度が少なくなったことも、地元の保育園に預かってもらうほうが有利なケースが増えた理由の一つです。社会がよい方向に変わり発展的な解消になったケースと言えるでしょう。

第5章　働き方改革

- 短時間（4、5、6時間）勤務制度
- 生理休暇
- 不妊治療休暇

■ 職場のやりとり

「不妊治療休暇」という制度をつくるとき、「この名称の休暇、職場で申請しづらくない？」という意見が出ました。取得者は子どもができずにもしかしたら何年も治療している状況かもしれませんし、周囲にそのこともわかってしまいます。

気づいた社員が声をあげ、結局「ファミリーサポート休暇」の中の一つの制度にしました。こういう場でも**多様な視点がある、および意見を言える文化が大事だと実感**しました。

介護休暇と育児休暇には大きな違いがある

介護休暇は育児休暇とセットで語られることが多いですが、じつは根本的な違いがあります。育児休暇は「自分が育児をする時間」をつくるための休暇ですが、**介護休暇**は「自分が介護をする時間」をつくるためのものではありません。**「介護が回る仕組みづくり」のための休暇なのです。**

育児休暇の場合は、「保育園に預かってもらう」という明確な出口が存在しています。例えば育児休暇の期間が半年あったとすると、生後6

介護休暇は「介護が回るしくみづくり」のための休暇

カ月までは育児をし、その後保育園に預かってもらえることが一旦の区切りになって、職場への復帰を進めることができるようになります。

　しかし介護休暇の場合は、同じように半年間親の介護をしただけでは区切りはやってきません。親の介護のために仕事を辞める選択をする人も中にはいますが、経済的、精神的、体力的な負担が重くのしかかるケースも多いそうです。

　ですから介護休暇は「介護をする」ために使うものではなく、地域の制度を活用するためにケアマネージャーとやりとりをしたり、利用できるデイサービスや入居できる高齢者施設を探すための時間です。**自分自身は働き続けながら、親の介護を適切にすすめていく環境を整備するための休暇、企業にとっても「これからも仕事を続けてもらう」ために活用してもらう休暇**です。

第5章

働き方改革

5-9

多様な働き方を推進する評価制度

　多様な人たちが活躍できる職場をつくるために、いくら「短時間勤務ができるよ」「休暇や休職をしてもいいよ」と制度を整えて推奨しても、それだけでは制度の利用は広がりません。ビジネスパーソンにとっては、制度を利用してフルタイムで働く期間が短くなったことで、仕事の評価がマイナスになり、昇進・昇格に響いてしまうことが心配だからです。仕事へのモチベーションだけでなく、結果的には給料にも関わりますから、「評価がどうなるか」は自己実現にとっても本人の生活にとっても大切な判断軸です。

　ですから、多様な働き方を整備する際には、同時に評価制度も多様な働き方を推進するような形へと整備することが必要です。

▶会社の意思や方針を明確に示す◀

　評価制度の変更は組織にとって抜本的な改革になります。ですから推進していくうえで一番重要なことは、**「会社として、これからは時間の長さ以外でもちゃんと貢献を評価していく」という「方針を明確に示す」**ことです。

　加えて「人事制度の整備・運用」が正しく両輪になって多様な働き方を推進する、あるべき評価制度の改定を行っていくことが重要です。

▶他部署と協力して制度をつくる◀

　ダイバーシティを推進していて思うことは、働き方改革を進めるうえでも様々な関連部署と連携しながら進める場合が多いということです。例えば評価制度は人事部内の制度担当が主導してくれますが、日ごろか

らダイバーシティ全体の課題共有、社会の潮流などを各担当がそれぞれアンテナを立ててくれているおかげでよい制度になっていくのだと実感しています。途中で担当としての意見を求められることもあり、様々な担当の視点でよりよい制度をつくっていくことが大事です。

また、先述しましたが、不妊治療の支援制度をつくるにあたっては、もちろん当事者にとって嬉しい制度ではありますが、「不妊治療支援」という名称だと忌避感があり申請を躊躇する恐れがあります。そういった制度と当事者との間の齟齬を汲み上げて、申請したい当事者の心理的ハードルが下がるような通称を提案するのは、ダイバーシティ担当の役割になるでしょう。そのためにも**なるべく現場である職場や社員の人たちと直接話す機会をつくることはとても重要**です。

▶ 評価制度で多様な働き方を支援する ◀

企業が多様な働き方を実現するために大切なことは、評価項目・評価基準が可視化されていることです。上司との定期的な面談の際に、「あなたのこういうところを私は買っていて、会社の評価基準のこの部分でなるべく評価したいと思っている」と明示して伝えてもらえると、評価される社員自身も納得できますし、なんらかの事情で業務の時間が短くなった際にも、「短くなった分、自分のここを活かすことができれば評価してもらえる」という安心感とモチベーションにつながります。

また以前は、深夜まで働いている人と、子育てのために一日6時間勤務で早めに帰る人とを比べると、前者のほうが先に昇格するような「働いている時間」によって評価されるのが当たり前の空気がありました。

しかし最近は、「時間だけが評価基準ではない」という考えも広まり、**たとえ勤務時間が短かったとしても、数字上での成果やクリエイティブなアウトプットをしっかり評価する制度へと移行**していくことが多くなっています。

評価制度の見直しは、上記のように短時間勤務や休暇への対応としても重要ですし、多様な才能が集まり、活かすことができる職場をつくる

第5章 働き方改革

ためにも重要なのです。

個人の目標を明確化する

　評価制度の改革の中でもう一つ大切なことは、一人ひとりの社員が上長との面談などを通じて、年度や半期スパンといった自分自身の中期的な目標を明確にすることです。

　会社には業績上の目標があり、そこから部門としての目標、さらに部署として目標が細分化されていきます。部署のメンバー全員が同じ空間に集まり時間を共有していた時代なら、ある程度「職場の空気感」みたいなものを感じて目標への進み具合や方向性の適切さを一人ひとりが判断できていたのかもしれません。

　リモートワークやフレックスタイムといった場所・時間にとらわれない働き方が進行した分、そういった空気感は共有しづらくなりましたから、その分部署としての目標を個人に引きつけ、**「私は、何の担当者として、どんな業務や役割を、どのような数値目標に向かって行うべきなのか」**というように、それぞれの社員が自分自身のジョブディスクリプションを明確化する必要があります。

　実際にリモートワークの社員が多くなった企業や部署では、日々の対面でのコミュニケーションが取りづらくなった分、業務のパフォーマンス・成果をより細かく数値化した評価制度を設ける、上長との一対一の面談の機会を月に何度も設けるといった形で、個人作業でも進捗状況や方向性の確認ができるような工夫もしています。

▶ この章のまとめ ◀

- 「働き方改革」は、企業・組織におけるダイバーシティ推進にとって、多様な社員の活躍支援と並んで両輪と言える重要な位置にある。

- 企業がダイバーシティ・多様性に取り組むことは、多様性を尊重する社会の実現に貢献するサステナビリティ経営としての意味があるだけでなく、企業自体が「多様な形でメンバーに活躍してもらえる舞台」を目指すこと。

- 企業にとって働き方の環境を整えることは、より多様な属性や個性を持ち、クリエイティブな能力を発揮したいと思っている社員・人材から選ばれるために効果的。

- 働き方改革を推進するうえで目指す二つの大きな方向性は、「長時間労働の是正」と「多様で柔軟な働き方の実現」。

- 業務の効率化の基本は「無駄な業務がないか」「自動化できる業務はないか」という視点を常に持ち、改善していくこと。

- 「業務マニュアル」作成は、社員が急に不在や欠勤になったときに他のメンバーが遅滞なく対応するためにも必要なこと。

- 脱はんことは、ただ「はんこを押すのを止める」というのではなく、ITを利用したより円滑な方法へとルールを変えることでもある。

- 長時間労働の防止は、働き方改革の中でも特に人権面で優先的に改善策を考えるべき項目と言える。

- 労働時間削減のためには、「長時間労働をしにくくする制度づくり」が求められる。

- ワークライフバランスを叶えるうえでは、働く「時間」そして「場所」の選択肢を増やし、選択できるようにすることがとても重要。

- リモートワークの導入は、場所にとらわれない働き方のためにも重要な柱となる。

- 安全なリモートワーク環境のためには、サイバー攻撃や情報漏えいの防止のためのセキュリティ対策が不可欠なうえ、全社共通のセキュリティガイドラインをリモートワークに対応できるように更新することが必要。

- 小さいミスから大きな問題まで関係なく情報セキュリティ部門に迅速に報告する「ヒヤリハット報告ルール」と社内報告体制を明確にしておくことも重要なこと。

- リモートワークで業務を推進する際には、メンバー相互が困らないようにコミュニケーションの工夫が必要になるし、健康管理や体調へのケアなども意識的に行っていく必要がある。

- 柔軟な働き方のために、リモートワークに加えて、居住する場所にも柔軟性をもてるような制度を設ける企業も出てきている。

- 出産、育児、介護といった特定の状況に対するサポートの制度の充実も、柔軟な働き方のためには効果的。

- 育児休暇は「家事やパートナーのサポート」「自分が育児をする時間」をつくるための休暇であるが、介護休暇は「介護が回る仕組みづくり」のための休暇との認識を持つことが必要。

- 多様な働き方を整備する際には、同時に評価制度も多様な働き方を推進するような形へと整備することが必要になる。

- 会社としてダイバーシティを推進していくうえでは、関係部署の社員全員が方針と意識を共有して動くことが大切。

- 企業が多様な働き方を実現するために大切なのは、評価項目・評価基準が可視化されていること。

第 **6** 章

LGBTQ＋

本章の
キーワード

- LGBTQ＋
- 性的マイノリティ
- 性的指向と性自認
- SOGI
- グラデーション
- PRIDE指標
- アライ
- パートナーシップ宣誓制度
- アウティング
- カミングアウト
- レインボーパレード

6-1 LGBTQ＋とは

　「LGBTQ＋」とは「レズビアン（L）」「ゲイ（G）」「バイセクシュアル（B）」「トランスジェンダー（T）」「クエスチョニングまたはクィア（Q）」と、それらに当てはまらない人「＋」のことです。「性的マイノリティ」とも呼ばれます。

LGBTQとは

出所：『LGBTQを知るハンドブック』東京都千代田区（https://www.city.chiyoda.lg.jp/documents/18382/lgbtq-handbook.pdf）

日本におけるLGBTQ＋の割合は全人口のうち13人に１人程度が当てはまるとも言われています。カミングアウトせずに周りの様子を見ている当事者も多いので普段意識していない人も多いでしょうが、それだけに「見えていなくても、自分の周りにも必ずLGBTQ＋の人がいる」ということを、ダイバーシティの担当者だけでなく役員〜管理職〜一般社員まで前提にすることが、企業のLGBTQ＋支援のうえでは大事です。

　「性的マイノリティ」という言葉には、どうしても「マジョリティである異性愛者に対して、それ以外の人」というニュアンスがあります。

　本書では当事者の性に関する「マイノリティ性」ではなく「多様性」を尊重する意味で、なるべく「LGBTQ＋」という呼び方をすることにします。性的マイノリティを総称する呼び方の中で、現在広く使われており、また漏れの少ないものが「LGBTQ＋」です。これらの用語が何を指しているか確認していきましょう。

❱ 性的指向と性自認 ❰

　最初の３つの属性（L・G・B）は性的指向、つまり「誰が恋愛・性愛の対象になるか」による分類です。レズビアンは「女性を恋愛・性愛の対象とする女性」、ゲイは「男性を恋愛・性愛の対象とする男性」、バイセクシュアルは「男性・女性双方が恋愛・性愛の対象である人」をそれぞれ指しています。

　トランスジェンダーは「出生時に割り当てられた性別と、自分の認識している性別が異なる人」のことです。以前は「LGBT」まででひとまとめにされることも多く、L、G、Bまでと同じように考えられてしまいがちですが、トランスジェンダーは性自認、つまり「自分を男だと思うか、女だと思うか」による分類であって、「男性が好きか、女性が好きか」という性的指向による分類とは異なります。

　ここまで出てきた「性的指向（Sexual Orientation）」と「性自認（Gender Identity）」の頭文字をとった「SOGI（ソジ）」という用語もあり、それぞれの人の性のあり方を人権として捉える枠組みとして、用い

られます。

「Q」のアルファベットにまとめられているのは「クエスチョニング」と「クィア」です。「クエスチョニング」のほうは、性のあり方が不確定で、性的指向・性自認が決まっていない人、または意図的に決めていない人のことです。

「クィア」は色々なニュアンスで使われる言葉です。本来の意味は「奇妙な、変な」というもので、以前はゲイやトランスジェンダー女性に対するかなり強い侮蔑語として使われていました。しかしそこであえて当事者が「クィア」を名乗ることで、ポジティブな意味へと転換しようとしてきたという歴史があります。現在では、「性的指向・性自認のあり方が異性愛者でもLGBTQ＋でもない人」を指したり、「流動的な性のあり方」を指したりします。

❭ 「LGBTQ＋」という表記について ❮

性的マイノリティの総称として、以前は「LGBT」や、Qを含めた「LGBTQ」という言い方がよく使われていましたが、最近では本書でも採用している「LGBTQ＋」という言い方や表記を見ることが多くなりました。この「＋」とは、「異性愛者や、L・G・B・T・Qで分類される以外にも、様々な性のあり方がある」というメッセージが込められた表現です。例えば、他人に恋愛感情を抱かない「アセクシュアル」や、自分を男性とも女性とも当てはめづらい、分類されたくない「Xジェンダー」など、LGBTQで単純に分類される以外にも、セクシャリティは千差万別です。ですからLGBTQの後ろに「＋」をつけることで、「一人ひとりのセクシャリティを受け入れていこう」という態度を表現しているのです。

なおLGBTQ＋のレインボーマークは、「6色（赤、オレンジ、黄、緑、青、紫）です。

204

6-2

LGBTQ＋にまつわる言葉

▶ 性のあり方はグラデーションです。あなたはどこですか ◀

「性のあり方は人それぞれ異なる」と言われた時に、それでは一人ひとりの違いをどう理解したらよいか、見当がつかない人も多いと思います。そこに対する補助線としてよく見られ、私も納得感を得やすいと思う説明は、①「こころの性（性自認）」②「からだの性（身体的性別）」③「好きになる性（性的指向）」④「表現する性（性表現）」という４つの「性」があり、それぞれについて「男性側に寄っている」「女性側に寄っている」のグラデーションがあって、人によってどこに位置しているかが異なるというものです。この４つの軸だけでは漏れてしまう性のあり方もおそらくあるでしょうが、考え方のモデルとしては有効です。

「すべてが100％女性」という人も中にはいるでしょうが、異性愛者を自認していても、「性自認・身体的性別は女性だけど、好きになる性や表現する性には５％くらい男性が混ざっている」みたいな人もそれなりにいるはずです。**「一人ひとりの性のあり方を尊重する」**ことを、**「グラデーションのどこにいたとしても、その人らしい性を尊重する」**ことだと捉え直してみると、**LGBTQ＋への理解がしやすくなる**でしょう。

「LGBTQ＋の当事者と自分はまったく違う。自分は"正常"だから、"普通"と違う当事者を助けてあげなくちゃ」ということではなく、**自分を含めて、性のグラデーションは人それぞれ違います。**

あなたの性のスケールはどこに位置しますか？

▶ 気をつけるべき用語があります ◀

LGBTQ＋を指す言葉の中には、差別的なニュアンスを含んでいたり、

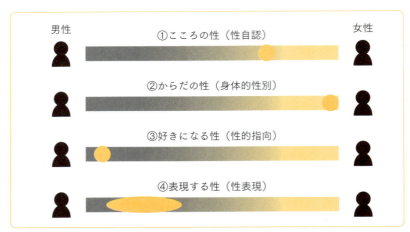

性のあり方はグラデーション。あなたはどこに位置しますか？

レズ	レズビアンの短縮形だが、歴史的に侮蔑的な意味合いで使われてきたため避けるべき言葉。正しくはレズビアン、ビアン
ホモ	ゲイを指すことが多い言葉（「同性愛」を指す「ホモセクシュアル」の短縮形）だが、歴史的に侮蔑的な意味合いで使われてきたため避けるべき言葉。正しくはゲイ
性転換（手術）	実態に合わないため、使わない方がよい。「性別移行」や「性別適合手術」が望ましい。
オカマ	いわゆる「女っぽい男」等を指す言葉だが、侮蔑的なニュアンスが強い。正しくはトランスジェンダー
オナベ	いわゆる「男っぽい女」等を指す言葉だが、オカマ同様に侮蔑的なニュアンスを含む。正しくはトランスジェンダー
おとこおんな	いわゆる「男っぽい女」等を指す言葉だが、オカマやオナベと同様に侮蔑的なニュアンスを含む。正しくはトランスジェンダー
オネエ	女性的に振る舞う男性で、ゲイに限らない。当事者によって使われることもある一方、侮蔑的な文脈で用いられることもある言葉なので、注意が必要。
ノーマル・アブノーマル	異性愛者をノーマルと呼ぶのも、同性愛をアブノーマルと示唆するため不適切。

※ただし、当事者の中には、上記の各用語をあえて使う人もいます。また、時代や社会、文化によって使い方は変わることもあります。

当事者が精神的苦痛を感じる言葉の例

出所：『LGBTQを知る ハンドブック』東京都千代田区（https://www.city.chiyoda.lg.jp/documents/18382/lgbtq-handbook.pdf）

　言葉の意味そのものには差別的なニュアンスがなくても歴史的に侮蔑的な意味合いで使われてきたものがあります。こういった言葉の使用は、当事者に精神的苦痛を与えたり、意図せずに差別的な言動になってしまうことがあるため、避けましょう。

　例えばレズビアンの短縮形である「レズ」や、「ホモセクシュアル」の短縮形として少し前まで男性の同性愛者に対して使われていた「ホモ」（「ホモ」という語幹自体は「均質な・同種の」という意味）は、歴史的にそれぞれの同性愛者に対する侮蔑的な意味合いで使われてきました。そこで近年は、女性の同性愛者は「レズビアン」や「ビアン」と、男性の同性愛者は「ゲイ」と呼称するようになっています。

　またかつては異性愛者を「ノーマル」と、同性愛者を「アブノーマル」と呼ぶケースがありましたが、この言葉遣いの前提には「異性愛者が正常で、同性愛者は異常である」という価値判断があるため近年は使われなくなっています。

　差別的・侮蔑的というわけではないにせよ、LGBTQ＋にまつわるアンコンシャス・バイアスが隠れてしまっている用語として、特に気をつけたほうがよいものに「彼氏」「彼女」という言い方があります。例えば、会話している相手の交際相手の話題が出たとき、「彼氏（彼女）」ではなく、「パートナー」という言い方をすることで、同性同士のパートナーシップに対する配慮になりますし、相手が異性愛者だった場合にも普通に話が進みます。

■ **事例**

　あるゲイの当事者の男性が百貨店のスカーフ売場で同性パートナーの誕生日プレゼントを選んでいました。

　店員さんが声をかけてきたので（また彼女へのプレゼントですかとか言われるんだろうな…適当に返事しておこう）と思っていたところ、その店員さんは「パートナーの方へのプレゼントを選んでらっしゃるんですか」と声をかけてくれたそうです。

　この「パートナー」というLGBTQ＋にも配慮した声掛けが嬉しく、ごまかすことなく男性パートナーに合うスカーフを見てもらって購入しました。その後もその店員さんのリピーターになったそうです。

　接客の際にも社内でも、こういった配慮をすることでお互い気持ちよくコミュニケーションをとれるようになります。この「パートナーの方」という言葉は、LGBTQ＋の方への配慮だけでなく、ジェンダー平等の面でも、「旦那様」「奥様」「お嫁さん」という性的役割分担のニュアンスの濃い表現を避けるために使われることがあります。

6-3 LGBTQ＋当事者たちが困っていること

　LGBTQ＋に対する社内理解の促進や支援・配慮体制をつくっていくにあたり、ダイバーシティの担当者はまず、LGBTQ＋の人が人生の中でどんな生きづらさを抱えてきたか、現在どんな困りごとに直面しているかを知っておく必要があります。当事者の方から直接聞いた代表的ものを紹介します。

▶ 子ども時代 ◀

　教室で「ホモ」や「オカマ」という言葉が日常的に笑いの対象になっていたり、人権教育の場でLGBTQ＋の知識がない先生が「うちのクラスにはいないけれども……」とつい言ってしまったりするような環境で育った当事者の人は、例えば「同性の子が好きだ」のような、人と違う悩みを誰にも相談できない、それどころか周りにバレてしまったら生きていけないという孤独感を抱え続けることになります。家庭でも、テレビに出ているLGBTQ＋の人について家族が何気なく言う「気持ち悪い」「変なやつだ」といった感想を日常的に聞いていると、「自分もこの人たちと似ている」ということを家族に言えないまま成長することになります。

LGBTQ＋
当事者だけが
乗り超えなくてはならない
困りごとがたくさんある

さらにトランスジェンダーを中心に、中学生になった頃に第二次性徴が始まると心と体がどんどん乖離していき、「もう成長したくない」という引き裂かれるような思いをしている人が多いと言います。自己肯定感が下がり、場合によっては自殺願望に至るようなケースも見られます。

▶ 大人になってから ◀

大人になってからの話では、就職活動で内定が出た企業に、自分がトランスジェンダーであることを伝えたら内定が取り消されたという日本での事例がニュースになりました。また就職してからも、とても有能で仕事の第一線で活躍されていた方が、トランスジェンダーである自分を出すと決め洋服や髪型・お化粧といった見た目を心の性にだんだん変えていったところ、それまで担当していたお客様対応から内勤に配置転換されてしまったという話も聞きました。

職場以外では、トランスジェンダーの人が医療を受ける際に戸籍の性別と身体の特徴が違うため受診がしづらいケースや、LGBTQ＋当事者が事故や急病で「家族以外面会禁止」ということになった際に、同性パートナーが籍が入っていないから面会できなかったというケースはよくあります。

同性パートナーの社会的地位の低さがハードルになるケースは多く、二人で家を借りようしたところ断られるようなこともあるそうです。

一緒に住むことができても、片方が亡くなった際に、同性パートナーが法的には家族と認められていないため、それまでいくら長期間実際のパートナーとして介護や看病をしていたとしても縁遠くなっていた両親・兄弟姉妹に権利や遺産がすべて行ってしまうようなこともあります。

▶ レズビアンやゲイの職場での悩み ◀

レズビアンやゲイの人は見た目が変わらないので、トランスジェンダ

ーと比べると職場ではあまり困ることがないという当事者もいらっしゃいます。けれども、結婚に関する制度を利用する際にはアウティングの問題や、そもそも同性パートナーでも利用できる制度を会社が整備していないといった問題はLGBTQ＋に共通です。

また同性パートナーと付き合っているLGBTQ＋の人は、職場でふだん話される「休日はどうしてた？」といった話題に合わせるのがつらい

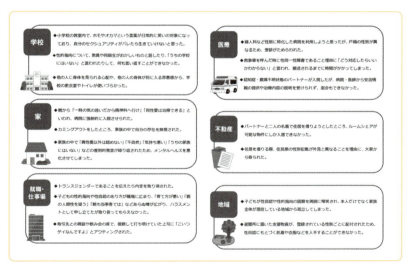

LGBTQ当事者が社会で直面する困難
出所：『LGBTQを知るハンドブック』東京都千代田区（https://www.city.chiyoda.lg.jp/documents/18382/lgbtq-handbook.pdf）

と言います。なぜなら、みんなに合わせて、同性パートナーと出掛けた話を異性に書き換えて話さなければならないから……。こうした状況で話し続けていると、だんだん話の内容に整合性がとれなくなってくることになり、すごく信頼している上司や同僚にウソをつき続けなければならないことがすごく苦しい、という話をよく聞きます。特に飲み会の席は、業務中と比べて恋愛や家の話題が多くなるので、出席しても何もしゃべらなかったり、苦笑いしてごまかしたり、次第には飲み会自体に行かなくなる人もいます。取引先とのお酒の席で、信頼してカミングアウトしていた上司にお酒の勢いで「こいつ、ゲイなんですよ」とアウティングされてしまったという話もあります。

　またある男性は、仲のよい上司から休日に誘われ、出かけてみたら女性を紹介される場だったそうです。上司から「今日はよい女性を紹介してあげるよ」という話を聞き、「すいません、僕ゲイなんです」って言って帰ったそうです。とても尊敬している上司だからこそ、そう言わなければいけないこと自体すごく心が痛んだとのことです。

6-4

LGBTQ＋全体の考え方

▶ カミングアウトの人数をKPIにしてはいけない ◀

　LGBTQ＋への取り組みを数字でモニタリングする場合、絶対にやってはいけないことは、「LGBTQ＋をカミングアウトしている人数」や「LGBTQ＋支援の制度を利用している人数」をKPIにしてしまうことです。「LGBTQ＋の取り組みの指標」と聞くと、多くの人は「当事者の人数」みたいなものが思い浮かぶでしょうが、それらをKPIに採用してしまうと、当事者にカミングアウトを強要することにつながってしまうのです。支援の成果そのものをKPI化できない分、LGBTQ＋に関する取り組みはわかりづらいなかで進めなければいけません。

　それでは**LGBTQ＋に関して、もし何かしらの数値をKPIとしてモニタリングしなければならない時にいちばんよいのは、「アライの登録者数の推移」**です。社内にLGBTQ＋への理解を表明している人がどれだけいるかは、LGBTQ＋の当事者にとって過ごしやすく働きやすい職場であることの目安になるからです。

　実際に「職場にアライがいる」環境の型が「職場にアライがいない（言えない）」方がカミングアウトは４倍になります。

　本章６−９で詳しく説明しますが、**アライとは「LGBTQ＋を応援している人」のこと**です。

　また、申込制のセミナーや職場での勉強会の開催回数や参加人数、社外の啓発イベントの参加人数がどれだけ増えているかなども、LGBTQ＋に対する社内の理解や受容を推定するうえで大事な指標になります。

❱LGBTQ＋相談窓口の設置❰

職場の当事者や、管理職、同僚など誰でも困ったことがあれば直接相談できる窓口（メール）を設置しましょう。

■ 職場でのやりとり

先日、ある当事者の社員から相談窓口へメールがきました。近々結婚するために、いくつか会社の制度に関する確認でした。ただメールアドレスを担当共有で使うものにしていたら、「誰が見ているかわからないのでとても不安」と言われ、ハッとしました（私のいる会社は各種手当や福利厚生など、配偶者およびその家族に関わる制度全般、同性パートナーも同等に使える制度にしています）。

メールアドレスを記載しているサイトなどには「ダイバーシティ担当２名で個人情報の扱いを配慮しながら対応しています」等のただし書きを表記するとよいでしょう。担当者の顔写真があるとより安心感にもつながります。

❱同性パートナー支援の制度❰

同性パートナーの置かれた状況に対して2015年の東京の渋谷区と世田谷区を皮切りに「パートナーシップ宣誓制度」を導入する地方自治体が現れており、現在では300以上の自治体で導入されています。相続や税金の控除などの法的な扱いが変わるわけではありませんが、宣誓を受け付けた自治体によっては公営住宅の入居や公立病院での面会といった、自治体の運営する施設で平等に扱うところもあります。自治体によっては、性的マイノリティだけでなく事実婚の異性カップルまで対象にしていることもあります。

民間でも、「家族」の範囲を戸籍の有無から広げ、同性パートナーを保険金の受取人に指定できる、携帯電話のファミリー割引の適用を可能にしているなどの取り組みをしている企業が出てきています。

214

社内の制度の整備では、LGBTQ＋の当事者にも適用する制度にしましょう。

・休暇、休職（結婚・出産、育児、養子縁組家族の看護、介護等）
・支給金（結婚・出産祝い金、家族手当、家賃補助等）

　税金や社会保険に関する制度は国の法律に関わるので対応できませんが、住宅の補助費、結婚休暇やお祝い金、育児休暇などは対象にしています。

　同性同士でパートナーになり、精子提供や代理出産で子どもをもうけたり、養子をとったりして出産・育児を経験する人も少なくないですから、出産や育児をサポートする福利厚生制度も整えていくことが望ましいでしょう。

東京都パートナーシップ宣誓制度

東京都では、令和4（2022）年11月1日から、多様な性に関する都民の理解を推進するとともに、人生のパートナーとして歩むLGBT等の二人の生活上の困りごとを軽減するなど、暮らしやすい環境づくりにつなげるため、「東京都パートナーシップ宣誓制度」の運用が開始されました。この制度は、双方又はいずれか一方が性的マイノリティであるお二人からパートナーシップ関係にあることの宣誓・届出があったことを東京都知事が証明（受理証明書を交付）するものです。受理証明書には、ご本人が希望すれば特記事項として、通称名や子の名前も記載されます。

民間企業においても、受理証明書等により保険金の受取人に同性パートナーを指定することや、携帯電話のファミリー割引の適用が可能になるなど、多様な性への配慮の観点からパートナーシップ関係にある二人にも、カップル等を対象としたサービスの提供が広がっています。

パートナーシップ宣誓制度は、法律行為である婚姻とは異なり、法律上の効果を生じさせるものではありませんが、本区においても、「第6次千代田区ジェンダー平等推進行動計画」に基づき、性別や性的指向、性自認にかかわらず誰もが尊重される社会をめざすLGBTQ施策の一つとして、区のサービス事業等（区営住宅・区民住宅の入居申し込み、保健福祉オンブズパーソンへの申立て等）にも都制度の受理証明書等を利用できるように取り組んでいます。

詳細等につきましては、下記HPをご参考ください。

● 千代田区ホームページ「LGBTQの方への支援」
https://www.city.chiyoda.lg.jp/koho/kurashi/danjo/lgbtq.html

● 東京都ホームページ「東京都パートナーシップ宣誓制度」
https://www.soumu.metro.tokyo.lg.jp/10jinken/sesaku/sonchou/partnership.html

東京都パートナーシップ宣誓制度

出所：『LGBTQを知るハンドブック』東京都千代田区（https://www.city.chiyoda.lg.jp/documents/18382/lgbtq-handbook.pdf）

給与	扶養手当
	単身赴任手当、帰郷実費
	赴任旅費（家族移転費）
服務	特別休暇（結婚、忌引）
	ライフプラン休暇（パートナーの出産、育児・介護、子の学校行事参加、不妊治療）
	看護休暇、介護のための短期の休暇
	育児・介護のための短時間勤務、時間外勤務制限・免除
	配偶者の転勤等により退職した社員の再採用
福利厚生	慶弔金（結婚祝金、弔慰金）
	社宅
	住宅補助費
	住宅ローン返済補助
海外勤務	本国生計費算定上の家族
	留守宅手当の支給対象配偶者
	海外勤務者の家族に対する旅費の扱い

株式会社NTTデータグループにおける「LGBTQ＋等性的マイノリティに関する制度

出所：株式会社NTTデータグループ
※2018年4月から配偶者に関わる制度全般を配偶者と同等の関係ある同性パートナーにも適用

▌通称使用への対応▐

「戸籍上の男性的な名前ではなく、女性としての名前を名乗りたい」というように、トランスジェンダーの方が仕事上で自分の性自認に合った名前を使いたいという希望を持っていることもあります。この場合は結婚後の旧姓使用と同じ対応がとれないか工夫してみてください。

辞令や組織図、社員証、社内の住所録など、通称を利用したい範囲も人によって異なるので、どの場面で通称利用をしたいのか本人のニーズをに確認してみることも必要です。

6-5 本人への確認が LGBTQ＋支援の基本

❱ LGBTQ＋は一人ひとり異なるから ❰

　LGBTQ＋当事者を支援する際には、「一つひとつを本人に確認する」ことが基本です。本章冒頭でも解説したように、大きなキーワードとしては「LGBTQ＋」と一括りにしてしまいますが、L（レズビアン）、G（ゲイ）、B（バイセクシャル）、T（トランスジェンダー）、Q（クィア、クエスチョニング）、さらに＋で表される様々な分類は本来それぞれ別のセクシャリティです。

　例えばゲイとバイセクシャルのように、カテゴリーが違う人同士では特に、気持ちや悩みがすべてわかるわけではありません。それに、いわゆるストレートの人も含めて、**セクシャリティはグラデーションの違い**ですから、例えば同じ「トランスジェンダー」というカテゴリーの人同士でも、個々人のそれぞれで違いがあります。

　ですから**LGBTQ＋を支援する際にも、必要としている、望んでいる支援は一人ひとり異なります**。例えば、自分の性自認と合わせた通称名が使いたいのか、トイレを使えるようになりたいのか、更衣室を使いたいのか、同性パートナーを家族と見做して会社の制度を使いたいのか。

　それぞれの場合の知見やノウハウを高めていく方向と同時に、当事者がカミングアウトして支援を頼んできた時には**一人ひとりがどんなニーズを持っていて、何に対応してほしいのかを都度ごとに確認していく必要がある**のです。

第6章 LGBTQ＋

❱アウティングを防止する❰

また、LGBTQ＋への対応で気をつけなければいけないことに、アウティングの危険性があります。ですから「どんな支援を必要としているのか」に加えて、アウティングを避けるために、「誰に状況を共有・開示してよいのか」ということも都度ごとに確認しなければなりません。

例えば、上司が当事者である部下からカミングアウトを受け、職場でいろいろな配慮をしてくれていた例がありました。この上司が異動することになった時、この上司から私たちダイバーシティ担当に「今後の配慮のために、後任に伝えてもよいですよね」と問い合わせがあったのですが、それは絶対にやってはいけないことなので止めてもらいました。

例えば、「今の上司を信頼しているのでカミングアウトしているけれど、後任の上司はどういう人かわからない。評価などに影響するかもしれないので言いたくない」など、「誰に開示するか」はあくまでも当事者本人の希望に基づかなければいけません。上司の責任として引き継ぎをするつもりでも、「こういう内容を後任に伝えてもよいだろうか」ということを本人と話し合い、本人の意思が確認できたうえで行う必要があるのです。

❱一人の社員として話したい❰

LGBTQ＋当事者の社員が役員と対談する企画を設定した時のことです。ダイバーシティ担当としては「LGBTQ＋の社内理解のために」という思いがあり、LGBTQ＋に関する質問ばかり振ってしまいました。

しかしながら、当事者の社員自身はせっかく役員と対談する機会なので、それ以外の話題についても話したい希望を持っており、後半はLGBTQ＋の話題だけでなく「残業が多くて困っている」とか「こういった場面ではリモートワークにしてもよいはず」といった内容についても対談の中で触れる形になりました。本人から言われてはじめて、「LGBTQ＋の当事者なんだから、会社に改善してほしいと一番望んでい

ることはLGBTQ＋の扱いのはずだ」と思い込んでしまっていたことに気がつくことになりました。

　対談の主旨に応じてどこまでするか判断すればよいと思いますが、次回同様なことがあれば、最初から他のテーマも話せるように配慮しようと思いました。

6-6 PRIDE指標を活用して取り組みを進めよう

▶ PRIDE指標を活用しよう ◀

　第３章で多様性推進の方針を立てる方法として「外部指標の活用」を紹介しましたが、その一例として、ここからは『PRIDE指標2024』の重要な評価項目を参照しながら、それぞれの項目に対応して、会社内でどのような具体的な取り組みを進められるかを紹介していきましょう。

　『PRIDE指標』は、一般社団法人work with Prideが策定している、「職場における性的マイノリティ（LGBTQ＋）への取り組みの評価指標」です。work with Prideは日本IBMやNPO法人グッド・エイジング・エールズを中心としたLGBTQ＋当事者の従業員支援に関するセミナーがきっかけになり、現在では何百社という企業が指標やカンファレンスに参画するようになっています。

　企業のLGBTQ＋支援の取り組みは、『PRIDE指標』の評価項目がかなり網羅的にカバーしているので、この評価項目のうち自社が取り組めていないこと、達成できていないことをリストアップして、優先順位の高いものからクリアしていくことで、取り組みを前進させることができます（以下出典：work with Pride PRIDE指標）。

▶ PRIDE指標の評価項目 ◀

　『PRIDE指標』の評価項目は、「P、R、I、D、E」の各文字に合わせて「Policy（行動宣言）」「Representation（当事者コミュニティ）」「Inspiration（啓発活動）」「Development（人事制度・プログラム）」「Engagement/Empowerment（社会貢献・渉外活動）」の５つの指標に分かれています。それぞれの指標の評価項目は毎年見直されており、

項目の達成状況によって上から順にゴールド、シルバー、ブロンズのそれぞれに認定されます。また2021年から「レインボー認定」もはじまりました。評価項目は年々変更されるものもあるので、公式サイトで最新情報を確認してください。

▶ 1．〈Policy：行動宣言〉◀

1．〈Policy：行動宣言〉評価指標
　会社としてLGBTQ＋等の性的マイノリティ（以下LGBTQ＋）、およびSOGIに関する方針を明文化し、インターネット等で社外に向けて広く公開していますか。該当する方針が掲載されている自社のWEBサイトのURLをご記入ください。

評価項目（以下1～9のうち4つ以上該当で1点）
（1）会社としてLGBTQ＋、またはSOGIに関する方針（差別禁止等）を明文化し、インターネット等で社外に向けて広く公開している。
（2）方針に性的指向・性自認という言葉が含まれている。
（3）方針に性表現という言葉が含まれている。
（4）従業員に対する姿勢として方針を定め、社外に向けて公開している。
（5）従業員に求める行動として方針を定め、社外に向けて公開している。
（6）学生や求職者に対する採用の姿勢として方針を定め、社外に向けて公開している。
（7）お客様・取引先に対する姿勢として方針を定め、社外に向けて公開している。
（8）取引先に求める行動として方針を定め、社外に向けて公開している。（調達コード等）
（9）経営層からのメッセージとして、社外に向けて公開している。

第6章 LGBTQ＋

この指標は**「LGBTQ＋に関する会社の方針や取り組みを社外に発信する」ことへの評価**になっており、2024年版では9の評価項目が策定されています。

　公式サイトや採用サイトで上記の項目に関わる会社の方針を公開する他、例えばレインボーパレードへの会社としての参加や、LGBTQ＋について学ぶ社員研修の様子の紹介、LGBTQ＋当事者の社員と会社役員との対談記事の掲載など、方針以外にも、積極的に活動を公開することは、後に紹介する「5.〈社会貢献・渉外活動〉」の指標の達成にもつながります。

▶ 2.〈Representation：当事者コミュニティ〉◀

> **2.〈Representation：当事者コミュニティ〉評価指標**
> 　LGBTQ＋当事者・アライ（Ally、支援者）に限らず、従業員がLGBTQ＋やSOGIに関する意見や要望を言える機会を提供していますか。（社内のコミュニティ、社内・社外の相談窓口、無記名の意識調査等）また、アライを増やす、顕在化するための取り組みがありますか。

> 評価項目（以下1～6のうちで3つ以上該当で1点）
> （1）LGBTQ＋やSOGIに関する意見交換等ができる社内のコミュニティがある。
> （2）従業員が主体となってLGBTQ＋やSOGIに関する活動ができる社内のコミュニティがある。（ERG（Employee Resource Group）等）
> （3）アライを増やす、もしくは顕在化するための取組みを研修以外で実施している。（アライであることを表明することの推奨等）。
> （4）社内外を問わず、当事者が性的指向または性自認に関連した

相談をすることができると明示された窓口を設け、社内に向けて公開している。

（5）無記名の意識調査（従業員意識調査やエンゲージメント調査等）でLGBTQ＋当事者従業員の存在や、意見・要望等をプライバシーに配慮した形で把握できるようにしている。

（6）自社グループ以外の他企業との共同コミュニティに参加している。（業界横断のコミュニティや異業種ネットワーク等）

　これは**主に社内アライコミュニティに関する指標**です。社内アライコミュニティの運営やアライによる自発的な勉強会、LGBTQ＋の相談窓口の設置といった取り組みが進むことで評価項目を達成できるようになります。

　「無記名の意識調査」に関しては、例えば無記名の社員満足度調査を行っている会社は多いと思いますが、その中にLGBTQ＋当事者であるかどうかや、意見・要望に関する項目を入れる方法もありますし、LGBTQ＋の研修や勉強会の参加者に事後アンケートで訊く方法もあります。

　制度を運用するうえでは、運用しやすい雰囲気をつくることも大切です。アライ登録をお願いしていると、「私なんかがアライになってよいんでしょうか？」という思いをしている人がかなりの割合でいることを実感しました。ですから研修や勉強会の場で講師の方に「出席してくれた皆さんは、もうアライになって大丈夫です」と声がけしてもらい、アライになることのハードルを下げることも効果的です。

　LGBTQ＋の当事者が、困っていることについて職場内で相談できなかったり、大きな会社の場合は組織が複雑でどの部署に相談したらよいかわからないことがあります。ですから人事やダイバーシティの担当に直接相談できるLGBTQ＋相談窓口を設けて、必要に応じて窓口がそれぞれの制度の担当と連携するような仕組みをつくることは、相談しやすい環境づくりのうえで大切です。

ただし、窓口のメールを誰がみているのかを示した方が当事者が相談する時の安心につながります。

3.〈Inspiration：啓発活動〉

3.〈Inspiration：啓発活動〉評価指標

過去２年に、従業員に対して、LGBTQ＋やSOGIへの理解を促進するための取組み（研修、啓発用メディア・ツールの提供、イントラ等での社内発信、啓発期間の設定、等）を行っていますか。

評価項目（以下１～11のうち５つ以上、および12～16のうち２つ以上該当で１点）

●研修（以下11項目のうち、５つ以上）

（１）全従業員を対象とした研修。

（２）面接官やリクルーター、採用担当者を対象とした研修。

（３）人事担当者を対象とした研修。

（４）管理職を対象とした研修。

（５）経営層を対象とした研修。

（６）新入社員や中途雇用社員への雇用時の研修。

（７）研修には、カミングアウトを受けた際の対応が含まれている。

（８）研修には、SOGIハラ（SOGIに関するハラスメント）の内容が含まれている。

（９）研修には、読む・聞くだけでなく、グループワーク等の演習が含まれている。

（10）研修には、ノンバイナリー、アセクシュアル、インターセックス等、LGBT以外の多様な性についての内容が含まれている。

（11）研修後アンケートを取るなど社内の理解浸透度を確認しながら研修を進めている。

●その他啓発活動（以下５項目のうち２つ以上）

（12）イントラネット、メールマガジン、社内報等を活用した定期的（年２回以上）な社内に向けたLGBTQ＋、SOGIについての理解を促進する情報発信。

（13）ハンドブックやステッカー、ネックストラップ等、LGBTQ＋、SOGIについての理解を促進するグッズの社内配布。

（14）LGBTQ＋やSOGIに関する理解を促進する啓発期間や、啓発日の設定。（プライド月間、スピリットデイ等）

（15）研修以外で従業員が参加や利用が可能な企画の実施。（映画上映会やゲストを招いたトークイベント、LGBTQ＋やSOGIに関する書籍の設置等。）

（16）従業員の家族やパートナーが参加できるLGBTQ＋やSOGIに関するイベントの実施。

　「啓発活動」の指標には研修についての評価項目と、それ以外の社内啓発活動についての評価項目が並んでいます。2024年版では１〜６までが「研修を受ける対象」に関する項目、７〜11までが「研修の内容」に関する項目になっているので、それぞれをチェックすることで現在行っている研修が見落としているポイントをあぶり出すことができます。

　LGBTQ＋に限らずダイバーシティの研修では、全社員に向けた基礎知識を学ぶものだけでなく、１〜６にあるとおり管理職や役員など様々な立場の人に、立場に合った内容の研修を受けてもらう必要があります。

　例えば管理職向けの研修なら「自分の部下に当事者がいたらどうするか？」という観点で研修をすることになります。LGBTQ＋に特化して行ってもよいですし、「ダイバーシティ」という枠組みで様々なマイノリティ当事者について学んでもらってもよいでしょう。７の「カミングアウトを受けた際の対応」を学ぶにあたっては、ロールプレイを研修に組み込むとよいでしょう。

　「その他の啓発活動」としてはアライグッズの制作・配布や、世界各地でLGBTQ＋啓発イベントが開催される「プライド月間」である毎年

6月に合わせて社内でも理解促進のキャンペーンやイベントを行うといった活動が挙げられます。

▶ 4.〈Development：人事制度、プログラム〉◀

4.〈Development：人事制度、プログラム〉評価指標

　以下のような人事制度・プログラムがある場合、戸籍上の同性パートナーがいることを会社に申請した従業員およびその家族にも適用し、社内に向けて公開していますか。なお、LGBTQ＋のための人事制度・プログラムは、以下の項目に限定されるものではありません。

　休暇・休職（結婚、出産、育児、養子縁組、家族の看護、介護等）

　支給金（慶事祝い金、弔事見舞金、出産祝い金、家族手当、家賃補助等）

　赴任（赴任手当、移転費、赴任休暇、語学学習補助等）

　その他福利厚生（社宅、ファミリーデー、家族割、保養所等）

　トランスジェンダーやノンバリナリーの従業員に以下のような制度を導入し、社内に向けて公開していますか。

　本人が希望する性別を選択できる。（社員証、健康診断、通称名等）

　性別適合手術・ホルモン治療時の就業継続サポート（休職、勤務形態への配慮等）

　男性用・女性用に限定されず利用できるトイレ・更衣室等のインフラ整備

　評価項目（以下1〜7のうち3つ以上、および8〜15のうち4つ以上、16〜21のうち3つ以上該当で1点）

●戸籍上の同性パートナー※がいる従業員向けの制度等が存在する。（以下7項目のうち、3つ以上）

（1）休暇・休職（結婚、出産、育児（パートナーの子も含む）、家族の看護、介護（パートナーおよびパートナーの家族も含む）等）。

（2）支給金（慶事祝い金、弔事見舞金、出産祝い金、家族手当、

家賃補助等）。

（3）赴任（赴任手当、移転費、赴任休暇、語学学習補助等）。

（4）その他福利厚生（社宅、ファミリーデー、家族割、保養所等）。

（5）会社独自の遺族年金、団体生命保険の受け取り人に戸籍上の同性パートナー※を指定できる。

（6）社外の福利厚生サービスに働きかけ、戸籍上の同性パートナー*も利用することができるようになっている。

（7）戸籍上の同性パートナー※の子どもを従業員の子どもとして扱う制度がある。（ファミリーシップ制度等）

●トランスジェンダー・ノンバイナリーの従業員向けの制度等が存在する。（以下8項目のうち、4つ以上）

（8）本人が希望する性を選択できる（健康診断、更衣室など会社において性別で　分けられるサービスや施設等）。

（9）自認する性に基づく通称名の使用を認めている。

（10）性別移行や戸籍変更の相談対応や社内手続きに関するガイドラインがある。

（11）就職時のエントリーシートで本人の希望する性別を記入できる、性別欄に　「その他」「記載しない」等男女以外の回答項目を設けている、または性別記載を求めていない。

（12）性別適合手術・ホルモン治療時の就業継続サポート（休暇、休職、勤務形態への配慮等）。

（13）性別適合手術・ホルモン治療時の費用補助。

（14）男性用・女性用に限定されず利用できるトイレ・更衣室等のインフラ整備。

（15）社外の福利厚生サービスへ働きかけ、従業員本人の希望する性で利用することができるようになっている。

●制度全般（以下6項目のうち、3つ以上）

（16）社内に導入している制度やプログラム等について、社外に向

けて公開している。

（17）制度を利用する際に、通常の申請手続き以外に、周囲の人に知られずに申請できる等、本人の希望する範囲の公開度を選択できる柔軟な申請方法となっている。

（18）当事者が自身の性的指向や性自認についてカミングアウトした結果、職場の上司や同僚等からの不適切な言動等の問題が発生した場合を想定したガイドラインがある。

（19）本人の希望に応じて、出張や社員旅行等で宿泊時の居室、社宅や寮に配慮ができる仕組みが社内にある。

（20）同性愛や異性装が犯罪となる国等への赴任・出張時のリスク対応を行っている。

（21）トランスジェンダーやノンバイナリーの従業員が望む性別で働くことを希望した場合、人事部門、所属部署、関連部署等で連携して対応を検討する仕組みが社内にある。

※社内に向けて公開し周知していることが必須となります。また、戸籍上の異性パートナーがいる従業員と同様に適用される場合、該当となります（国の制度上、企業独自で適用できない制度は除く）。

　4 は**制度に関する指標**です。「戸籍上の同性パートナーがいる従業員向けの制度等が存在する」という一連の評価項目については、以前は婚姻関係にある配偶者がいる時のみ適用していた福利厚生の社内制度を、扶養控除のように法律で決まってしまっているもの以外はできる限り同性パートナーにも平等に適用するようにする、という方針で取り組むことになります。

　14の「男性用・女性用に限定されず利用できるトイレ・更衣室等のインフラ整備」という項目について、ビルの間取り上更衣室を一部屋準備できない場合には、利用時間帯をずらすという方法もあります。同様に健康診断の際にも、男性・女性それぞれの健診日程とは別に、希望するLGBTQ＋当事者用の日程を設けることも配慮になります。

　「トランスジェンダー・ノンバイナリー向けの制度」の項目は、こう

した制度を幅広く整備し、会社としてどこまで対応できるのかを明確にしたうえで、当事者本人にどんな要望があり、どの制度を使いたいのかに合わせて対応することが重要です。ですから制度の整備と合わせて、当事者が安心して職場・会社と相談できる雰囲気をつくったり、面談の機会を設けたりすることも大切です。

▶ 5.〈Engagement/Empowerment：社会貢献・渉外活動〉◀

5.〈Engagement/Empowerment：社会貢献・渉外活動〉評価指標
LGBTQ＋やSOGIに関する社会の理解を促進するための社会貢献活動や渉外活動を行いましたか。

評価項目（以下１〜10のうち３つ以上該当で１点）
（１）LGBTQ＋やSOGIに関する社会の理解を促進するための社外の人も参加可能なイベントの主催、共催。
（２）LGBTQ＋やSOGIに関する社会の理解を促進するための活動への協賛、出展。（LGBTQ＋に関するパレード、イベント、映画等のコンテンツやコミュニティスペース等）
（３）LGBTQ＋やSOGIに関する社会の理解を促進するために活動している団体への寄付や助成金による支援。
（４）LGBTQ＋学生、および求職者向けの自社以外の団体や企業が開催する就職説明会、セミナー、イベント等の主催、共催、協賛、および主催。
（５）社外で開催されるLGBTQ＋関連イベントへの社員参加の呼びかけおよびイベントの周知。
（６）自社所属業界における他社、および業界全体へのLGBTQ＋やSOGIについての働きかけや活動。
（７）子どもや若者に向けたLGBTQ＋やSOGIに関する理解促進のための活動支援（学校での出前授業や教材提供等）。
（８）婚姻の平等を実現する法制度の実現（Business for Marriage

Equality）への法人としての賛同。

（9）LGBT平等法の実現（ビジネスによるLGBT平等サポート宣言
　　/Business Support for LGBT Equality in Japan）への法人と
　　しての賛同。

（10）性同一性障害特例法の要件緩和の実現（トランスジェンダー
　　が法的な性別を望む性に変更するための法律（性同一性障害
　　特例法）の要件緩和の議論を進めることへの法人としての賛
　　同/Business Support for Transgender Law Reform
　　Discussion）への法人としての賛同。

　最後の5は、**会社として社会のLGBTQ＋理解を促進するために、社外に向けたアプローチをしているかという指標**です。代表的な取り組みにはレインボープライドなどの全国的なLGBTQ＋啓発イベントへの協賛・参加や、社外向けの啓発イベントの主催があります。大規模なイベントの主催や協賛には予算も人的リソースもかかりますから、まずはLGBTQ＋支援団体に少額の寄付や助成をして応援することで社会的な理解を促進したり、外部で開催されるLGBTQ＋啓発イベントについて社員に周知し、参加を呼びかけたりするところから始めてもよいでしょう。5の評価指標については、挙げられている活動の中から自社が取り組みやすいものを、できるところから取り組みはじめる形でもよいです。

　改めて振り返ってみると、**企業は利益を出さないと存続できないのも事実ですが、そもそも企業の存在が社会から認められているのは、社会になんらかの価値を生み出すことを期待されているからでもあります。**社会のダイバーシティ理解を推進する活動は本業とは直接関係しないかもしれませんが、「よりよい社会を創る」ことに貢献することは社会のプレイヤーとしての責任でもあります。

　企業は社会にとって重要なプレイヤーの一つです。社会の中でしっかり存在感のある企業がイベントに関わることで、「あの企業が主催・協賛しているイベントなら参加してみよう」「子どもを連れて行ってみよう」とイベント全体への信頼や影響力に貢献できます。逆に企業側にと

っても、「ダイバーシティの推進を通じて、あの企業は社会の課題に取り組んでいる」という認識が広がることで市民社会でのプレゼンスの向上にもつながりますし、インナーブランディングの観点でも社員が活動を知って「うちの会社はこういう啓発活動に取り組んで社会にも還元している」「子どもが親の勤める会社に興味をもった」と会社に誇りを持ってもらえる効果があります。

LGBTQ＋を含めた社会をよくする活動は、会社として年間にかける予算と関わるイベントの回数が計画され、枠の中でその時々のタイミングに合わせ、よりよい形で貢献できる企画を考えることになります。企業活動の一環ですから、せっかくならただ「お金を出す」だけでなく、ITの会社ならITを軸に、食品の会社なら食を軸に……といった**本業とキーワードを合わせたより社会課題を効果的に改善するための取り組みにするのが理想**です。

LGBTQ＋の当事者の社員を受け入れている会社が出展する当事者の学生向けの就職説明イベントも開催されています。一般の就活イベントでは、企業のブースで「自分はトランスジェンダーなのですが、受け入れ体制はありますか」と質問するのがばかれる学生もいるでしょうが、LGBTQ＋当事者をターゲットにした説明会の場なら質問しやすいので、よりマッチングしやすくなります。

また当事者でなくアライの学生が、LGBTQ＋の支援体制を企業選びの参考にすることもあり、LGBTQ＋啓発イベントの企業出展ブースに就活生が来て、それぞれの企業の取り組みについて調べている姿もよく見られます。

▶ 指標を眺めて、変えられることは一気に変える ◀

以上、『PRIDE指標』の各項目と、会社における取り組みの対応を見てきました。私の会社のケースでは、本格的にLGBTQ＋の取り組みをすることになった際、トップメッセージも発信し、相談窓口もつくり、制度も変えて……と、すぐにでも実現できることは一気に変えました。

おそらく**一項目ずつ調整するよりも、変えられることは一度に変えてしまったほうが全体として効果も早く高く出ますし、労力は少なくて済むはず**です。そのうえで、評価項目の中で漏れてしまっていることがあれば、改めて改善に役立てていくのがよいでしょう。

▶ 細かい対応は外部の相談窓口を頼ろう ◀

『PRIDE指標』を参考にすることで、トップメッセージの発信や制度の整備、アライコミュニティの運営といったLGBTQ＋支援の大枠をカバーすることができますが、日々の業務では自分たちだけではわからないことも出てきます。

そういう時には企業からの相談を受け付けているLGBTQ＋支援組織などの有識者を活用するのが得策です。地方行政でも、企業向けにもLGBTQ＋対応の相談窓口を設けているところがあります。例えば東京都総務局人権部では企業向け電話相談窓口の他に、企業向け研修や訪問支援事業などを行っています。

また認定NPO虹色ダイバーシティや株式会社アウト・ジャパンなどのLGBTQ＋支援事業者は、LGBTQ＋理解のための研修や教材を扱っているだけでなく、社内の施策や対応の相談も可能です。会社としてLGBTQ＋の支援に取り組むにあたっては、職場のある地域の行政の人権ページを確認して、活用できる支援事業を確認しておくとよいでしょう。

	窓　口	相談先・電話番号	対応日時
千代田区	**ＬＧＢＴＱ相談**	男女共同参画センターＭＩＷ 03-5211-4316（予約制）	毎月第２・４木曜日 午後４時30分～７時 30分
東京都	**～Ｔｏｋｙｏ　ＬＧＢＴ 相談～ 東京都性自認及び性的指 向に関する専門電話相談**	050-3647-1448 ＬＩＮＥ公式アカウント ＬＧＢＴ相談＠東京	電話相談：毎週火・金 曜日　午後６時～10時 ＬＩＮＥ相談：毎週 月・水・木曜日　午後 ５時～10時（受付は 午後９時30分まで）
国	**みんなの人権110番**	0570-003-110	毎週月～金曜日 午前８時30分～午後 ５時15分
その他	**よりそい ホットライン**	一般社団法人　社会的包摂サポー トセンター http://279338.jp#tel 0120-279-338	24時間対応
	セクシュアル・マイノリ ティ電話法律相談	東京弁護士会 https://www.toben.or.jp/ 03-3581-5515	毎月第２・４木曜日 （祝日の場合は翌金曜 日）午後５時～７時

LGBTQ＋相談窓口

出所：『LGBTQを知る ハンドブック』東京都千代田区（https://www.city.chiyoda.lg.jp/documents/
18382/lgbtq-handbook.pdf）

6-7 PRIDE指標1〈policy：行動宣言〉：トップメッセージの発信

　ここからは6-6に記載した『PRIDE指標』に即して各項目を見ていきましょう。

　最初は［PRIDE指標1〈policy：行動宣言〉］についてです。他のキーワードも同様ですがLGBTQ＋に関しても、社長や役員といったトップが「会社として、LGBTQ＋の人権と働きやすさを大事にしていきたい」といった内容のメッセージを打ち出し、**社外向けに公式サイトやインターナルサイトのダイバーシティ推進のページで発信することがまず大事**です。

　ダイバーシティの推進を階層として捉えると、「ダイバーシティ推進」という大きな括りの傘下に「LGBTQ＋」「障がい者」「ジェンダー平等」といったキーワードが並び、それぞれに「社内制度の整備」「社員の理解の促進」「職場の受け入れ体制の整備」「社会貢献」といった取り組みが社内で行われるという構造は、どのキーワードでも同じです。取り組みの大まかな方向性が同じである以上、「LGBTQ＋」「障がい者」といった個別のマイノリティ性のキーワードごとに別々にトップメッセージ

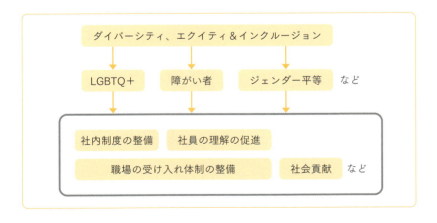

を出しても、各々のメッセージ内容自体は大枠として近いものになりがちです。

　それでも、LGBTQ＋も、障がい者も、他のマイノリティ性も、まさにその当事者や身近な方が社員として働いていたり、取引先やユーザーにいらっしゃいます。ですからトップメッセージは、「ダイバーシティ推進」という大きな枠組みについて発信するだけでなく、「LGBTQ＋の人権を大事にしていく」と細分化された指向性の強いメッセージを発信することで、**当事者や身近な方が「まさに自分のことを言及してくれている」と安心してもらえる**のです。

　例えばLGBTQ＋に関するトップメッセージをLGBTQ＋理解のための研修の冒頭で紹介したり、インターナルサイトの「LGBTQ＋」のページの最初に掲載することで、施策を進める際に「会社としてこのような方針を持っているので、この取り組みをしています」というストーリーを説明しやすくなりますし、見てくれた人にも素直に受け取ってもらいやすくなります。

　前述のとおり、どのキーワードでもメッセージは大枠では近いものになりますが、「人権を大事にしていきます。社内理解や制度の充実を推進していきます。社内に色々な人材がいることがイノベーションの活力になり、会社の持続的な成長が可能になります」といったどのキーワードでも共通する内容に加えて、キーワードごとの事情に配慮した内容も盛り込めるとよいでしょう。例えばLGBTQ＋なら、「L・G・B・T・Q

トップメッセージ

「会社としてLGBTQ＋の当事者を応援し取り組みを推進していきます」

・社外・社内サイト
・その他の発信の機会
　講演会・セミナーの冒頭あいさつなど

やそれ以外と、それぞれのカテゴリーごとに状態は異なるし、個々人が置かれている状況も異なるため、一人ひとりになるべく向き合った配慮をしていく」といった内容です。「一人ひとりに向き合った配慮」が必要なのは障がい者やジェンダー平等といった他のキーワードでも同じですが、「○○だから一人ひとりに向き合うことが必要」という理由を明記することで、「会社として、なるべくあなたたちのことを理解し、共に歩もうとしている」というメッセージを伝えることができます。

6-8

PRIDE指標2〈Representation：当事者コミュニティ①〉：アライ活動（LGBTQ＋の人が安心できる人的環境）

▶ アライとは ◀

　次に6-8、6-9では［PRIDE指標2〈Representation：当事者コミュニティ〉］に関して見ていきます。

　「アライ（ally）」とは「味方、協力者、同盟者」という意味の英語です。同じ語源で「同盟関係」を指す「アライアンス（alliance）」という言葉に馴染みがある方も多いかもしれません。LGBTQ＋の文脈ではLGBTQ＋の支援者、応援している個人のことを「アライ」と呼んでいます。アライには、当事者間の応援（レズビアンがトランスジェンダーを応援する等）なども含まれます。

　企業におけるLGBTQ＋支援の中で、アライを増やし、見える化することは、当事者への直接的な支援と並んで重要です。

▶ アライが可視化される効果 ◀

　自分がLGBTQ＋であることを職場をはじめとする周りの人に隠していて、自己肯定感が低い当事者にとっては、以下のような環境があると働きやすさにつながると言われています。

・職場にアライがいる
・LGBTQ＋のシンボルである６色のレインボーの旗を机に飾っている
・レインボーのシールがパソコンに貼ってある
・レインボーパレードのような支援イベントに参加したりしているなど

第6章 LGBTQ＋

237

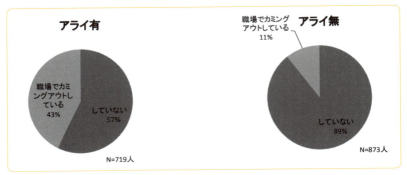

職場でのアライの有無とカミングアウトの割合
出所：「LGBTと職場環境に関するアンケート調査2014」特定認定法人虹色ダイバーシティ
(https://nijibridge.jp/wpcontent/uploads/2020/11/LGBT%E3%81%A8%E8%81%B7%E5%A0%B4%E7%92%B0%E5%A2%83%E3%81%AB%E9%96%A2%E3%81%99%E3%82%8B%E3%82%A2%E3%83%B3%E3%82%B1%E3%83%BC%E3%83%88%E8%AA%BF%E6%9F%BB2014.pdf)

　職場の同僚が行動を通して「私はあなたのことを理解したいし、応援したい」というメッセージを形で示してくれていることで、自分がカミングアウトしていなかったとしても「自分たちを応援してくれている人、理解してくれている人がこんなにいるんだな」と安心感と自己肯定感を得ることができるからです。

　ですからアライになった人は、社外のイベントに参加したり、コミュニティの活動をすることももちろん大切ですし、「活動した」という実感も湧きやすいものですが、自分がアライであることをマークやグッズで「見える化」することは同じくらい大切です。

　アライを「見える化」する方法の基本は、「アライグッズ」を職場で使ってもらうことです。 LGBTQ＋応援の６色の虹をあしらって、例えばノートパソコンなどに貼るステッカーや社員証のストラップ、机の上に立てることができる旗などを会社のLGBTQ＋応援グッズとして制作し、アライ登録をしてくれた人に配り、使ってもらえるよう頼むのです。

　私の会社では、人事部長が机の上に旗を飾ったり、人事部の入り口に大きなアライのポスターや旗を貼ったりしたところ、他の部署からきた

　何名もの社員が「うちの会社は人事部としてもLGBTQ＋を応援してくれてるんですね。自分は当事者ではないけど、会社のその姿勢が凄く嬉しいし、自分も職場でLGBTQ＋の勉強会を開催してみます」と言ってくれました。

　実際にその社員は私たちが共有した教材を使って、職場で勉強会を開催し、管理職数名も含めて職場全体10名くらいでアライになってくれました。また、職場の上長が旗を飾ったり、アライストラップをしていたり、パソコンにアライシールを貼っているのを見て、実際に当事者の部下がカミングアウトしたという話もあります。

■ **職場でのやりとり**

当事者「職場で当事者として長年生きづらさを感じていたけれど、そういう上司の姿や普段からの行動・発言を聞いていて信頼できると確信できたので、カミングアウトしました。本来の自分をオープンにすることができて、とても楽になりました」

> 上　司「そう思ってくれたのはすごく嬉しいです。カミングアウト後、隠すことがなくなって同僚同士のコミュニケーションも円滑になったこともあり、仕事の成果が格段に上がりました。本人自身もとても笑顔が増えてよかったです。ありのままで働くということがこんなに成果につながるんですね」

　ダイバーシティ推進全体として、取り組み自体に反対する人は多くありませんし、会社として推進しているのであればなおさらです。特にLGBTQ＋応援の取り組みに対して人事部のようなスタッフ部門が率先してLGBTQ＋を理解し、「私たちはLGBTQ＋を応援している」と職場の入口、会議室、机、なかでも役員や管理職がアライマークを示すことは、当事者の安心感につながることはもちろん、各職場にいるアライの人がそれを見て「うちの職場でも応援したい・飾りたい」と触発される効果もあります。ぜひ積極的にアライとして理解して、掲示していただけたらと思います。

　リアルのグッズ以外にも、例えばコロナ禍以後はオンライン会議の機会が増えましたが、6色のレインボーカラー（LGBTQ＋のレインボーは6色です）を会議アプリの仮想背景として使うこともできます。レインボープライドのようなLGBTQ＋応援イベントの前後にSNSのアイコンをレインボーカラーにしている人は多いですし、普段からそうしている人も少なくありません。

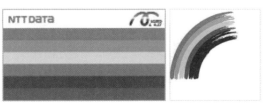

「オンライン会議」背景画面・プロフィール写真

「アライグッズを掲示したりストラップを使い始めたのに、何も今までと変わらない気がする。自分に何ができているのかわからない」というアライ社員の声もよく聞きます。

しかし**安心してください。ダイバーシティ担当の活動や、アライを表示している人たちの行動は、必ず誰かが見ています**。実際に当事者は「自分はまだカミングアウトする勇気がないけれど、職場のあの人がアライになったんだ、というのは凄く嬉しく心強く見ています。自分の職場での働きやすさに強く繋がっています」と言ってくれました。

LGBTQ＋はこのような象徴的なロゴやグッズがあって社員たちの反応も大きいので、他のジェンダー平等（女性活躍、男女の育児・介護と仕事の両立）、障がい者などについても共通のロゴがあったらよいな、つくっても面白いな、と思います。

▶ 応援することに価値がある ◀

アライであるとは、「LGBTQ＋のことを理解したい、応援したいと思っている」ということです。ですからLGBTQ＋が直面している差別や困りごとを解消したほうがよいと思っている人は、それだけでも定義上は「アライ」ということになります。一方で、「自分がアライであることを表明し、活動する」「社内のアライコミュニティに参加する・登録する」ことにさまざまな理由でハードルを感じる人も少なからずいます。

アライになることをためらう理由としてよく聞くのが、「よくわかっていない自分なんかがアライになってよいんだろうか」「カミングアウトされた時にちゃんと対応できるだろうか」と気後れしてしまう、というものです。もちろん本書で紹介したようなLGBTQ＋支援に関する基礎的な知識はあらかじめ知っておくのを前提に、例えばLGBTQ＋の研修を受講してアライに賛同する人は登録申請をする、というような流れでの順番は踏んだほうがよいでしょう。

■ 職場でのやりとり

　先日講師で来てくれたLGBTQ+の当事者の方がセミナーの時こういってくれました
「セミナーに参加しているみなさんは、既に意志をもって知りたい、応援しようという気持ちで来てくれ、学んでくれているのですから、すでにアライです。ぜひ気後れせずにアライメンバーに登録してこれからも職場で周りの人に教えてあげてください」
　このセミナー後にアライになってくれたメンバーが、自ら職場で勉強会を開いたりしています。

　当事者にとってカミングアウトはとても重大なことなので、アライに対してなら誰でもカミングアウトするわけではありません。それでも**カミングアウトされたということは、アライを表明しているかどうか以前に、当事者の人から個人として信頼されているということ**です。それでも突然のことで対応に失敗してしまうこともあるかもしれませんが、人間は完璧ではありませんから、学び続けて一歩ずつ適切な行動を身につけていくことが大切ですし、応援・支援をしたいという心持ちを形にしてくれること自体に価値があります。

LGBTQ＋の取り組みを進めるためにできること

1. **知る**：研修やオンライン教材でLGBTQ＋について学習する。
2. **表明する**：応援していると表明する。アライに登録する。アライメンバーになる。
3. **行動する**：できることからやってみる。

例）職場勉強会の開催、発言を変える、アライグッズを掲示する、外部団体のセミナー・交流会・イベントに参加してみる。

❱ アライ登録は本人の意見を確認する ❰

　会社でアライの登録をするときには、本人の承諾・認知がない状態で勝手にアライ登録されてしまう事態を防ぐよう、気をつけなければいけません。

　例えば、活動に積極的なアライの人たちがそれぞれの職場で学習会をやって、その場で「みんなでアライになろう」という話になり、勉強会の代表の人が参加者をとりまとめて会社にアライ登録する、ということはよくあります。

　しかし、LGBTQ＋に関する勉強会に参加することと、アライ登録・表明をすることには隔たりがありますから、ダイバーシティ担当として登録を受け付けるにあたり、「今回登録する人のメールアドレスを必ずCCに入れてください」とお願いすることにしています。そうすることで、アライ登録・表明をする人の意思表示が明確になり、知らないうちにアライ登録されて「アライの方々へ」というお知らせが来たり、アライグッズが職場に送られてきたり、という事態を防ぐことができます。

　教材を通じてLGBTQ＋に関する知識を得て、心情的に応援してもらえるようになったというだけでなく、「アライに登録する」と自分で同意してもらうことが大切なのです。

6-9 PRIDE指標2 〈Representation：当事者コミュニティ②〉：アライコミュニティの活動

▶火種になる社員を増やす◀

　ダイバーシティ担当がアプローチできる機会や社員の数は限られているので、特に**LGBTQ＋の支援・啓発に関しては、アライの中でもモチベーションが高い、周りの人たちを巻き込んだり、職場を盛り上げたりしたりと「火種」になってくれる社員を増やせると広がりやすく**なります。

　自主的に職場でやってくれた勉強会を顔の見える記事にして会社のインターナルページで紹介することなどは効果的な施策です。主催者にとっては全社向けのページで紹介されていることが、勉強会に参加した人にとっては自分も写真に写っていることが嬉しいですし、記事を見た上長から声を掛けてもらったり、職場のみんなで記事を読んで盛り上がったり、という声も聞きます。さらに記事を見た他の人たちが「うちの職場でもやってみよう」と同じような取り組みをしたりして、取り組み拡大にもつながります。LGBTQ＋の当事者の立場からも、「こういう人たちが応援してくれているんだ」ということがビジュアルで伝わってくると嬉しいという声もあります。

　アライの活動をはじめダイバーシティの取り組みは、楽しそうな様子を発信することはとても大事です。楽しそうな様子を見て興味を持ってくれた人を巻き込むと、そこから理解促進、さらには行動変容につながっていくはずですから、まず入り口に立ってもらうためにも、明るく盛り上がっている様子を伝えていきましょう。

▶ できる範囲で参加してもらう ◀

　アライの社内コミュニティ活動は、ある時期に積極的に活動してくれて「火種」になってくれた人がずっと高いモチベーションで活動してくれると期待しすぎてはいけません。ずっと同じ人にばかり負担がいかないように、立候補制で1年ごとに交代で職場のアライ活動担当者を決めているという会社の事例もあります。

　活動に参加したい気持ちはあるけれど業務や家庭が忙しいタイミングと重なり動けない、という人にとって心の負担にならないように、「ずっと続けるべきだ」という義務感を感じさせるような関わり方ではなく、「やれる人が、やれるときにやってくれたらありがたい」という前提を共有することが大切です。活動しようとしてくれる人に「ありがとうね」と声をかけて感謝を伝えることは、気持ちよく活動してもらうための第一歩です。

6-10 PRIDE指標3〈Inspiration：啓発活動〉： 研修・セミナーの実施

▶ 研修・セミナーを当事者のことを知る機会にする ◀

3つめは［PRIDE指標3 〈Inspiration：啓発活動〉］です。

社内でLGBTQ＋についての理解を向上させる施策の第一は、他のキーワード同様理解を深めてもらうための研修・セミナーの実施です。

特に、LGBTQ＋の研修では、オンライン動画や資料ベースの研修だけでなく、希望者にエントリーしてもらう対面でのセミナーを開催して、LGBTQ＋の当事者を外部から招聘して登壇してもらうことに大きな価値があります。

LGBTQ＋に関して社員にアンケートを取ると、**「自分の周りにそういう人がいないので、どんなことに困っているのか想像がつかない」**という声が目立ちます。しかし13人に1人はLGBTQ＋の当事者と推定されており、例えば30人の職場なら、同じ職場にいる同僚のうち2〜3人は当事者でもおかしくありません。ですから「自分の周りにはいない」のではなく、**「カミングアウトしていないけれど、周りにはいるはず」**と考えたほうがよく、LGBTQ＋の人は周りにいると思って日常的に行動するに越したことはありません。

まずは実際に会うことでイメージを持ってもらうために、セミナーでもLGBTQ＋の当事者の人に登壇してもらうことに大きな意味があるのです。社内にすでにカミングアウトしていて啓発活動にも協力的な当事者の社員がいれば、その方にロールモデルとして登壇してもらうと、セミナーに参加した社員にとって身近なのでとてもよい研修になるでしょう。また、LGBTQ＋の有識者として活動している人に来てもらってセミナーを行ってもらうのも方法です。もし可能であれば、講師の方に相談してL、G、B、T、Qのそれぞれの方が来てくださるのならば、さら

にそれぞれの違いを実感しやすいでしょう。

▶ オンラインとリアル、それぞれのメリット ◀

　研修・セミナーの実施方法にはオンラインのウェビナーとリアルの両方のパターンがあり、それぞれにメリットがあります。

　オンラインで開催することのメリットは、ウェビナーの参加にあたって顔出しをする必要がなく、ニックネームでの参加も可能であることです。本人が望まない場合は申し込み時にも本名を書かないでもらうようにできます。特に**LGBTQ＋についての研修では、プライバシーの保護の面でオンライン開催のメリットは大きい**と言えるでしょう。また職場から出かけなくても気軽に参加できる、アーカイブ動画が残るのでインターナルサイト内で教材として公開できることもオンライン開催のメリットです。

　対するリアル開催のメリットは、推進者や参加者の人たちの顔が見え、雰囲気がわかることで安心につながること、そして参加者同士の横のつながりが生まれることです。またセミナー終了後、ダイバーシティ担当のところに来て、「実は当事者なんです」と声をかけてくれる人が多く、**当事者の声を聞いたり支援につながることもリアル開催の重要なメリット**です。

　さらにはリアル開催のセミナーの後で、講師も参加する懇親会を設定し、「来れる人はぜひ懇親会に参加してください」とアナウンスをすると、当事者やアライになりたい人だけでなく、テーマへの関心はあまり高くないけれどせっかくだから飲み会で盛り上がりたい人も多く参加してくれます。

　懇親会の場では参加者の生の声が聞けるだけでなく、ダイバーシティ担当の「LGBTQ＋以外にもいろいろな多様性のことをやっているから、職場の小さな活動まで手が回らない」という話を聞いて「じゃあ私がやります」と手を挙げてくれる人が出てきたり、「制度の使い方がわからないから自分たちでも勉強会を開いてみたい」という話が立ち上がった

りと、その場にいた者同士の盛り上がりから「火種」になってくれるメンバーが生まれてきます。そういう人が各職場に増えてくれることはダイバーシティ推進のうえで貴重ですし、アライの可視化が求められるLGBTQ＋支援の推進にとっては特に重要です。

　実際に、アライを盛り上げていきたいと思い始めたとき、生の意見を聞きたくて、セミナー後に「実は当事者なんです」と声をかけてくれた7名ほどの当事者社員と一緒に、初めて当事者同士の懇親会をしたことがありました。そうしたら、当事者の一人が「会社でこんな風に人事部・ダイバーシティ担当の人と当事者同士の飲み会ができるなんて夢のよう。嬉しい！」と感極まって涙してくれる場面もありました。

❱ 研修はアライ登録を増やすチャンス ❰

　一般的に、研修や勉強会の最後には参加者に満足度アンケートを記入してもらっていると思います。特にLGBTQ＋についてのセミナーでは、その最後の設問として「社内アライコミュニティの登録しませんか」という項目を設けて、その場で希望する方に登録してもらっています。アンケート用紙やQRコードを渡して「○○までに回答してください」では忘れられて回答率が下がってしまうので、その場でアンケートに答えてもらい、「書き終わった人から終わりにしてください」とアナウンスしています。これは、セミナーを受講して気持ちが温まっているときが一番アライに登録してもらいやすいことも理由です。

❱ ロールプレイの効用 ❰

　LGBTQ＋理解の研修は座学に加えてリアルで行う場合には**体験型プログラムを取り入れて、体感・実感・行動変化につながるようにするとよい**でしょう。体験型のプログラムとしてよく研修に組み込まれるものとして、知人や同僚からカミングアウトされたときの対応を、参加者同士でカミングアウトする側とされた側を実演してみるロールプレイが

あります。口に出してカミングアウトする際の葛藤や、言われた側の心の動きを擬似的に体験することで、納得感が得られ、研修の満足度も高くなりこれからの行動の変化にもつながります。

このロールプレイの時には、**カミングアウトされた際に第一声としてまずは「話してくれてありがとう」と言ってみます**。本当にカミングアウトされた時には、当事者にとって重要なことを、それでも信頼してくれてカミングアウトしてくれたのですから、まずは「信頼して話してくれてありがとう」と伝えることが大事です。

LGBTQ＋当事者とお話ししたり講演を聞いたりすると、第二次性徴が始まった頃、体の成長と心の成長が別の方向に向かうことで自分の存在が二極化してしまうことが本当につらかったという話題がよく出てきます。たとえばトランスジェンダー男性の場合、心は本当は男なのに、女性の身体に生まれて、思春期頃からどんどん女性的な体に変わっていくことに嫌悪感が生まれ、自分のことを肯定できなくなっていく。

LGBTQ＋に限らず、本当につらいことを人にさらけ出すのは、恥じ入る気持ちや受け止めてもらえなかった場合への恐怖もあり、とても勇気が要ることです。

それでも「この人なら信頼できる」と心を決め、ようやく言葉に出してカミングアウトした時に、相手から「言ってくれてありがとう」と言ってもらえることで当人が受ける安心感は計り知れません。実際にカミングアウトした当事者からは、相手は上司や同僚、家族など関係性はそれぞれですが、「ずっと心に溜めていたものを、話してくれてありがとう」と自分の存在を受け止めてもらえたことがまず嬉しかったとよく聞きます。

❱セミナー教材を日常業務にも活用する❰

セミナーで用いた教材はインターナルサイトにも掲載して、日常でも困ったときや必要になった時に見直してもらえるようにしましょう。個人的にLGBTQ＋の基礎知識を見返したいこともあるでしょうし、職場での対応や社内の別部署との対応、お客さまへの窓口対応などについて学びたいニーズもあるので、具体的な場面で役立つ内容を盛り込むようにしています。

一人ひとりが「こうすればうまくいくはずだ」と想像できる範囲には限りがありますから、LGBTQ＋への対応はただ基礎知識を学んで気持ちのうえで配慮を心掛けるだけではなく、具体的な対応や声かけの方法を学び、それに沿って行動してみることが重要です。ですからまずは具体的な対応をセミナーの場で学び、実際に必要になる場面がやってきた際に、いつでも教材にアクセスできて「どうすればよかったんだっけ？」と調べ直せる状態にあることがとても大切です。

6-11 PRIDE指標4〈人事制度、プログラム〉：［ケーススタディ］トランスジェンダーのトイレ利用

　トランスジェンダーの方について、研修や勉強会で必ずと言ってよいほど出る質問が「身体の性と異なるトイレを使わせるのは問題ではないか」というものです。特に、「心身ともに男性なのに、トランスジェンダーであると偽って女性用トイレを使う人が現れ、女性に対する盗撮や性暴力が起こる」ような事態につながることへの懸念から、意見が分かれることがあります。

　たしかに、女性に対する性暴力を防ぐことは考えなければいけませんが、少なくとも「職場におけるトイレ利用」を考える時は、見知らぬ人同士が行き交う公共空間とは異なり職場のメンバーは顔見知りの人たちが多いですし、基本的にビジネスパーソンなので、性暴力が起こるような事態はあまり考えにくいでしょう。

　2023年には、男性として出生したトランスジェンダー女性の経産省職員が、自分の勤務階の女性用トイレを使わせてもらえないことへの処遇改善を求める裁判で、最高裁がその事例については「トイレの使用制限は違法」であると判断を下しています。この時の裁判長からは、職場には「トランスジェンダーの立場に配慮して真摯に調整に尽す責務」があり、職場の状況は様々なので「当事者と周囲の双方の意見を聞いたうえで、最適な解決策を探っていくしかない」というコメントが出ています。

▶「トイレを利用できるようにする」プロセスの事例◀

■ 職場でのやりとり

　私の職場でも、トランスジェンダーの方が性自認に合ったトイレ

を使えるようにした部署があります。このケースでは、配属時には本人が女性の身体への移行が途上だったこともあり、本人の意向を確認したうえで総務部と相談して、同じビルの何階か離れたフロアにある利用者のいない女性用トイレを数年間利用していました。しかし身体の移行がある程度進んだこともあり、改めて職場の総務担当にオフィス入居階の女性用トイレを使いたい旨を相談しました。それから、同じフロアで働いている同僚全員にLGBTQ+について理解してもらう研修を受けてもらい、同じフロアに入居している他社に相談してそちらの社員の人たちにも利用について理解してもらったうえで、性自認に合ったトイレを使うことにしました。

　そもそも、この問題について一番気にしているのはトランスジェンダーである本人で、「私は女性用の（男性用の）トイレを使いたいけれど、いきなり使ったら周りの人たちが迷惑だよな」と思う人がほとんどです。
　性自認に合ったトイレが使えない場合、離れた場所にある多目的トイレを使われるケースも多いのですが、「離れた場所にあるトイレを使うくらいなら、大した問題じゃないだろう」と思う方もいるかもしれませ

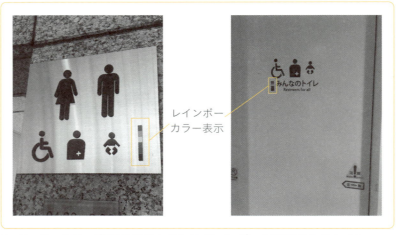

レインボーカラー表示のあるトランスジェンダーも利用できるトイレ

ん。しかし、トイレに行くのをなるべく避けるために職場で水を飲むことを我慢しているトランスジェンダーも多く、これは精神面だけでなく身体の健康のうえでも大きな問題です。

　問題がなければ多目的トイレを使う方も多いですが、多目的トイレは一般的に設置数も少ないため、身体障がいのある方やビルによっては子ども連れの方など他にも使いたい人がいて混んでしまうケースもあります。

　そもそも多目的トイレを設置していないビルも多く、その場合新たに設置するのは現実的な対応ではありません。ですからLGBTQ＋支援を進めるにあたっては、ビルを借りる判断時に「借りようとしているオフィスのフロアに多目的トイレがあるか。どのフロアに何個あるか」という項目をあらかじめチェックリストに入れておくのも一つの策だと思います。

6-12 PRIDE指標5〈Engagement/Empowerment： 社会貢献・渉外活動〉：社外のイベントも活用する

　社内活動だけでなく、『東京レインボープライド』のようなセクシャル・マイノリティの啓発イベントに協賛したり、企業で参加して、社会の理解促進のためにも活動することも大事です。その際はアライメンバーにも積極的に関わってもらってイベントを盛りあげましょう。

　アライの社員がパレードに参加している様子や自社ブースの様子を紹介したりと、社外のイベントに乗じて参画することも効果的です。（ただし写真の撮影にあたっては、写真NGの人がいないか事前に参加者に確認しておきましょう）

　例えば『レインボープライド』では企業の参加には二つの形があります。一つは社員が当事者やアライと一緒にパレードに参加して練り歩くこと、もう一つは企業ブースを出展し、会社のLGBTQ＋支援の取り組みを来場者に紹介したり、体験型コンテンツを提供することです。後者のブースの運営には、社内アライコミュニティの人やボランティアの人たちに手伝ってもらうことになります。どちらにせよ会社として外部のイベントに参加するのは楽しい経験で、アライの同僚に誘われてボランティア参加した社員が後にアライ登録をしてくれることも多いです。

　こういったイベントは東京だけでなく全国各地で行われていますし、当日飛び入りでパレードに参加できるところもあるので、一度行ってみてください。

　実際、「NTTデータもパレードに出てるんですね！　私、来年の４月から入社予定の内定者なんです！　余計に楽しみになってきました!!」と駆け寄ってきた学生がいました。彼女は当事者で、毎年イベントに参加していたそうです。その子は無事入社して、入社して早々アライメンバーになって様々な場面で活躍してくれています。

第6章 LGBTQ+

▶ この章のまとめ ◀

- 「LGBTQ＋」とは、性的マイノリティを総称する呼び方の中で、現在広く使われており、また漏れの少ないものが「LGBTQ＋（「レズビアン（L）」「ゲイ（G）」「バイセクシュアル（B）」「トランスジェンダー（T）」「クエスチョニングおよびクィア（Q）」と、それらに当てはまらない人を「＋」としてまとめたもの）」であり、「マイノリティ性」よりも「多様性」を尊重する意味になっている。全人口のうち13人に1人程度が当てはまるとも言われている。

- トランスジェンダーは、「出生時に割り当てられた性別と、自分の認識している性別が異なる人」と、性的嗜好ではなく性自認を指す言葉。

- 「Q」のアルファベットにまとめられているのは「クエスチョニング」と「クィア」で、「クエスチョニング」のほうは、性のあり方が不確定で、性的指向・性自認が決まっていない人、または意図的に決めていない人のことを指す。

- 「＋」には「異性愛者やL・G・B・T・Qで分類される以外にも、様々な性のあり方がある」「一人ひとりのセクシャリティを受け入れていこう」というメッセージが込められている。

- LGBTQ＋を指す言葉の中には、差別的なニュアンスを含んでいたり、言葉の意味そのものには差別的なニュアンスがなくても歴史的に侮蔑的な意味合いで使われてきたものがあり、当事者に精神的苦痛を与えたり、意図せずに差別的な言動になってしまうことがあるため、避けたほうがよい表現も多い。

- 会話している相手の交際相手の話題が出たとき、「彼氏（彼女）」

ではなく、「パートナー」という言い方をすることで、同性同士のパートナーシップに対する配慮になり、相手が異性愛者だった場合にも普通に話が進む。

● LGBTQ＋に対する社内理解の促進や支援・配慮体制をつくっていくにあたり、ダイバーシティの担当者はまず、LGBTQ＋の人が人生の中でどんな生きづらさを抱えてきたか、現在どんな困りごとと直面しているかを知っておく必要がある。

● 社長や役員といったトップが「会社として、LGBTQ＋の人権と働きやすさを大事にしていきたい」といった内容のメッセージを打ち出し、社外向けに公開する公式ページや、インターナルサイトのダイバーシティ推進のページで発信することが大事。

● LGBTQ＋支援のKPIとしては、「カミングアウト人数」や「制度利用人数」ではなく、「アライの登録者数の推移」や「イベントの参加人数」などがよい。

● 「パートナーシップ宣誓制度」を導入する地方自治体は増えてきており、現在では300以上の自治体で導入されている。

● LGBTQ＋当事者を支援する際には、無意識のアウティングを防ぐために「一つひとつを本人に確認する」ことが基本。

● LGBTQ＋への対応で気をつけなければいけないことに「アウティングの危険性」がある。アウティングを避けるために、「誰に状況を共有・開示してよいのか」ということも都度本人にに確認する必要がある。

● 企業のLGBTQ＋支援の取り組みは『PRIDE指標』の評価項目

がかなり網羅的にカバーしているので、この評価項目のうち自社が取り組めていないこと、達成できていないことをリストアップして、優先順位の高いものからクリアしていくことで、取り組みを前進させることができる。

- LGBTQ＋当事者の社員が役員やほかの社員と対談するような企画を設定する際は、LGBTQ＋の話題だけでなくそれ以外の内容についても話せるような配慮が必要。

- 研修・セミナーの実施は、社内でLGBTQ＋についての理解の向上させる施策の第一。プライバシーの保護の面ではオンライン開催のメリットは大きいが、参加者同士の横のつながりが生まれるにはリアル開催が向いているなど、特徴を生かした開催が望ましい。

- 企業におけるLGBTQ＋支援の中で、アライを増やし、「アライグッズ」を職場で使ってもらうなどの見える化をすることは、当事者への直接的な支援と並んで重要。

- ダイバーシティ担当がアプローチできる機会や社員の数は限られているので、特にLGBTQ＋の支援・啓発に関しては、アライの中でもモチベーションが高い、周りの人たちを巻き込んだり、職場を盛り上げたりしたりと「火種」になってくれる社員の存在が大きい。

第7章

障がい者

―― 本章のキーワード ――

- 「しょうがい」と「障害」「障がい」「障碍」
- 「障害者雇用促進法」
- 法定雇用率
- 障害者手帳
- 特例子会社
- 障がい者支援機関
- 障害者差別解消法
- ジョブコーチ（職場適応援助者）

※「しょうがい」という言葉の表記ついて、本書では状況に応じて書き分けています。詳細は本章末の【コラム】(p308) をご参照ください。

7-1 法律と障がい者雇用

障がい者の取り組みには以下があります。
①障がい者雇用
②障がい者活躍

世の中の現状
・働きたいけど、働けていない障がい者が多い
・働いている方でも、給与が低い（障がいの程度によって、最低賃金月額1.5万程度など）
・障がいには、生まれたときからの人や途中からの人がいる（事故、病気、うつなど）
・実際は高齢の方や精神障がいの方が多く、企業とのニーズとしてマッチする人は多くない
あるべき姿
・職場に障がい者の方が一緒に働くことで、お互いの強みを活かして、職場・会社全体が活性化していく
・企業には以下が求められる 　①雇用率の確保（義務） 　②障がいがある社員にいかに個性・強みを活かして活躍してもらうか、その環境・文化・業務をつくるのか
実情
・時には、本人、サポート社員がお互い疲れ果てて、結局本人が退職してしまうことも多い 　→　障がい者の部門、特例子会社など、働きやすい環境・文化をつくるのも選択肢の一つ
・企業としては、障がい者にもどんどん活躍してもらって、利益を上げていってほしいと思いがちだが、実際はなかなか難しい
・知的障がいや精神障がいの方たちの度合いにもよるが、戦力になる人たちだけを雇えばよい状況ではなく、障がい者の方のための部門や特例子会社を利益は求めず、むしろ多額な投資をしていることも多い

❱「障害者雇用促進法」の変遷 ❰

　障がい者雇用の法的根拠になっている法律は「障害者の雇用の促進等に関する法律（通称：障害者雇用促進法）」で、これは1960年に制定された「身体障害者雇用促進法」が1987年の改定時に改称されたものです。

　法律の歴史を辿ってみると、1960年の「身体障害者雇用促進法」は、文字通り身体障害者のみを対象にして、企業に雇用の努力義務を課しました。この背景には、第2次世界大戦の戦禍によって身体障がい者になった国民が多く、社会問題になっていたことがあります。さらに遡ると1947年に、現在でも公営の職業安定所（ハローワーク）や民間の職業紹介事業の法的根拠になっている「職業安定法」が制定され、同法による職業紹介が傷痍軍人や身体障がい者にも広がったことが、日本の障がい者雇用施策の始まりと言われています。

　「身体障害者雇用促進法」の制定当初は身体障がい者の雇用は努力義務でしたが、1976年に「義務雇用」へと強化されます。さらに1981年の「国際障害者年」とそれに続く1983年から1992年までの「国連障害者の十年」を受けた様々な障害者関連法の改正の一環として、1987年には知的障がい者雇用の努力義務を含めた「障害者の雇用の促進等に関する法律」へと改正・改称されました（厚生白書・平成4年版）。

　その後も1997年に知的障がい者の雇用義務化、2018年には精神障が

年	法律名称・トピックス（概要）
1947年	**職業安定法**　制定
1960年	**身体障害者雇用促進法**　制定（努力義務として制定）
1976年	**身体障害者雇用促進法**　改正（努力義務から雇用義務化になる）
1982年	**「国連・障害者の十年」**宣言（身体障害者に加え知的障害者も対象になる）
1987年	**障害者の雇用の促進等に関する法律**　改称（知的障害者雇用も努力義務になる）
1997年	**障害者の雇用の促進等に関する法律**　改正（知的障害者雇用が雇用義務化）
2007年	**「障害者権利条約」**に日本が署名（障害者の尊厳と権利の保障）
2018年	**障害者の雇用の促進等に関する法律**　改正（精神障害者雇用が雇用義務化）

『障害者の雇用の促進等に関する法律』歴史変遷

い者の雇用義務化と、**「障がい者の個としての社会参加に、社会全体が責任を持つべきである」という国際的な考え方**に基づいて、障がい者の社会参加を雇用面から推進するように同法の改正が進みました。

▶ 企業は一定比率の障がい者を雇う義務がある ◀

現在の障害者雇用促進法では、企業などの事業主は従業員数に対して一定比率の障がい者を雇うことが義務づけられています。2024年4月からの法定雇用率は2.5%で、従業員数40.0人に対して一人以上の障がい者を雇用することが、2026年7月からは2.7%に上がり、従業員数37.5人に対して一人以上の障がい者を雇用しなければいけません。

障害者雇用率は「労働者の総数に対する、障がい者の総数（障害者手帳の保持者数）の割合」として算出されます。障がいの重さと勤務時間によって、雇用人数のカウント数が異なり、例えば、週に30時間以上働いている障がい者に関しては基本的に「1人」とカウントし、重度の身体障がい者と重度の知的障がい者は「2人」とカウントする、週20時間以上30時間未満勤務の重度でない障がい者の方は「0.5人」とカウ

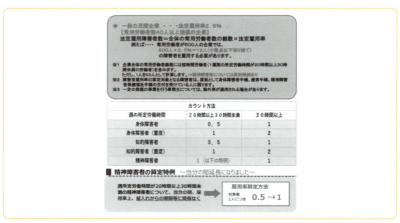

「障害者雇用率制度」

出所：『障害者の雇用に向けて』ハローワーク飯田橋雇用指導部門（https://jsite.mhlw.go.jp/tokyo-hellowork/content/contents/001815867.pdf）

ントする、といったルールになっています。

　私たちが目指している会社の姿は、障がいのある方を含めた多様性のある社員から多様なサービスや会社文化が生まれ、それがゆくゆくは会社の利益に結びつくことです。 そして社会全体も障がい者がそれぞれの個性を活かして活躍する社会をつくっていきたいです。

　一方で障がい者の雇用が企業に法的に義務づけられ、しかも基準が年々上がっている状況なので、企業目線ではどうしても目の前の課題として「障がい者を雇わなければいけない」という見方・言い方になってしまっているのが現状です。中小企業にとっては、社員数が40人前後になると障がい者を一人雇う義務が発生するかしないかが変わってくる事態になりますし、従業員数が数万〜数十万にのぼる大企業の場合は、規模が拡大している時には毎年の雇用者数が数千人規模で増えることにもなるので、義務づけられている障がい者の雇用数もそれに合わせて増えることになります。

　法定雇用率は、1988年から1998年までは1.6%、1999年から2012年までは1.8%と比較的緩やかに上がっていましたが、2013年に2.0%になって以降は5年おきに見直されてより細かく引き上げられるようになり、2018年に2.2%、2021年に2.3%そして2024年からは2.5%へと上がり、2026年には2.7%に引き上がります。

	令和5年度		令和6年4月		令和8年7月
民間企業の法定雇用率	2.3%	⇒	2.5%	⇒	2.7%
対象事業主の範囲	43.5人以上		40.0人以上		37.5人以上

障がい者の「法定雇用率」段階的引き上げ

出所:『障害者の雇用に向けて』ハローワーク飯田橋雇用指導部門 (https://jsite.mhlw.go.jp/tokyo-hellowork/content/contents/001815867.pdf)

▶ 法定雇用率が満たない場合は罰則がある ◀

障がい者の法定雇用率の達成は義務なので、**法定雇用率に満たない場合には企業に対する罰則が設けられています**。毎年６月１日における障がい者の雇用状況をハローワークを通じて国に報告することになっており、この時の雇用状況をもとに、法律を満たしているか違反しているかが判断されます。この報告は「ロクイチ報告」と呼ばれています。

法定雇用率に関する金銭面でのメリット・デメリットとしては、「納付金制度」があります。**社員数100人以上の企業では、障がい者雇用が法定雇用率を下回った場合、一人あたり月５万円（年間60万円）を納付することになっています**。逆に法定雇用率を上回った企業に対しては規模と雇用人数に応じて調整金・報奨金が支払われます。

ビジネス面でのメリットとして、東京都、大阪府、愛知県をはじめとするいくつかの地方自治体では、**事業の入札にあたり障がい者の雇用率も加点要素になっています**。また民間企業でも取引の判断材料に使われるケースや、障がい者雇用の法律に違反したことで企業の評価が下がるリスクもあります。

法定雇用率が達成できないと、まず厚生労働省からハローワークを通じて「障害者雇入れ計画作成命令」という行政指導が入ります。この行政指導が出される基準は、「障害者の実雇用率が全国平均実雇用率未満

$$実雇用率 = \frac{②障害者である常時雇用労働者の数}{①法定雇用障害者数の算定の基礎となる労働者数}$$

①自社が雇用する常用労働者の総数
②自社が雇用する常用労働者のうちの障害のある労働者の総数

障がい者雇用率の計算方法

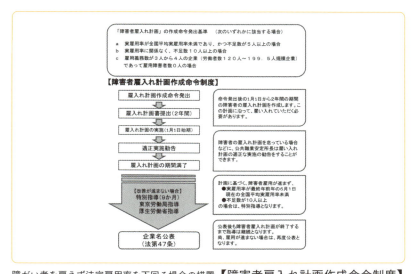

障がい者を雇えず法定雇用率を下回る場合の措置【障害者雇入れ計画作成命令制度】

出所：『障害者の雇用に向けて』ハローワーク飯田橋雇用指導部門（https://jsite.mhlw.go.jp/tokyo-hellowork/content/contents/001815867.pdf）

（雇用義務数が3人から4人の企業の場合は雇用障害者数が0人）」となっており、**改善が見られない場合には厚生労働省による企業名の公表にまで至ります**。実際に2023年3月には5社が社名公表に至っています。（『障害者の雇用の促進等に関する法律に基づく 企業名公表について』令和5年3月29日厚生労働省）

> 【従業員100人超の事業主の場合】
>
> ○障害者雇用納付金（法定雇用率未達成事業主）
>   不足1人につき　月額50,000円納付
>
> ○障害者雇用調整金（法定雇用率達成事業主）
>   超過1人につき　月額29,000円支給（超過人数により変動）
>
> ┌─────────────────────────────────────┐
> │ 例えば‥‥‥   │
> │ 　常用労働者が500人の事業主の場合   │
> │ 　　雇用義務障害者数　　　　　500人×2.3%＝11人   │
> │ 　　現在、雇用している障害者　　　　　＝　4人   │
> │ 　　不足している障害者数　　　11人－4人＝ 7人   │
> │ 　納付金の額　7人×5万円×12月＝420万円   │
> │ 　　　　　　　　　　　　　　　　　　　　（年間ベース）   │
> └─────────────────────────────────────┘
>
> 【従業員100人以下の事業主の場合】
>
> ○報奨金（一定水準（※）を超えて障害者を雇用する事業主）
>   超過1人につき　月額21,000円支給
>   ※　各月の常用労働者の4%相当の年間合計数または72人の
>   いずれか多い数

「障害者雇用納付金制度」

出所：『障害者の雇用に向けて』ハローワーク飯田橋雇用指導部門（https://jsite.mhlw.go.jp/
tokyo-hellowork/content/contents/001815867.pdf）

7-2

障がい者雇用の対象になる人

▶ 障がい者雇用率の対象は障害者手帳の保有者です ◀

　障害者雇用促進法の対象になる障がい者は、厚生労働省所管の「障害者基本法」に基づいて**「身体障害」「知的障害」「精神障害（発達障害を含む。以下略）」の３つに分類されています。**厚生労働省によれば、2016年と2020年の統計を参考に、日本の障がい者数は身体障がい者が約436万人、知的障がい者が約109万人、精神障がい者が約615万人と推計されています。複数の障がいにあてはまる人もいるでしょうが、単純に合計すると**1000万人以上になんらかの障がいがあることになります。**（厚生労働省『障害者の状況』）

　一方で、**障害者雇用率制度の対象になるのは、障害者手帳の保有者です。**障害者手帳は「身体障害者手帳」「療育手帳（知的障がい）」「精神障害者保健福祉手帳」の３つの手帳の総称で、**都道府県知事や指定都市の市長によって、医師の診断や児童相談所の判定を踏まえて交付されています。**

▶「障害者手帳保有者」と「障がい者」にはギャップがある ◀

　障がいがある人の全員が障害者手帳の保有者というわけではなく、令和４年度（2022年度）の障害者手帳の所持者数は、身体障害者手帳で約416万人、療育手帳で約114万人、精神障害者保健福祉手帳で約120万人と推計されています（『令和４年生活のしづらさなどに関する調査』）。さきに挙げた推計人数と比較してみると、身体障がいと知的障がいの方はほぼ全員が障害者手帳を所持していますが、**精神障がいの方は全体の約五分の一程度しか障害者手帳を所持していないと推定されます。**

さらに障害者手帳の所持者の中でも生産年齢人口にあたる18歳〜64歳の方の人数は身体障がいで約99万人、知的障がいで約86万人、精神障がいで約67万人と全体としては少なく（『令和４年生活のしづらさなどに関する調査』厚生労働省）、単純に合計すると約250万人になります。**身体障がい者の方の数が現役世代でかなり少ないのは、高齢者になって身体の具合を悪くしてから手帳を取る方が多いためです。**

　企業の目線でいうと、障がいのある方は世の中に沢山いるのですが、年齢が高すぎたり、精神障がいの場合は手帳を取得していなかったりと、雇用のターゲットになる人の割合はその中でも限られています。2020年の時点での日本の18歳〜64歳の人口は約7180万人なので、年度も違うし複数の障がい者手帳を持っている方もいるでしょうから正確な計算

（単位：千人）

| | | 障害者手帳所持者 | | | | 障害者手帳非所持者（参考） | |
| | 総数 | 障害者手帳の種類（複数回答） | | | 障害福祉サービス等を利用している者※1 | 障害福祉サービス等を利用していない者 | |
		身体障害者手帳	療育手帳	精神障害者保健福祉手帳			日常生活を送る上での生活のしづらさがある者
令和４年	6,100	4,159	1,140	1,203	229	1,696	1,141※2
平成28年	5,594	4,287	962	841	338	1,845	1,378
対前回比（%）	109.0%	97.0%	118.5%	143.0%	67.8%	91.9%	82.8%

※1　例えば、精神障害者保健福祉手帳を所持していないが、精神科医療機関に通院している者。
※2　このうち、サービスを利用しておらず、障害福祉サービス等の利用を希望する者の推計値は174千人。

障がいの種類別にみた「障害者手帳」所持者数等

出所：「令和４年生活のしづらさなどに関する調査（全国在宅障害児・者等実態調査）結果の概要」厚生労働省
(https://www.mhlw.go.jp/toukei/list/dl/seikatsu_chousa_b_r04_0l.pdf)

（単位：千人）

	総数	視覚障害	聴覚・言語障害	肢体不自由	内部障害	不詳
令和４年	4,159 (100.0%)	273 (6.6%)	379 (9.1%)	1,581 (38.0%)	1,365 (32.8%)	562 (13.5%)
平成28年	4,287 (100.0%)	312 (7.3%)	341 (8.0%)	1,931 (45.0%)	1,241 (28.9%)	462 (10.8%)

障がいの種類別にみた「身体障害者手帳」所持者数

出所：「令和４年生活のしづらさなどに関する調査（全国在宅障害児・者等実態調査）結果の概要」厚生労働省
(https://www.mhlw.go.jp/toukei/list/dl/seikatsu_chousa_b_r04_0l.pdf)

ではありませんが、18歳〜64歳の人口のうち障害者手帳を持っている人の割合は概算で約3.5％になります。2026年度からの法定雇用率である2.7％と比べてみると、障害者手帳を持っている方の8割を社会全体として雇用しようしていることになります。

　法定雇用率の上昇に伴って、障がい者雇用数は今後も上がっていく方向にあります。**企業としては法定雇用率をクリアすることも大事ですが、それと共に「雇用の質」、雇用した障がい者の方に活躍してもらう環境をつくっていくことが重要です。**

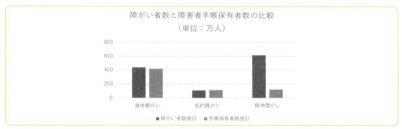

障がい者数と「障害者手帳」保有者の比較

出所：著者作成（障がい者数推計値は『令和6年版障害者白書』参考資料「障害者の状況」による。2016〜2020年の資料が元データ。手帳保有者数は厚生労働省『令和4年生活のしづらさなどに関する調査（全国在宅障害児・者等実態調査）』内の「結果の概要」による。2022年12月1日現在の状況）

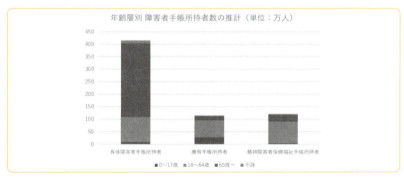

年齢層別「障害者手帳」所持者の推計

出所：著者作成（厚生労働省「令和4年生活のしづらさなどに関する調査（全国在宅障害児・者等実態調査）」結果の概要 2022年12月1日現在の推計を基に算出）

7-3 障がい者雇用の実態

▶ 現状の障がい者雇用は障がい者と企業のマッチングがうまくいっていない ◀

　今日でも障がいがあり思うように働けない方が大勢いる現状を踏まえて、そういう方々にも企業で活躍してもらえる世の中をつくろうとしているのが、政府・企業を含めた全体的な社会の流れです。そして現在は目指す社会の姿に向けた過渡期として政府は法定雇用率を段階的に引き上げ、企業側も工夫をして障がいのある方に働いてもらっているという

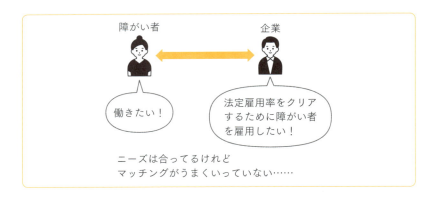

支援サービス	目的	雇用契約	対象者	平均月収
就労継続支援A型	一般就労を目指す	雇用契約あり	比較的軽度な障がい者 ・通常事業所での雇用は難しい ・雇用契約に基づく就労は可能	約8万円
就労継続支援B型	A型での就労、もしくは一般就労を目指す	雇用契約なし	就労が比較的難しい障がい者 ・通常の事業所での雇用が困難 ・雇用契約に基づく就労が難しい	約1.6万円

就労継続支援A型・B型の比較

のが現状で、それが社会にとっても企業にとってもいつかプラスになっていくという信念のもとに進められているところではあります。

しかし現実には「働いてもらいやすい障がい者は超売り手市場、採用できない」のような状況になっており、障がい者採用の担当者からも「採用するのが難しい」という声をよく聞きます。

企業の立場から離れて世の中全体の現状を見渡すと、「働きたい」と希望している障がい者が大勢いますが、希望通りに働けていない方が多いのが現状です。企業は障がい者に働いてもらいたいけれど、働けている障がい者が少ない**アンマッチの状況を引き起こしている理由として、障がいのある求職者の年齢が高かったり、継続的に働いてもらいにくい精神障がいの方が多く、企業側のニーズとマッチしていないことがあります。**

働けている障がい者の方の賃金の低さも問題です。就労継続支援サービス（「就労支援施設」とも呼ばれます）で働いている障がい者を例に出すと、比較的障がいが軽い方が雇用契約を結んで働くＡ型の支援では平均月収が約８万円、重い障がいのある方が雇用を結ばずに作業をするＢ型の支援では平均月収が約1.6万円になっています。

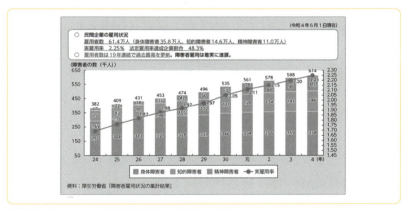

民間企業における障害者雇用の状況の推移

出所：「令和5年版厚生労働白書」厚生労働省（https://www.mhlw.go.jp/stf/wp/hakusyo/kousei/22/backdata/02-03-02-01.html）

一方、企業に雇用された場合の給与は各社様々で、一般の方と同じ給与体系の会社もありますし、勤務時間・日数や仕事の負荷が一般社員より少ない働き方のできる「障がい者枠」を設けている会社もあります。

▌企業が求める障がい者と雇用環境 ▌

　企業目線からすると、一番働いてもらいやすいのは身体障がいの方です。例えば車椅子の方は職場のバリアフリーを推進するなど、その方に合った業務と支援体制を整えることができれば、そこからは継続的に働いてもらえやすいことがその理由です。

　身体障がい者は労働市場で人気があるため、**実際に身体障がい者の総雇用数はこの10年ほぼ頭打ちになっていて、労働できる健康状態の身体障がい者の大部分がすでに働いていると考えられます。**企業の立場では、法定雇用率の上昇に対応するためには**知的障がいと精神障がいの方を雇用していくことがこれからは主になります。**

　障がい者の方に活躍してもらうためには、職場環境などの整備も必要です。入社した方が継続的に活躍できる受け入れ体制と個々人の特性に合った配慮をしていきましょう。

　障がい者の方向けに働いてもらうための部門や特例子会社をつくって、働きやすい環境で働いてもらうのも選択肢の一つです。障がい者の方にとっては、サポートの体制も整えられますし、周りで働いているのも障がいのある方たちなので長く働いてもらいやすいというメリットがあります。

　一方で、ハンディのある障がい者の社員に必ず大きな利益を出すことを求めるのはなかなか難しいのが現実です。ですから障がいのある方を集めた部門や特例子会社に過度に短期利益を追求し過ぎないことも必要です。ただ障がいのある方が働きやすい職場というのは他のマイノリティ（少数派）の人たちも働きやすい職場になっていきます。

法律でもありますが、一人ひとりの個性が認められる多様性の進んだ、クリエイティブで中長期的に業績が上がる、持続的に成長する企業として、障がい者雇用・活躍にも取り組んでいきましょう。

第7章　障がい者

7-4 特例子会社

❯ 特例子会社を設立するという選択もある ❮

　障がい者雇用のあるべき姿、目指すべき姿は、障がい者の方と健常者の社員が職場で一緒に働いて、お互いの強みを生かして会社全体が活性化していくことです。ですから企業にとって、法定雇用率の確保に加えて、障がいがある方にも個性や強みを生かして活躍してもらえるような文化、職場環境そして業務をいかにつくっていくかということが、障がい者雇用の推進にあたって両輪になります。

　しかし現時点では、ある程度重い障がいのある方と健常者社員が一緒に働ける環境がつくれるケースはなかなかハードルが高いです。

■ 職場でのできごと

　職場に障がいのある社員を配属した時に、障がい者の側も受け入れる職場の側も疲弊してしまい、結果、障がい者の方が退職してしまうようなことが実際にありました。

　こうした事例がいくつか会社で起こっていることもあり、制度上も、障がい者の方に働いてもらうために特別に配慮し、社員に対する障がい者の割合などいくつかの要件を満たした子会社は「特例子会社」として認定され、そこでの雇用を親会社・グループ会社の雇用者数に合算して実雇用率を算出してよいことになっています。

　多くの特例子会社は親会社にとって、利益を出すための事業ではなく、障がいのある人と共に働く社会を形づくるための投資であり、会社によっては「社会貢献活動の一環だ」と言い切っている場合もあります。ですから給与体系も親会社より低い場合もありますが、そこでの仕事にや

りがいを持ってくれて長く働いてくれる障がい者の方も多勢います。

■ 職場でのできごと

先日お会いした私の会社の特例子会社の社員は、入社一年目の車椅子の方でした。

お母さんがこう言ってくれました。「息子が外出するときは必ず自分が付き添わないといけない状況です。ですが、今回入社できて本当に感謝しています。

家からリモートワークで仕事をしていますが、本当にみなさん手厚くパソコンの使い方を初めから教えてくれて、必要なモニターや、息子が独自に必要な機材なども提供してくれたり、会社から2時間もかかる自宅まで来て、担当の方がすべてパソコン設置までしてくれました。日々の業務は体調が悪い時はチームリーダーの方たちがサポートしてくれて休むことができます。本人も職場のみんながとても優しくフォローしてくれるのでずっとこの会社で働きたいと喜んでいます」。

ちなみに、日本全国各地に自宅からリモートワークで働いてくれている重度障がい者の社員はたくさんいます。自宅のベッドで寝たきりの生活を送りながらも業務時間中はリモートでパソコンを操作し、グループ会社のウェブサイトの更新作業をしてくれています。

また他には、毎日出社して、グループ会社から請け負った、書類をシュレッダーにかけたり、観葉植物に水をあげたり、定期的に部屋を消毒したりといった仕事をしてくれる人たちのチームもあります。

きっとどの会社でもパソコンを使った業務は何かしらあると思いますので、障がい者の特性によってこのような業務を担ってもらうことを検討してもよいかもしれません。スタッフ社員が細やかに対応してくれているおかげで、障がい者への配慮を前提に会社組織ができているため、こういった一人ひとりの能力を活かした仕事を担ってもらいやすくなる

第7章

障がい者

ことも特例子会社をつくるメリットです。

▶ 障がい者雇用の外部委託 ◀

　知的障がい者・精神障がい者には、細かいコミュニケーションをとらずに済む、同じ作業を粘り強く淡々とこなすような封入作業や畑仕事などに向いている方が多いとされています。会社の本業の過程にこのような作業があれば、上記のような仕事を担ってもらえないかを真っ先に検討するとよいでしょう。

　しかし本業の業務にそのような単純作業があまり多くない会社も多く、規模が大きくなく特例子会社がつくれるわけでもない企業にとっては障がい者を求人・採用して、さらに活躍してもらえる環境を整え、職場に受け入れることは大きな負担です。

　そういった会社が法定雇用率をクリアするために取られている方法の一つに、農園型の障がい者雇用サービス事業者と契約し、雇用した障がい者をそちらの農園に派遣して働いてもらうというものがあります。最近では採用から日々のサポートまで農園側で行うような障がい者雇用サービスも出てきていて、こうしたサービスを利用すると企業は配慮の負担をかなり減らすことができますし、障がい者の方は働きやすい環境・サポートが得られる場合もあります。

　しかし、障がいのある方を形式上は自分たちの会社で雇用しているものの、社員との交流や本業との接点がまったくなく、事実上「障がい者

雇用数のカウントをお金で買う」ような状況にならないよう、**自社の社員としてコミュニケーションを密にとるなど、企業として充分気をつける必要があります。**

第7章 障がい者

7-5

求人ルートと支援機関

❯❯ 障がい者を雇用するときはこの方法を検討してみる ❮❮

　法定雇用率の満たすための企業の具体的な活動には、図のように主に4パターンがありますが、ここでは①「障がい者枠採用」と④「障害者手帳の把握強化」の二つについて見ていきます。

```
         新規採用 ── ①障がい者枠採用
                    ②特例子会社採用
                    ③農園型雇用サービス
         既存社員 ── ④障害者手帳の把握強化
        （新入社員含む）
```

　まずは障がい者枠での採用について見ていきましょう。
　障がい者枠採用で主流になっている人材側の採用窓口は、ハローワークです。
　一般の人にとってハローワークは、失業した時の求職や、雇用保険をもらうための手続き、職業訓練の窓口としてのイメージが強いと思いますが、ここまでにも何度か触れたように企業の障がい者雇用についても、ロクイチ報告の届出や法定雇用率を達成できなかった際の指導など、厚生労働省が管轄する制度の直接の窓口にもなっています。
　ハローワークは障がい者と企業のマッチングも主管業務の一つとして行っており、障害者専門窓口を設けて障がい者の相談を受けて求職活動を支援しつつ、企業からの相談窓口も設けて障がい者枠の求人を仲介しています。他の就労支援機関との連携窓口の役割も担っています。

その他の採用窓口として、障がい者支援機関との連携、特別支援学校の指導担当者に連絡し職場体験やインターンシップでの実習を通じて採用の見極めをする、一般の学校（大学、専門学校、高校など）からの紹介、民間の職業紹介会社や就労移行支援事業者を通しての求人、自社の採用ページに障がい者雇用専用のページを設ける、採用イベントに出展するなどといった手段があります。以前はハローワークを通じた採用がほとんどでしたが、法定雇用率の上昇に伴い新たに採用できる障がい者が減っているので、上に挙げたものへと求人ルートが広がっています

〈障がい者の募集・採用先〉
①ハローワーク
②特別支援学校（身体障がい、知的障がい、聴覚障がい、視覚障がい）
③一般の学校（大学、高校、専門学校）
④障害者　職業能力開発学校
⑤地域の支援機関
⑥民間人材紹介会社
⑦新聞
⑧広報誌
⑨自社サイト
⑩障がい者採用イベント

▶ 様々な障がい者施策の支援機関があります。 ◀

　取り組みを進める中で、様々な疑問・相談が出てくると思います。そんな時はいくつかの支援機関に相談してみてください。代表的な障がい者支援機関には、「ハローワーク」、「地域障害者職業センター」、「障害者就業・生活支援センター」の３つがあります。

　「ハローワーク」は一般の就労者だけでなく障がい者雇用についても、障がい者雇用を進める企業からの相談窓口や、これから説明する他の就労支援機関との連携窓口として、**中心的な役割を担っています。**

　「地域障害者職業センター」は厚生労働省が管轄する「独立行政法人高齢・障害・求職者雇用支援機構」が全都道府県に設置し、運営してい

る公的な施設です。障がい者に対する専門的な職業リハビリテーション、企業の障がい者雇用の管理に関する相談・援助を事業にしています。**企業の障がい者雇用担当者に向けたセミナーの実施や、障がい者の職場定着を支援するジョブコーチの派遣、うつ等の精神疾患が原因で長期休職している方の職場復帰の支援なども行っています。**

「障害者就業・生活支援センター」は、都道府県知事の指定を請けて事業を受託した公益法人や社会福祉法人、NPOなどによって運営される機関で、通称「なかぽつ」と呼ばれています。**福祉と雇用を橋渡しするような存在で、雇用後の支援における全体マネジメントの役割を担っています。**
　職場やハローワーク、地域障害者職業センターといった「就業」に関わる組織だけでなく、福祉事務所や医療機関といった「福祉・医療」に関わる組織とも連携していることが特徴で、障がい者の就労を生活面からも支援することで、安定した職業生活の実現を目指しています。
　企業にとっては、雇用している障がい者に問題が起こった時や、これから障がい者を雇用したいけれどノウハウがない時などにまず最初に相談する窓口になって、必要に応じて解決につながる機関を紹介してくれる存在です。

　業務の中で法律的にわからないことがあったり、障がいのある社員からの要望に対して会社としての方針をどう立てればよいかわからない時には、自分だけで悩んだりネットで情報を集めるよりも、「地域障害者職業センター」や「障害者就業・生活支援センター」を問い合わせてプロのアドバイスを聞いたり、悩みに対応してくれる適切な組織を紹介してもらうとよいでしょう。

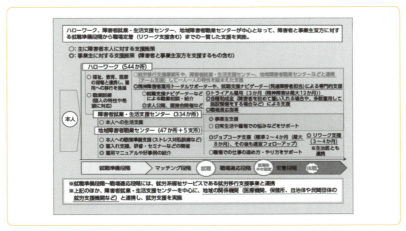

地域の主な就労支援機関による支援の流れ

出所:「平成30年版厚生労働白書」厚生労働省（https://www.mhlw.go.jp/stf/wp/hakusyo/kousei/18/backdata/01-01-01-23.html）

7-6 障害者手帳の把握

　社員にも発達障害などで障害者手帳を持っていたり、残念ながら怪我をしたりうつ病になったりして入社後に障害者手帳を取っている人がいる可能性があります。

障害者手帳をもつメリット

- ・医療費の負担減
- ・税金の控除
- ・公共施設や交通機関の割引
- ・障がい者枠での雇用　など

　法定雇用率は「障がい者枠で採用された人」ではなく、**「障害者手帳を持っている人」をカウントして計算します。** ですから法定雇用率の確保にあたっては、障がい者への求人だけでなく、既存の社員の中で障害者手帳を保有している方を把握することも重要です。

　一方で、障害者手帳の保有状況の収集は自分に障がいがあることの個人情報開示の強要にもつながりますから、プライバシー保護のうえで安心・安全な状況で提出してもらえるように十分配慮する必要があります。**厚生労働省とハローワークが『プライバシーに配慮した障害者の把握・確認ガイドライン』を公開しているので、まずはこのガイドラインに沿って対応するとよいでしょう。**

　同ガイドラインでは、すでに雇用している労働者に**障害者手帳の申告を呼びかける際には、原則として、労働者全員を対象に呼びかけをすることとしています。**

プライバシーに配慮した障害者の把握・確認ガイドライン
出所:「プライバシーに配慮した障害者の把握・確認ガイドライン」厚生労働省（https://www.mhlw.go.jp/content/000581119.pdf）

　また、個人を対象に障害者手帳の保有状況を把握する場合には、例えば「企業が設けている障がい者の支援制度を利用したいと申告があった」場合には、本人による自発的な情報提供だとみなされて、手帳の保有状況を確認してもよいとしています。
　一方で企業側が労働者の障がいの情報を持っている場合でも、「企業内の診療所や健康診断の結果」をもとに手帳の保有状況を確認するのは不適切とされています。

■ 職場でのやりとり

　企業では年末調整時に税金控除などを目的として該当者は障害者手帳を添付しています。このため雇用率の算出向けにも使用できたら……と思う企業担当者も多いかもしれません。
　しかし弁護士に確認したところ、「雇用率のカウント用に情報を流用するのはNGです。本人に『障害者雇用率算出のために使用する』と同意書をとったうえで使用して下さい」との回答でした。

手帳の有無を把握する方法は、全社員への呼びかけか、障がい者支援

制度を利用した際の確認の二つが基本です。

　障害者雇用率を申請する際には、身体、知的、精神の区分や重度かどうかの情報と共に労働者の障害者手帳のコピーをハローワークに証跡として提出します。

障害者差別解消法の改正
～障がいのある方への合理的配慮～

7-7

　2024年4月1日に「障害を理由とする差別の解消の推進に関する法律（通称：障害者差別解消法）」が改正され、それ以前は事業者に対して努力義務になっていた「社会的障壁の除去の実施について必要かつ合理的な配慮」が義務化されて、障がいのある人とそうでない人の機会や待遇を平等にしたり、仕事や社会生活のうえで支障となっていることがあれば可能な範囲で調整しなければいけないことになりました。

　「実施に伴う負担が過重でないとき」という但し書きこそありますが、**基本的に、障がいのある人も他の人と同じようにサービスを受けられるように環境を整備することが義務づけられ、違反した際に罰せられる可能性が出てきたのです。**

　企業はこれ以前にも障害者雇用促進法によって、社内で障がいのある従業員とそうでない従業員の間で待遇面での差別をしてはいけないとされていましたが、障害者差別解消法の改正によって、今度は**社外の人についても平等に扱うことが義務づけられたことになります。**

　どんな配慮が義務化されたか、メディアでも取り上げられた事例で説明すると、車椅子でレストランや映画館に入ろうとした時に、「車椅子のためのスペースがないから入店を断る」といったことはできなくなり、バリアフリー環境の整備をする必要があります。

　また聴覚障がい者がアミューズメント施設を利用しようとしたところ、災害時のアナウンスが聞こえないと危ないので、耳が聞こえる人の付添が必要だと拒否された事例がありますが、そういった対応は違法になり、たとえば視覚で伝えられるようなアラートを準備するといった代替手段を整備する必要があります。

　障がい者の雇用に関しては、障害者雇用促進法の中で差別が禁止され

第**7**章

障がい者

障害者差別解消法リーフレット（抜粋）

出所：「障害者差別解消法リーフレット」内閣府（https://www8.cao.go.jp/shougai/suishin/sabekai_leaflet.html）

ており、「労働者の募集及び採用について、障害者に対して、障害者でない者と均等な機会を与えなければならない。」（第三十四条）、「賃金の決定、教育訓練の実施、福利厚生施設の利用その他の待遇について、労働者が障害者であることを理由として、障害者でない者と不当な差別的取扱いをしてはならない。」（第三十五条）とされています。

　また労働環境の整備に関しても、「当該障害者の障害の特性に配慮した」「必要な措置を講じなければならない」（ただし負担が過重でない場合）（第三十六条）ともされており、**働く際の支障を改善する措置をと**

ることが義務づけられています。

　聴覚障がい者を雇用する際に指示をテキスト化したり筆談でコミュニケーションを取る、車椅子の方を雇用する時にはオフィスにスロープを設置するといった配慮をするといった職場環境の整備は、本人にとって支障のない環境で、実力を発揮して活躍してもらう、ひいては会社に貢献してもらうために行う配慮ですが、法的にも事業主に対して義務づけられていることになります。

■ オフィスでの配慮例

聴覚障がい者：・伝えることをテキスト化する
　　　　　　　・筆談でコミュニケーションを取る
　　　　　　　・音声ツールを用意する
車椅子の方　：オフィスにスロープを設置する
視力が弱い方：大きなパソコンモニターを配布する

第7章　障がい者

287

7-8

障がい者活躍のための施策

「障がい」と一言でまとめられがちですが、ここまで説明してきたように、障がいにはいろいろな形や来歴があります。

雇用者の目線からは、法的に義務づけられている「障害者雇用率の確保」にどうしても目が行きがちですが、雇用率にカウントされる障害者手帳を持っている方だけが障がい者ではなく、特に精神障がい者には手帳を持っていない方も大勢います。

知的障がいには生まれた時から障がいのある方が多いですが、身体障がい者、精神障がい者では事故や病気で後天的に障がい者になった方も多くいらっしゃり、病気が治ったり寛解することで以前持っていた障害者手帳を持たなくなる方もいます。

ですから**障がいのある方にとって働きやすい企業をつくろうとするにあたっては、障害者手帳の有無に限らず、障がいのある社員全員にとって嬉しい施策を検討・実施していくことが大切です。**

▶ トップメッセージを社内、社外向けに発信する ◀

障がいのある方に職場で活躍してもらうための施策としてまず重要なものは、他のキーワードと同様にトップメッセージの発信です。

障がいのある方も活躍できる職場づくり、ひいては社会づくりを進めていく姿勢を、人事部門のトップや社長といった担当ラインのトップに発信してもらうことで、「うちはこの方針でやるんだ」ということが会社全体に伝わり、同じ方向を向いて動けるようになります。

メッセージの粒度として、ただ「我が社ではダイバーシティを推進しています」というだけでは包括的すぎてふわっとしています。

ですからトップメッセージは、

「我が社の方針として、〇〇の理由で(例:「一人ひとりの個性を会社の強みにするために」「すべての人が自分らしく生きられる社会を実現するために」など)、障がい者の人たちにも活躍してもらいたいと本気で考えています。社員のみなさんからも様々な意見・要望をいただき、共に学びながら進めていきましょう」

といった形で、本書の章立てになっている「障がい者」、「ジェンダー平等」、「LGBTQ＋」といった単位で出すのがちょうどよいでしょう。

トップメッセージは、外部向けの企業サイトだけでなく、インターナルサイトにこそ掲載すると社員へのメッセージとなり施策を進めるうえで大変効果的です。

インターナルサイトに、ダイバーシティに関する様々な制度や取り組み、会社として参加・主催するイベントなどの情報を載せる際には、「ジェンダー平等」「障がい」……といったキーワードごとのページで、それぞれのキーワードに該当する人が制度を紹介したり、窓口の連絡先を掲示するようなサイト構成になることが多いでしょう。

そのキーワードごとのページの冒頭に、該当のキーワードについてのトップメッセージを掲げることで、ページを見た当事者やサポートする社員に「うちの会社は、会社として障がい者に活躍してもらいたいとの姿勢を打ち出している」とメッセージを受け取ってもらえ、会社の真剣度を伝える効果があります。

▶ 相談窓口を設置する ◀

障がいの当事者や周りでサポートしている人たちが困っていることの相談や、どんな制度があるかの質問をいつでも受け付ける窓口を社内に設置することも大事です。 これもLGBTQ＋など他のキーワードでも同じことが言えます。

インターナルサイトのイメージ

　ダイバーシティに関する相談窓口を紹介する際、「困ったことがあればこちらの連絡先に相談してください」とただメールアドレスと電話番号を表示するだけでなく、**「どの部署が相談を受け付け、どこまで情報が共有されるのか」**をはじめから明確にしたほうが、**当事者から相談してもらいやすくなります。**

　相談した内容がすぐに直接の上長に伝わってしまうのではないか、評価に悪影響があるのではないかという不安があると、実名を出したり、相談員と対面して状況を伝えたりといったことが難しくなるからです。

　特に障がいやLGBTQ＋の当事者が相談したい時には、望まぬアウティングにつながる懸念もあります。

「人事部とダイバーシティ担当が受け付けます」「必要に応じて社外のカウンセラーと連携します」「他部署と情報を共有する際には、その都度ご本人に確認を取ります」

　といった文言を注意書きとして併記して、「誰が相談を受ける主体か」「どの部署・組織と連携するのか」「情報プライバシーはどのように配慮されるのか」を明示するとよいでしょう。窓口担当者に対してプライバシーを秘匿したい相談者もいますから、**匿名で相談できる窓口を設ける**

と、**より一層安心につながります。**

❯ 研修を通じて理解を促進する ◀

　それぞれの職場への理解促進のための施策は、
①全社員が対象の研修の中で障がいについて取り上げる
②インターナルサイトに学習教材を掲載していつでも参照できるように
　する
③理解促進のための勉強会を各職場で開く
といった、障がい以外のキーワードとも共通のものになります。

　全社員対象の研修などで伝えるべき内容として、まずは障がい者理解
の基礎として、本章でもここまで触れてきた法定雇用率といった法律の
話や、身体、知的、精神、発達といったそれぞれの障がいの傾向につい
ての話があります。また障がい者に関する知識を具体的な行動に繋げる
ために、障がい者雇用の社員や働きはじめてから障がい者になった方が
どのようなことに困っていて、周りはどのような配慮をしたらよいか、
精神障がいや発達障がいの同僚に対してどのように業務の説明や進捗を
把握したらよいかといった内容も学んでもらうとよいでしょう。

　一方で人事総務の担当者や管理職に受けてもらうマネジメント研修で
は、障がいの有無を業務評価や昇進・昇格に影響させないことや、障が
いがある人でも能力が発揮できるマネジメントの仕組みを工夫してみる
こと、そのためにそれぞれの障がいの分類に対して一般にどのような配
慮をしていったらよいか、を伝えて理解してもらいます。

　このような研修を新規に開始してもよいですが、先述した「間借り」
のような形式で、既にある他のリアルまたはオンライン研修（新任管理
職研修、人権研修）など1年に一回やっているような研修に入れられる
のであれば準備・運用・集客などの手間は効率化できます。工夫してみ
てください。

一般研修

- 企業は法定雇用率が義務である
- 障がいの特徴の理解（身体、知的、精神、発達）
- 障がい者の困ったこと
- 配慮・サポートの仕方

人事総務担当、管理者向け

- マネジメントについて
- 障がいの有無を評価・昇進昇格に影響させない
- いかに能力が発揮できるか日々工夫する
- 配慮の仕方

7-9 それぞれの部署にできるサポート

障がい者をサポートする制度をつくる

　障がい者が活躍しやすい環境のために企業ができることとして、制度の整備やツール・職場環境の整備、ジョブコーチの依頼などがあります。

　人事制度の面では、フレックスタイムや中断勤務、週当たりの就労日数を減らすといった柔軟な働き方を導入することで、業務時間中に人工透析などが必要な人も医療やサポートを受けられるようになります。

　インフラ・ツール面の整備には、車椅子用のスロープの設置や多目的

オストメイト
（人工肛門や人口膀胱を装着した人が使用するトイレ）

車いすの人が入れるスペース

トイレの整備、視覚障がい者向けの拡大鏡やテキスト読み上げツールの準備・貸し出しなどがあります。
　トイレについては、新たに工事で新設するなどは現実的には難しい場合も多いかもしれませんので、実際は離れたフロアの多目的トイレまで移動してもらうことになるかもしれません。その場合は職場でも充分な配慮をしてください。

　ある程度の人数の障がい者が職場で働いている場合は、障がい者の職場適応を支援するジョブコーチ（職場適応援助者）を社内に設置したり、社会福祉法人に訪問を依頼することで、一人ひとりの障がい者の実情を踏まえたきめ細かい支援がやりやすくなります。
　地域障害者職業センターや障害者就業・生活支援センターといった就労支援機関では、ジョブコーチの派遣だけでなく、障がい者の定着指導や担当者向けセミナーも提供しているので、**これらの組織と密に連携す**

ることで障がい者雇用の効果的な施策を打ちやすくなります。

▶「ジョブコーチ」は活躍するための支援をする ◀

　ジョブコーチ（職場適応援助者）は、障がい者が円滑に職場で活躍してもらうための支援や指導をする人のことです。

　障がいのある社員が職場で困ったことがある時に、周りの人に「この方はこういう特性だから、もっとこのような伝え方をしたほうがよい」とアドバイスしたり、障がい者本人に「あなたはこういう特徴があるから、こういうやり方で仕事を進めてみてはどうか」とアドバイスをしたりと、コミュニケーションの方法や業務内容の設定、業務の進め方のアドバイスを行います。

　企業が従業員に研修を受けてもらって雇用する**「企業在籍型ジョブコーチ」**と、社会福祉法人に在籍して必要に応じて各企業を訪問する**「訪問型ジョブコーチ」**があり、常勤のジョブコーチを会社として設置したほうがよいか、社会福祉法人と連携して派遣してもらったほうがよいかは雇用している障がい者の規模によって変わりますが、どちらも厚生労働所所管の独立行政法人高齢・障害・求職者雇用支援機構が指定した民間の研修期間などが研修を実施しています。

　ダイバーシティの担当者にとっては、専門知識を身につけた**訪問型のジョブコーチの派遣契約をして定期的に相談できると**、安心して効果的な施策を行うことができます。

▶ 職場と連携する ◀

　障がい者の職場での活躍において、研修を通じて会社の制度、ルールや、代表的なケースでの配慮などを各職場の方に知識を学んでもらうことや、制度・ルールを整備すること、職場から制度に関する疑問が上がってきたり個別に対処できないケースが出てきた時の対応が必要です。

役割
・研修：理解促進
・制度の設備
・問い合わせ対応

　障がい者の取り組みに関しても、気軽に職場からダイバーシティ担当に相談・連携できる体制にしておき、必要であれば社外の有識者に確認するなど対応をしていくとよいでしょう。

　また、ダイバーシティ担当が、本人との面談の機会を設けたり、どんな配慮をしてもらいたいかや職場での配慮状況を確認シートに記入してもらうなどをすることで、一人ひとりへの配慮を充実したり、会社としての効果的な施策検討に生かすことができます。

7-10

職場での取り組み

　障がいのある社員と共に働く職場にとってまず重要なことは、障がいがある**本人の特性を活かした業務を担ってもらうことです**。突発的に休まなければいけない状況が多いなら、余裕のある〆切の業務を担当してもらったり、サポート体制を充実させたり、といった配慮をするのもよいでしょう。

　知的障がいと精神障がいの方は、説明の仕方や途中進捗の把握の仕方に配慮が必要なことが多いので、共に仕事を進めるにあたっては、その人の障がいの傾向とそれに合った対応の仕方について本人と周りが共に学んで、話し合ってよりよい方法を模索していくことが必要です。身体障がい者の方への配慮では、それぞれの仕事へのハードルを下げるために必要な設備を検討し、設置するのもそれぞれの職場の役割です。

　一方で、中には費用などの面で会社や職場ができないこともありますので、本人が求める配慮や対応に対して、できることとできないことを伝え、話し合うことも大切です。これらを通じて、普段から近くにいる上司や同僚が、**本人の様子を見ながらコミュニケーションをとって、働きやすい環境を共につくっていくことが重要です。**

　周りの配慮だけでなく、障がいのある本人が自分には何ができて、何ができないのかを自覚することも大切です。自分自身の特性を可視化するために、障がい者の方に**自己評価シート**を書いてもらっている企業もあります。自己評価シートでは、どういうときに大きなストレスを感じるか、どんな状況で困ってしまうか、どのようなやり方のほうが仕事がうまくやれるかといった質問に回答してもらいます。自分の個性と向き合うことで、ただ「この職場ではストレスがかかる」という漠然と感じている段階から、「周りの音がすごく気になる」「急な〆切で仕事を頼まれるのがストレスだ」といった**自分がストレスを感じる状況を具体化す**

第**7**章

障がい者

ることで、より円滑に仕事を進められる条件を自分でも理解できるし、上長をはじめ職場の人たちともすり合わせることができます。

・社内向けサービスを担当
・職場の設備を改善
・自己評価シートの活用

7-11

得意・不得意と業務のマッチング

　一口に「障がい」と言っても色々な症状や傾向、個性があります。法定雇用率をクリアするために障がい者雇用数をただ数値目標として立てて、やみくもに障がいのある方を雇用しても、本人と仕事が合わなければ継続することができません。

　「この障がいだからこの対応」「この障がいだからこの仕事」と単純なマッチングするのではなく、応募してきた個々人に対して、**どういう障がいがあるからどんな環境や作業が苦手なのか、どんな配慮をしてほしいのかを面談の際にしっかりヒアリングし、どの仕事を担ってもらえるのかを職場の必要とマッチさせながら採用を決定すること**が必要です。

　ここでは改めて、それぞれの障がいの特徴と、対応の方針について見ていきましょう。

▶ 身体障がい ◀

　身体に障がいがある人に対するサポートは、**「設備やツールによってハードルを下げる」**という形での方針が立てやすく、適切なサポートをすることができれば一般の社員と同じように活躍してもらえることが多いです。

　例えば車椅子の方への具体的なサポートとしては、職場の段差にスロープを設けたり、エレベーターが整備されているオフィスに勤務してもらったり、車椅子でも使いやすいトイレを整備するといったものが挙げられます。

　視力がすごく弱い方にはパソコン用の大きなモニターを手配したり、テキスト読み上げツールを用意したりすることで仕事のハードルを下げることができます。耳が聞こえない方には逆に音声を文字にするツール

第**7**章

障がい者

を用意することで、打ち合わせにもツール上の文字を読みながら参加してもらえます。

❯ 知的障がい ❮

知的障がい者は、知的な発達に支援が必要なので、複雑な判断や理解が難しい場合があります。しかし、**具体的な指示や環境の慣れ、職場や日常生活でのサポート体制を整える**ことで、彼らの強みや可能性を引き出せます。

毎日同じルーチンで決められた仕事をすることを苦にする人は多いですが、知的障がいのある方の中には、袋詰めのような同じ作業を忍耐強く、丁寧かつ細やかに繰り返すことが得意な人も一定数いらっしゃり、流通業などで活躍するとも言われています。自分たちの会社で働いてもらう時にも、古紙の回収のような毎日決まったルーチンで行う仕事には力を発揮してもらえます。

例えば、マニュアルを使った明確な指示、新しい業務は少しずつ習得する、メンターやサポートスタッフを配置する、など一人ひとりの状況に合わせて進めるとよいでしょう。

❯ 精神障がい ❮

他の障がいと同様、精神障がいにも様々な種類があり、代表的なものに統合失調症、双極性障害、気分障害（うつ病）、てんかん、不安障害、高次脳機能障害などがあります。法定雇用率にカウントされるのは「精神障害者保健福祉手帳」の保持者になり、手帳の種類は発達障がいと共通です。

しかし発達障がいの人の職場への定着率が高いのとは対照的に、**精神障がい者の定着率は身体障がい者・知的障がい者と比べても低く、採用や定着にあたってはさらに細やかな配慮が必要になります。**

まず、精神障がいがある人を採用する際に気をつけないといけないこ

とは、大別すると**「本人の能力と業務に求められる能力とが一致している」こと、そして「本人に安定就労要素がある」**ことです。

　本人にいくら特定の能力があったとしても、それが業務とアンマッチを起こすことは、本人の精神状態に対しても、企業にとっても望ましくありません。ですから**採用に至る前に実習や、必要に応じて業務内容のテストを行って、能力が業務に対してマッチしているかを確認する必要があります。**精神障がい者本人が自分の特性を把握し、「自分にはこれはできるが、これはできない」とわかっていることや、普通の人でも失敗はあるわけですから、**多少の失敗があっても前向きに働き続ける意思を持っていること**も重要です。

　また「安定就労要素」とは、上記のように自身の障がいについて理解し、この状況を受け入れられているという認識面の要素、通院・服薬ができているという体調管理面の要素、そしてやはり前に挙げたように、職場のサポートを受けながら前向きに働いていきたいという意思を持っていることです。

　採用後、**働きはじめてからは、なるべく心理的な負担が取り除ける職場環境や業務をつくることが大切です。**「真面目な人ほど精神疾患になりやすい」とも言われますから、「周りもフォローするので、仕事に慣れないうちは失敗しても大丈夫」と伝えて失敗に対する恐怖心を緩和し、仕事に対する安心感を持ってもらう、何をしたらよいかわからなくなった時に一人で悩まずに気軽に相談しやすい雰囲気をつくることができると、職場に定着しやすくなります。

　人事や上司が定期的に面談の機会を設けることも重要です。業務量や難易度が適切かをこまめに確認したり、進捗が遅れている場合には早めにサポートすることで、業務に向かう際の心理的な負担を下げることができます。

　管理職は、体調の把握や管理にも十分に気を配る必要があります。睡眠時間の確保や安定的な服薬といった規則正しい生活ができているかを

第7章

障がい者

301

把握し、残業の増加や遅刻・当日欠勤の増加、身だしなみの乱れといった不調のサインがあった際には早めに本人と面談して、業務の調整や生活の立て直しに取り組むことで、より大きな不調につながることを予防できます。

▶ 発達障がい ◀

　近年話題に上ることが多くなった発達障がいの方には、手帳のうえでは精神障がいと同じ『精神障害者保健福祉手帳』が交付されています。

　発達障がいには色々な種類があり、「自閉症スペクトラム」に分類される方は、空気や人の気持ちを汲むのが苦手な代わりに、やることが定まっていればきちんと取り組める、「学習障がい」の方は読み・書き・計算などが苦手ですが会話をしたり話を理解することはできる、注意欠陥多動性障がいの方は忘れものが多かったり衝動的に行動しがちな傾向があるなど、**不得意なことと得意なことがはっきりしているのが発達障がいの方の特徴です。**

　企業にとっては、一人ひとりの特性に合った配慮をすることができれば、職場への定着率も他の障がいに比べて高いですし、また得意な能力を発揮してしっかり働いてもらえることになります。たとえば自閉症スペクトラムの方なら、普段は慣例や空気感で指示やコミュニケーションをしているのを、**「5W1H」をはっきり書き出して、何を望んでいるかを一つひとつ確認して業務を頼んだり、業務が終わった時に想定される完成モデルを具体的に提示する**ことで、しっかり働いてもらいやすくなります。学習障がいの方には、**文字情報が苦手なら口頭やイラストなど本人が理解しやすい方法で伝える**ことで理解のハードルが下がります。注意欠陥多動性障がいの人は、**指示や注意を文字に書いて、何度でも確認できるようにする**と、気が散ってからも作業に戻りやすくなります。業務を指示した際に一回一回「お願いしたい内容はわかったかな」と確認したり、途中途中で「進捗はどう？」「困ってることはない？」と声をかけたりといったサポートも有効です。

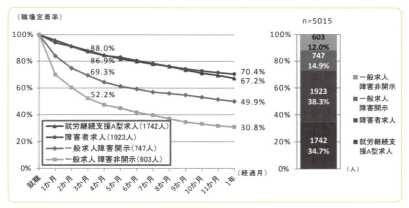

求人種類別にみた職場定着率の推移と構成割合

出所:「障害者の就業状況等に関する調査研究」独立行政法人高齢・障害・求職者雇用支援機構障害者職業総合センター
(https://www.nivr.jeed.go.jp/research/report/houkoku/houkoku137.html)

7-12 障がい者の特性にあった仕事を依頼する

ふだんの業務で障がい者の特性にあったものを洗い出す

「依頼する業務の洗い出し」は採用および職場環境の整備と並んで、企業が障がい者を雇用し、活躍してもらううえで重要なテーマです。

障がいのある方の特性を知り、その際には、**これまで社内でやっていた業務のうち、雇用した障がい者の方にお任せできるものを部分的に洗い出して担ってもらいましょう。**

障がいのある方もそれぞれまったく異なりますが、一般的に障がい者の人数が多い場合などは業務の洗い出しを検討する際には、以下のような特徴の業務にまずは着目するとよいでしょう。

・難易度が低い業務
・納期が比較的緩やかな業務
・スポットで発生してその都度やり方を検討するのではなく、定常的に発生する業務
・専門的な知識が必要ない業務
・顧客や他の部署などとの交渉や調整が少ない業務
・一度覚えてしまえば、同じことを繰り返して進められる業務

〈事務作業の具体例〉
顧客情報の管理やファイリング、問い合わせがあった先への商品資料の送付など

上記の特徴を見て、「要するに簡単な業務をやってもらえばよいのだ

ろう」と思われる方もいるかもしれませんが、そう単純ではありません。「簡単な業務」と言っても、「自分で考えなくてよい」「集中力が続かなくてよい」「納期が緩い」など**いろいろな面でのハードルの低さがあり、人によってそれぞれ得意・不得意が異なる**からです。

❯ 職場復帰の際にも有効 ❮

　障がい者に限らず、病気やメンタルの不調、育児や介護などによる休職から復帰したばかりの社員が、はじめから元の職場に戻るのではなく、仕事に身体を慣らすために一時的にスタッフ部門の配属になって、時間の余裕がある心理的にも負荷の少ない仕事を担当するようなことはよく行われています。

　ただし、よかれと思って復帰した方に易しい仕事をしてもらったところ、本人が「もっとしっかり働きたいのに、仕事をさせてもらえない」と不満に感じる場合もあるため、**まずは本人の希望を聞くことが大切**です。

　身体や精神の病気で休職した方が復職するような場合には、本人の体調の様子にも配慮してください。

7-13 イノベーションを生み出す障がい者対応

　企業の障がい者雇用は、法律で課せられた義務の遂行としての面や、よりよい社会を実現するためのサステナビリティ経営やESG活動としての面に目が行きがちです。しかしビジネスのうえでも、**多様な社員が働き能力を発揮できる場所になることはイノベーションを創出するための土壌**にもなり得ます。

　国連によれば世界人口の15%、約十億人がなんらかの障がいを抱えていると推定されており、企業目線からすると障がい者のマーケットは13兆ドルとも試算されてます。

　障がい者をはじめとするマイノリティにとって使いやすい製品やサービスの市場はまだブルーオーシャンになっており、障がいのある消費者の声を聞いたり、社内の障がい者の声を活かして開発することで、場合

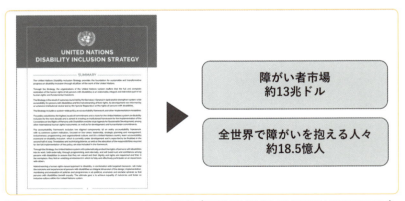

国連の障がい者インクルージョン戦略（DISABILITY INCLUSION STRATEGY）

出所：国連「UNITED NATIONS DISABILITY INCLUSION STRATEGY」を参考に著者作成
(https://www.un.org/en/content/disabilitystrategy/assets/documentation/UN_Disability_Inclusion_Strategy_english.pdf)

によっては「障がい者にやさしい」ことを超えたイノベーションを起こすことも考えられます。

　例えばスマートフォンの浸透とともにオーディオブックによる「聴く読書」の習慣が広まりました。audiobook.jpは、創業者の祖父が失明したことがきっかけになって、目が悪かったり見えない人を含めて誰でも読書が楽しめる「聴く文化」を目指して立ち上がり、現在では日本最大級のオーディオブックサービスになっています。

　障がい者ではありませんが、月経時の不調や妊活といった**女性特有の課題をテクノロジーでサポートする製品やサービスは「フェムテック」**と総称されています。2023年には全世界で5兆円を超えると推定されるなど市場規模が拡大しており、月経の周期を管理したり妊活をサポートするアプリのようにITを活用したものや、生理用品の収納ケースや吸水ショーツのようなものづくりの分野、医療面からのサポートなどジャンルは多岐にわたっています。

　こういった女性特有の課題は、これまでは社会的にタブー視される傾向があり表立ってマーケットにされてきませんでしたが、「私たちにはこんな悩みがあるんだ」という訴えに対して、それを解決できる製品やITの技術を持った事業者側が応える、あるいは悩まされている女性自身が製品・サービスを生み出すことで、未開拓だった市場が掘り起こされた好事例になりました。

　この他にも今後多様な人たちの目線で不便なもの、困っていることから新しいビジネスチャンスがたくさん生まれることでしょう。

　それを投資家たちは**「ダイバーシティの進んだ企業のポテンシャル」**ととらえているのです。

第**7**章

障がい者

コラム

障がいの「がい」をひらがなで書くか、漢字で書くか

　「しょうがい」という言葉の表記には主に「障害」「障がい」「障碍」の3つがありますが、本書では基本的に、「障がい」とがいをひらがなにする表記で統一しています。これは普段、障がい者自身は決して「害」ではないという考えに基づいて、自分の文書やプレゼンテーションではひらがなで表記するようにしているからです。私のような企業のダイバーシティ担当者や大学、障がい者を支援するNPOなどでは「障がい者」という表記をされていることが多い印象です。

　一方で、政府の公式文書などは、「害」の漢字を使って「障害」と表記される場面もあります。政府文書や金融機関など法律で用語が決まっている場面では法律に合わせる必要がありますし、視覚障がい者が使う音声読み合いソフトなどが「障害」しか対応しておらず「障がい」だとうまく読めないという理由もあります。会社によっては以前からこの表記を使っていて慣例として変えていないというケースもあるでしょう。

　それとは別に、「障害者にとっては、周りの環境が害になっている」という進んだ考えに基づき、こだわって「害」の字が使われていることもあります。例えば車椅子の人にとって、エレベーターやスロープがないことは行動の妨げになっています。そうした環境面での「障害」の改善を促す意図であえて「害」の字が使われている場合もあります。

　ちなみにもう一つの漢字である「碍（「礙」とも）」は、これ一文字だけで「さまたげる」「邪魔する」という意味を持っています。

　最近、脳科学の文野で交通事故などで脳のある部位を欠損し、障がいを持ってしまった方が脳の再生機能により、欠けた部分を補なうことで健常者の能力より優れた能力を発揮する事例がいくつも出てきているそうです。たしかに「目のみえない方は鼻が利く」「手が動かない人が足を器用に使う」といったこともあるように、『障がい者は健常者よりおとっている』という思いこみ自体が間違っていることを如実に表しているのかもしれませんね。

この章のまとめ

- あるべき姿としては「職場に障がい者の方が一緒に働いて、お互いの強みを活かして、職場・会社全体が活性化していくこと」ではあるが、実際には課題も大きい。

- 障がい者雇用の法的根拠になっている法律は「障害者の雇用の促進等に関する法律（通称：障害者雇用促進法）」。

- 「障がい者の個としての社会参加に、社会全体が責任を持つべきである」という国際的な考え方が進んでいる。

- 障害者雇用率は「労働者の総数に対する、障害者の総数（障害者手帳の保持者数）の割合」として算出される。

- ダイバーシティの担当者が目指している会社の姿は、障がいのある方を含めた多様性のある従業員から多様なサービスや会社文化が生まれ、それがゆくゆくは会社の利益に結びつくことであり、社会全体も障がい者がそれぞれの個性を活かして活躍する社会をつくっていくこと。

- 障害者雇用促進法の対象になる障がい者は、厚生労働省所管の「障害者基本法」に基づいて「身体障害」「知的障害」「精神障害（発達障害を含む）」の３つに分類されている。

- 精神障がいの方は全体の約五分の一程度しか「障害者手帳」を所持していないと推定される。

- 働いてもらいやすい障がい者は超売り手市場で採用が難しくなっている。

- 障がいのある求職者の年齢が高かったり、継続的に働いてもらいにくい精神障がいの方が多く、企業側のニーズとマッチしていないことが散見される。

- 働けている障がい者の方の賃金の低さも問題になっている。

- 企業側も法定雇用率の上昇に対応するためには、知的障がいと精神障がいの方の雇用数をなんとか伸ばしていくことが目下の課題になっている。

- 入社した障がい者の方が継続的に働けるための受け入れ体制と個々人の特性にあった業務を用意することは大事なこと。

- 障がいのある方が働きやすい職場は、他のマイノリティ（少数派）の人たちにとっても働きやすい職場と言える。

- 特例子会社をつくるメリットとして、一人ひとりの能力を活かした仕事を担ってもらいやすくなることも挙げられる。

- 会社が法定雇用率をクリアするために取られている方法の一つとして、農園型の障がい者雇用サービス事業者と契約し、雇用した障がい者をそちらの農園に派遣して働いてもらうというものもある。

- 障がい者雇用で不明点や悩みごとなどがある場合は、「地域障害者職業センター」や「障害者就業・生活支援センター」などの外部機関に問い合わせてみることもおススメ。

- 障害者手帳の保有状況の収集は、自分に障がいがあることのア

ウティングの強要にもつながるため、プライバシー保護のうえ
で安心・安全な状況で提出してもらえるように十分配慮する必
要がある。

- 厚生労働省とハローワークが『プライバシーに配慮した障害者
の把握・確認ガイドライン』を公開しているので、まずはこの
ガイドラインに沿って対応するとよい。

- 障害者差別解消法の改正によって、社員だけでなく社外の人に
ついても平等に扱うことが義務づけられた。

- 障がいのある方にとって働きやすい企業をつくろうとするにあ
たっては、障害者手帳の有無に限らず、障がいのある社員全員
にとって嬉しい施策を検討・実施していくことが大切。

- 障がいの当事者や周りでサポートしている人たちが困っている
ことの相談や、どんな制度があるかの質問をいつでも受け付け
る窓口を社内に設置することも大事。その際には、「どの部署
が相談を受け付け、どこまで情報が共有されるのか」をはじめ
から明確にしたほうが、当事者から相談してもらいやすくなる。

- 障がいが業務を妨げることが少なく、かつ本人の特性を活かせ
るような、その人にあった業務を割り振って遂行してもらうこ
とが、障がいのある社員と共に働く職場にとって重要なことと
言える。

- 各職場では、普段から近くにいる上司や同僚が、本人の様子を
見たりコミュニケーションをとって、働きやすい環境を共につ
くっていくことが重要。

- 企業の障がい者雇用は、自社が多様な社員が働き能力を発揮できる場所になることで、イノベーションを創出するための土壌にもなり得る。

第8章
シニア雇用・経験者採用・外国人材

本章の
キーワード

- 高年齢者雇用安定法（高年齢者等の雇用の安定等に関する法律）
- 独立行政法人 高齢・障害・求職者雇用支援機構
- 労働施策総合推進法（労働施策の総合的な推進並びに労働者の雇用の安定及び職業生活の充実等に関する法律）
- キャリア採用
- オンボーディングプログラム（入社研修）
- メンター制度
- リファラル採用
- カムバック制度／アルムナイ採用
- 社内公募制
- 副業／兼業
- 高度外国人材（「高度専門職」「技術・人文知識・国際業務」）
- 『外国人留学生の採用や入社後の活躍に向けたハンドブック』
- 日本語能力試験（JLPT）

8-1 シニア雇用の法的義務

　日本社会の高齢化は年々進んでおり、2024年の厚生労働省の資料では、日本の全人口に対する生産年齢人口（15〜64歳）の割合は59.4%であるのに対して、高齢化率（65歳以上のシニア層の割合）は29.0%とちょうど半分になっており、合計すると**15歳以上の人口のうち1/3が65歳以上**ということになります。

　高齢化率は今後も上がり続け、2070年頃には40%弱になると予想されています。また、シニア世代の就業率も年々上がっており、総務省のデータによれば2023年の60〜64歳の就業率は74.0%、65〜69歳では52.0%、70歳以上でも18.4%の人が働き続けています。

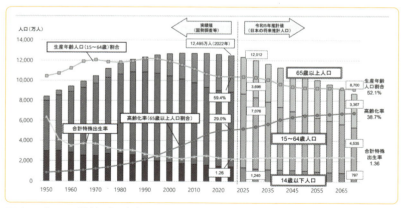

日本の人口の推移（再掲）

出所：「高齢者雇用対策の概要」厚生労働省（https://www.mhlw.go.jp/content/11601000/001266340.pdf）

定年退職の最低年齢の設定や、高齢者の雇用継続を義務づけている法律は「高年齢者雇用安定法（正式名称「高年齢者等の雇用の安定等に関する法律」）」です。1971年に「中高年齢者等の雇用の促進に関する特別措置法」として制定されてから、労働者の高齢化に伴って度々改正されてきた同法によって、これまでにも企業は60歳未満の定年の禁止や、定年引き上げや廃止、再雇用などによる65歳までの雇用確保の義務がありました。

　2021年の改正では、さらに下記の措置を講ずることで70歳まで就労機会を確保する努力義務が企業に科せられました。

①70歳までの定年引き上げ
②70歳までの継続雇用制度（再雇用制度・勤務延長制度）の導入（特殊関係事業主に加えて、他の事業主によるものを含む）
③定年制の廃止
④70歳まで継続的に業務委託契約を締結する制度の導入

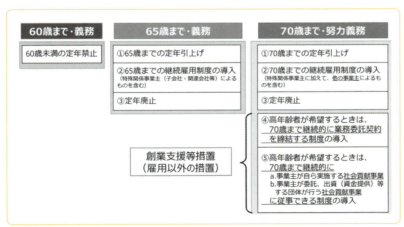

企業における安定した雇用・就業の確保のための義務・努力義務（3段階）
出所：「高齢者雇用対策の概要」厚生労働省（https://www.mhlw.go.jp/content/11601000/001266340.pdf）

⑤70歳まで継続的に以下の事業に従事できる制度の導入
　a．事業主が自ら実施する社会貢献事業
　b．事業主が委託、出資（資金提供）等する団体が行う社会貢献事業
（参考：厚生労働省『パンフレット（詳細版）：高年齢者雇用安定法の改正の概要』 https://www.mhlw.go.jp/content/11700000/001245647.pdf）

　2024年の時点ではあくまで努力義務なので、対応は会社によりバラツキがありますが、厚生労働省の資料によればすでに30％近くの企業で、70歳までなんらかの形で働き続けてもらう制度への取り組みが始まっています。
　法的な雇用義務があるのも事実ですが、特に近年は人材確保の競争も激しくなっているので、**40年近くにわたって社会経験と知識を積んできたシニアの方々に引き続き活躍してもらえることは、企業の側からしてもメリット**になり得ます。

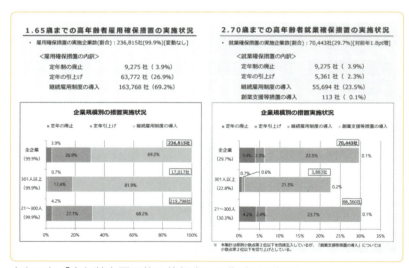

令和5年「高年齢者雇用状況等報告」の集計結果概要

出所：「高齢者雇用対策の概要」厚生労働省（https://www.mhlw.go.jp/content/11601000/001266340.pdf）

316

▌公的なサポート窓口 ▌

　シニア雇用について企業が活用できる公的なサポートの窓口としては、厚生労働省管轄の独立行政法人 高齢・障害・求職者雇用支援機構や、各都道府県の労働局、全国のハローワークが挙げられます。

　特に、独立行政法人 高齢・障害・求職者雇用支援機構では、65歳以上に定年を引き上げる企業に対する「65歳超雇用推進助成金」の相談、

独立行政法人 高齢・障害・求職者雇用支援機構ホームページ
出所：独立行政法人 高齢・障害・求職者雇用支援機構公式サイト（https://www.jeed.go.jp/index.html）

申請受付や、定年引き上げ・雇用延長に伴う制度改善の相談などのサービスを提供しており、ウェブサイト上にも高齢者雇用推進マニュアルや、業界別の高齢者雇用ガイドラインが公開されているので、シニア雇用に取り組む際の最初の情報源、相談窓口として活用できます。

事業主の方へ

雇用支援・相談窓口

- **高齢者雇用についてのご相談**
  ７０歳雇用推進プランナー等による高齢者の定年引上げ・継続雇用等に関する相談・援助を行っています。
- **障害者雇用についてのご相談**
  地域障害者職業センターによる障害者の雇用管理に関する助言を行っています。
- **従業員の人材育成についてのご相談**
  従業員の人材育成に関してポリテクセンターやポリテクカレッジによる事業主の方への支援を掲載しています。

職業訓練受講生の求人についてのご相談

職業訓練を受講した訓練生の求人に関するご相談をお受けしています。

- 広域障害者職業センター／障害者職業能力開発校一覧
- ポリテクセンター（職業能力開発促進センター）一覧
- ポリテクカレッジ（職業能力開発大学校・職業能力開発短期大学校）一覧

各種助成金

- **高齢者雇用に関する助成金**
  高齢者雇用に関する各種助成金制度について掲載しています。
- **障害者雇用に関する助成金**
  障害者雇用に関する各種助成金制度について掲載しています。

障害者雇用納付金制度

- **障害者雇用納付金制度**
  障害者雇用納付金の申告・申請・納付について掲載しています。

各種セミナー・講習・研修

高齢者雇用に関する各種セミナー・講習・研修

- 生涯現役社会の実現に向けた地域ワークショップ

独立行政法人 高齢・障害・求職者雇用支援機構事業主向け支援サービス（抜粋）

出所：独立行政法人 高齢・障害・求職者雇用支援機構（https://www.jeed.go.jp/employer/index.html）

8-2

シニア雇用の形態と業務

第**8**章 シニア雇用・経験者採用・外国人材

　会社が第一に取り組むのは、シニア層に働いてもらう入り口になる、再雇用などの制度の整備です。さきの厚生労働省の指針にも挙げられている、本人が希望した場合に定年後の再雇用になり引き続き働ける制度や、フルタイムの社員としてではなく、契約社員として柔軟な働き方を選択できる制度などの選択肢を用意することになります。

▶ 65歳以降社員の活用に向けた課題 ◀

　65歳以降の社員を活用する際の課題は、「本人の健康」が72.9％、次いで「本人のモチベーションの維持・向上」（56.2％）が多くなっています。

正社員との処遇上のバランスのとり方	他の非正社員との処遇上のバランスのとり方	人件費（退職金・保険料等も含む）の負担増	他の社員のモチベーションの維持・向上	本人のモチベーションの維持・向上 **2位**	本人の能力の維持・向上	本人の健康 **1位**	家族の健康	その他	特にない	無回答
27.8%	15.8%	20.7%	19.5%	56.2%	37.2%	72.9%	18.0%	1.5%	4.7%	2.1%

担当する仕事の確保	職場環境の整備	勤務時間の柔軟性の確保	管理職との人間関係	管理職以外との人間関係	若年・中堅層の活躍機会の減少
40.4%	22.8%	29.0%	18.9%	15.4%	17.4%

65歳以降社員の活用に向けた課題

出所：「高年齢者雇用安定法改正（令和 2 年改正）に伴う企業の対応と課題」独立行政法人 高齢・障害・求職者雇用支援機構
（https://www.jeed.go.jp/elderly/data/sankousiryou/q2k4vk00000520bl-att/q2k4vk00000520e5.pdf）

65歳以降社員の在籍状況に関わらず両選択肢への課題意識は高く、在籍しない企業では在籍する企業と比べて「担当する仕事の確保」（40.4%）の割合が高くなっています。

❱ 働きやすい労働環境の整備 ❰

本人にとっても企業にとってもよい形で働き続けてもらうために、高齢による体力の低下や家族の介護、定年後にも働き続けることへのモチベーション、仕事以外の人生とのバランスといった諸々の課題への配慮と、状況に合わせた柔軟な働き方を提供することが大切です。

「第5章　働き方改革」でも挙がった、短時間勤務や週当たりの勤務日数の変更、在宅勤務・リモートワークの制度などで、就業時間・就業場所に自由が利くようにすることなどは、シニア世代に活躍してもらうための制度としても有効です。リモートワークで働いてもらう場合には、職場での孤立を防ぐためにも、一般社員と同様に報告や定例ミーティングのルールを明確にし、定期的に出社日をつくって上司やチームと顔を合わせる機会をつくるようにしましょう。

シニア活躍にあたっては、その方が最大限活躍してもらうために、**モチベーションを維持してもらうための施策も重要**です。それまで部長だった人が、退職年齢（企業によって異なる）になり再雇用されたことで役職が外れて給料が減り、今まで部下だった人のチームに入って仕事を頼まれるような立ち位置になったり、部下がいない立場になったりするのは大きな環境の変化ですし、人によってはプライドが傷ついてしまいます。

ですからシニア枠で働いている方に対しては特に、働きに応じたインセンティブを設けたり、表彰したりといった、仕事へのモチベーションになる制度を設けるとよいでしょう。例えば、他の社員と同様に本人と上司が期初に話し合って「面談シート」のようなものをつくり、その期の目標と期待される成果を明確にし、期待を超える成果を出した場合はボーナスを増加したりや社長表彰で表彰金を出したりします。

定年後を見据えたベテラン従業員との面談チェックシート

- ●ベテラン従業員とは定年後を見据えた面談を行いましょう。面談を通じて社員が定年後のキャリアプランについて考える場を提供する、会社が高齢者に何を求めているかを社員にしっかり伝えることは、高齢者のモチベーションの維持や円滑な技能伝承を図っていくために大変に重要です。
- ●面談のタイミングとしては、50歳代の半ばまでに1回目の面談を、そして定年の遅くとも半年前までに2回目の面談を行うことが望まれます。
- ●定年後の役割や責任、定年後の働き方について会社の期待を相手に伝え、相手の希望を聴いて、すり合わせをしましょう。職場内でのコミュニケーションでの悩みなども併せて聴取することが望まれます。
- ●本チェックシートは製造業において基本的と思われる面談チェック項目で構成されています。会社特有の事情に応じて面談時のチェック項目を新たに設けるなど工夫をしてみてください。
- ●本チェックシートは人事担当者、管理職が利用することを想定しています。

（1）面談時に聴くべきこと

	チェック項目
①定年後の働き方	□ 定年後も働きたいのか □ 何歳ごろまで働きたいのか □ 仕事と私生活のバランスの希望等について □ 希望する雇用形態（正社員、契約社員、パートタイマーなど）について
②定年後の役割など	□ 希望する役割や担当したい業務について □ 活かしたい自身の技術やノウハウ、経験等について □ 仕事に関して会社からバックアップして欲しい点について
③技能の伝承	□ 後輩にどのような技能を伝承するべきか □ 技能伝承を円滑に進めるために、会社からバックアップして欲しい点
④職場内のコミュニケーション	□ 職場の人間関係等について
⑤体力・健康面への配慮	□ （3）体力・健康面への配慮について確認すべきこと・面談時で聴くべきこと　参照

（2）面談時で伝えるべきこと・ベテラン従業員の希望とすり合わせるべきこと

	チェック項目
①定年後の働き方	□ 会社が設定している、定年後の働き方（処遇、業務内容等）を説明 □ 会社の期待とベテラン従業員の希望をすり合わせる
②定年後の役割など	□ 「定年後も戦力として期待している」という会社側の姿勢 □ 会社側がベテラン従業員に期待する役割や責任 □ 会社として仕事に関してバックアップできる点 □ 会社の期待とベテラン従業員の希望をすり合わせる
③技能の伝承	□ 技能伝承のために会社が講じている方針 □ 会社の方針と本人の取り組みをすり合わせる
④職場内のコミュニケーション	□ 職場内のコミュニケーションを円滑にするための会社の取り組みについて □ 円滑なコミュニケーションを実践するための心構え、ポイントなど
⑤体力・健康面への配慮	□ （3）体力・健康面への配慮について確認すべきこと・面談時で聴くべきこと　参照

（3）体力・健康面への配慮について確認すべきこと・面談時で聴くべきこと

	会社が確認すべきこと	面談時に聴くべき従業員の評価・希望
	チェック項目	面談時に記入
①就業制度	□ 会社は半日休暇、早退制度などの自由度の高い就業制度を実施しているか	
②仕事の内容など	□ 会社は個人差を配慮して仕事の内容・強度・時間等を調整しているか	
③作業負荷	□ 会社は重筋作業を減らしているか □ 会社は素早い判断や行動を要する作業がないようにしているか	
④作業姿勢	□ 会社は不自然な姿勢となる作業を減らしているか □ 会社は必要に応じて椅子などを用いて立位作業を減らしているか	
⑤作業環境	□ 会社は暑熱職場・寒冷職場における対策をしているか □ 会社は適切な照度を確保しているか	
⑥安全	□ 会社はできる限り危険な作業場での従事機会を減らしているか	
⑦作業標準	□ 会社は作業標準を守っているかどうか確認を行っている	
⑧健康維持	□ 会社は従業員に健康維持のための運動等に関するアドバイスを受けさせているか	

定年後を見据えたベテラン従業員との面談チェックシート

出所：高齢者雇用に活用できる「ツール」集（企業用）独立行政法人 高齢・障害・求職者雇用支援機構（https://www.jeed.go.jp/elderly/enterprise/kigyoutool.html）

▶シニアに担ってもらう仕事◀

　シニア社員に担っていただく仕事としてはまず、**それまで培ってきた経験や人脈を活かして、まず若手社員のメンターとして悩みの相談を受けたり、アドバイスをしたりという役割**があります。

　いまの管理職は特に、若年層が管理職になりたくないと思うほど忙殺されていて、管理・マネジメントまでしきれていない勤務時間数や責任、ストレスフルな仕事をしている場合も多いです。このため、特に現役時代に管理職として権限や責任を持って働いてきたシニア社員なら能力的にも適任で本当に頼りになりますし、本人にとっても自分の経験を活かして後進のサポートができる、やりがいある仕事になります。

　シニア社員は仕事時間を減らして趣味の時間を増やしたり、家族の状況の変化や、健康面の様子しだいで、これからの人生を見直したいことも出てくることでしょう。それも、その方のとても大事な働き方の選択です。その際にも、あくまでサポートの立場なら、周囲の現役世代の仕事が必要以上に増えることもありません。

　同じ理由で、定期的に発生する仕事や何年にもおよぶ長期のプロジェクトではなく、数カ月～1年単位で区切りが来る短期間のプロジェクトの仕事に従事もらうという選択肢もあれば、気軽にサポートに携わっていただくためにもよいでしょう。

8-3 シニア社員へのサポート制度

シニア社員にも、体調不良や就労環境の問題、家族の問題など、高齢だからこそ抱えやすい悩みがあります。ですから会社としても、それらの悩みについて相談でき、会社としての支援に結びつける相談窓口を設ける、シニア社員コミュニティを組織したりつながりをつくれるイベントを開催することでシニア社員同士の交流の促進する、現役社員も入ってシニア社員のサポートグループをつくり、悩みを相談できる場を設けるといった取り組みを通じて、シニア世代の課題をサポートしていくことが必要です。

❱ 福利厚生制度 ❰

シニア社員の福利厚生は、項目としては他の社員と同等の制度を設けることになりますが、それぞれの項目の中では特にシニアに向けた対応が必要なものもあります。

例えば健康支援として、健康診断やジムの利用補助、メンタルヘルスのケアといった項目は一般社員にも当てはまりますが、高齢による体力の低下などをカバーするためにジムを利用したり、メンタルヘルスケアによるストレス管理を利用するケースがシニア社員では増えてきます。

細かいことですが、住宅手当や通勤費の補助、結婚・出産・忌引などの特別休暇といった制度についても、シニア社員が利用することを想定した制度になっていないなら、改めてルールを定めて整備する必要があります。

「シニアだから」という制度をつくるよりも、各制度が出産・育児、介護などに加えてシニアにもといった、誰でもが使える制度にする、そして短時間などの働き方によって給与の割合等を定めるなどにするとよ

いでしょう。

▶ キャリア開発支援 ◀

　キャリア開発については、シニア社員向けのキャリアカウンセリングや教育プログラムの選択肢を広げるのもよいでしょう。

　若手社員がキャリアカウンセリングを受ける際の相談内容は、基本的には昇進・昇給に向けてどうキャリアパスを描いたらよいか、いまどんな仕事にチャレンジしたらよいか、あるいは家庭と昇進とをどうすれば両立できるかというものです。言い換えると**若い世代は「How」を求めてカウンセリングを受けることが多い**と言えます。

　一方で以前とは異なるステージのキャリアに入ったシニアに対しては、昇進・昇給というわかりやすい目標がない中で、これから自分が働くにあたってそもそも何をモチベーションにしたらよいのか、プライベートの充実と仕事とをどう位置づけたらよいのかといった悩みについて、なかなか一人では検討しづらい本人の希望を聴いて考えや気持ちを整理し、腑に落ちるのを手助けするカウンセリングが必要です。**一緒になって本人の「For What」を探るためのカウンセリング**と言えるかもしれません。

　シニアにも常に学んでいきたいという希望はありますし、会社として新しい知識を学んでもらって仕事やチームに還元してもらうためにも、シニア社員にも一般社員と同様に研修や教育プログラムを提供していくとよいでしょう。

　社会的に進化が著しいITをはじめとしたテクノロジーについて、シニア社員にもキャッチアップしてもらうことで仕事に活かすことができますし、若手や現役の管理職をサポートする立ち位置のシニア社員からは、メンタリングやサポートのスキルを学びたいという希望が出るかもしれません。本人の希望に合わせてプログラムを選択できるようにするとよいでしょう。

■ 現場のやりとり

シニアといっても、今後は年齢が上がっていくかもしれませんが、今だと管理職が55才定年、一般社員が60才、といった企業が多いかもしれません。

この年齢は、一緒に働いている後輩からすると、まだまだ最先端で仕事をバリバリしてくださっている年齢ですし、人間的魅力も包容力もあがっている方も多くて頼りになるし、まだまだ最前線で働いていただきたい方々です。

ただ、実際シニアとして働く際に、今まで部下だった課長の指示で仕事をするようになったとしたら、その時のモチベーションをどう維持するのか、課長や周りはどうシニアになった上長に接するのか、その方の「働きやすさ」と「働きがい」について充分配慮すべきでしょう。

シニアになったとたん、課長やメンバーの態度が一変して、シニアの方がやりきれなくて半年で辞めることになったという事例を、実際には他社を含めていくつも聞いたことがあります。

今までの関係性の背景はあったのかもしれませんが、他のカテゴリと一緒で、**働きたいと思っている方が、いかに活躍して一緒に多様な企業文化をつくれるかが、企業の存続・成長に大きく影響します。**

ぜひ、それぞれがどうしたいかを話し合って、よりよい企業文化の醸成にむけた工夫をしていきたいものです。

〈シニア社員が利用しやすい制度になっているか〉

人事・給与制度
キャリア開発支援：キャリアカウンセリング　シニア向けの選択肢
　　　　　　　　　教育プログラム　　　　　を広げる
福 利 厚 生 制 度：健康診断、ジム
　　　　　　　　　住宅手当、通勤費、特別休暇（結婚・出産・忌引）

8-4 経験者採用の概要

経験者採用の意義

　企業にとって経験者採用をする意義は、まずは他の場所でこれまで働いてきた経験を活かして即戦力になってもらいたいという能力の面、そして文化の面でも、新入社員の時から長く働いている社員だけでなく、多様なバックボーンを持った人たちに会社を刺激してもらいたいという狙いがあります。

　一つの会社でしか働いたことがないと、これまで続けてきたやり方に疑問を抱かず、そもそも他にもやり方があることに考えが至らなくなりがちです。他の会社では同じ業務でも別のやり方をしているものもあるでしょうし、場合によっては自分たちより効率的な方法でやっているものもあるはずです。**会社の文化をより発展させるために異なる文化の風を入れることも、経験者に期待される役割**です。

　私が新卒だった頃は、まだ「勤続20年表彰、30年表彰」を受ける多くの先輩方を見てきたり、一つのシステムに20年と関わっている方たちがいて、「困ったらあの人に聞け！」というくらい頼りになる方が何人もいたりと、長く働くのが当たり前に漠然と思っている人が多かった

印象があります。しかしながら、今の新卒の世代では、どこかのタイミングで転職するのが当然だと考えている人も増えています。

　転職によるキャリア形成が当たり前になればなるほど、企業にとっても経験者採用の方にも活躍してもらえる環境づくりを進めていくことが求められます。

▶ 法的な公表義務 ◀

　2021年４月から、「労働施策総合推進法（正式名称「労働施策の総合的な推進並びに労働者の雇用の安定及び職業生活の充実等に関する法律」)」を根拠として、常時雇用者が301人以上の企業は「直近の３事業年度の各年度について、採用した正規雇用労働者の中途採用比率」を求職者が閲覧できる形で公表することが義務づけられています。これは経験者採用希望者と企業とのマッチングをしやすくし、転職によるキャリア形成や再チャレンジしやすい環境をつくることが目的としています。

　2024年の時点では違反した際の罰則規定はありませんが、中途採用計画を作成し、実際に中途採用率を拡大させた企業に対しては助成金（中途採用等支援助成金〈中途採用拡大コース〉）が設けられており、常時雇用者301人以上の企業の場合は中途採用率の公表も助成を受けるための条件になっています。

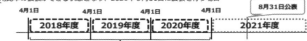

正規雇用労働者の中途採用比率の公表の概要

出所:「正規雇用労働者の中途採用比率の公表」厚生労働省(https://www.mhlw.go.jp/stf/seisakunitsuite/bunya/koyou_roudou/koyou/tp120903-1_00001.html)

8-5

経験者採用へのサポート制度

第8章 シニア雇用・経験者採用・外国人材

　会社にとって必要な人材に来てもらい、入社後早期にパフォーマンスを発揮してもらって、さらに離職を防止するための経験者採用の社員に対する配慮とサポートとして、「柔軟な勤務条件」「入社後のオンボーディングプログラム」「メンター制度」「定期的な面談」「家族のサポート」が挙げられます。

▶ 柔軟な勤務条件をつくる ◀

　具体的な制度にはフレックスタイムやリモートワークなどがあり、本書の「第5章　働き方改革」でも取り上げています。若いうちにリモートワークを経験した世代には「リモートワーク可能であること」が転職先に求める必須条件という人も出てきているので、人材獲得のためにも整備したほうがよい制度です。リモートワークとリアルオフィスワークと、両方使い分けできるとさらによいでしょう。

　経験者採用の社員が会社に定着し、活躍するにあたっては、入社はじめの3カ月が大変重要だと言われています。一般的な離職率は、業界や会社規模にもよりますが、9％〜26％です。新卒入社の3年以内の離職

募集・採用 ▶ 入社・初日対応・入社時研修 ▶ 定着／戦力化

オンボーディング
新入社員が組織文化・業務に迅速に適応し長期的に定着させることを目指す
数週間〜数カ月

329

率は32%という結果もありますが、初日の対応が良好であると、入社後3カ月の離職率が50%減少すると言われています。入社初日から数週間にわたって受けてもらうための、計画的な「オンボーディングプログラム（入社研修）」を用意することは、会社として経験者を受け入れるうえでとても重要です。

▶入社後のオンボーディングプログラムが重要◀

　オンボーディングには全社共通のものと職場ごとのものがあり、入社してすぐは、同時期に入社した経験者採用社員が一緒になって、全社共通のプログラムを受けてもらうことになります。例えば社用パソコンの設定や会社で利用しているシステムの使い方、情報の取り扱い方針、あるいは新入社員に企業文化をインストールするための研修を経験者採用の社員にも受講してもらうこともあるでしょう。全社共通の入社時基本研修が一段落したら、所属部署ごとに職場固有の業務についてオンボーディングを行い、実務に入ってもらいます。

　オンボーディングにあたっては、ただ受けてもらうだけでなく、チューターによるサポート面談を提供し、その時々で疑問点を解消してもらうと、よりスムーズに業務に適応できるようになります。

■大事なこと

1. **オンボーディングが重要**：9割は初日対応で現れるのでしっかり受け入れの準備を。3カ月で離陸させる。
2. **相手を理解する**：新入社員の価値観・目標をまず理解する。それに基づき対応。双方向コミュニケーションがカギ。
3. **互いの価値観を共有**：職場の仲間、上司、人事の三者が価値観を共有することで、相互理解と信頼感を深め、一体感と生産性向上が高まる。

■ 注意すること

- ・一度に多くの情報を詰め込みすぎない。
- ・新入社員の経験・背景が異なるので、画一的なプログラムを提供しない（一部の社員には物足りない、他の社員は難しすぎるなど）。
- ・リモートワークでのコミュニケーションは難しいので、最初は対面で。

■ 初日の対応が定着率を大きく左右する！

- ・おもてなし感。「私たちの会社に来てくれてありがとう」メッセージ。
- ・コミュニケーション重視。
- ・スケジュールを明確に。初日のスケジュールは細かく設定。朝、丁寧に説明して、次に何をするか明確に伝える。初日に会社概要、理念・方針、業務説明など。

■ すぐできること

- ・パソコンなどの事前準備は最大限やっておく。
- ・ウエルカムイベントの開催（例：お迎えを数名で。ランチ会・懇親会開催）。
- ・職場にウエルカムボードを掲示。
- ・オフィスツアー、周辺地域紹介（ランチ、買い物、おススメな場所）など。

▋メンター制度 ▋

　経験者採用の場合、以前の会社とは企業文化も業務のやり方も違う場所に一人で入ってきて、即戦力になることが求められますから、本人が不安を感じる場面も多くあります。メンター制度を構築し、業務や社内手続き、社内文化についていつでも相談でき、サポートしてくれる人を

設定すると、必要以上の不安を解消できます。必要な時に相談できるように、同じ部署からメインとサブの二人以上のメンターを割り当てて、相談の内容によっては他部署の担当者につなげるとよいでしょう。

▶ 定期的な面談 ◀

定期的に面談を行って、目標達成の状況や業務内での困りごと、健康状態やキャリア構築について相談するのは、どの社員に対しても必要なサポートです。しかし、デメリットとしては「外様」的な引け目を持ってしまうこともある経験者採用の社員に対しては、他の社員よりさらに配慮して、業務や職場への適応やキャリア構築上の不安などのサポートをする必要があります。特に職場内のことでは直属の上司に言いにくい内容もありますから、健康・精神的なことを相談できる健康推進室のような相談窓口や、人事・総務部門の相談窓口などでも面談を行い、職場での状況について気軽に話せる場を定期的に設けるとよいでしょう。

▶ 家族のサポート ◀

例えば、元の職場が遠方で、転職にともなって引っ越してくる人の場合、会社と家族の両方の環境が変わることになり、多くのストレスを受けることになります。そのような事情がある社員には、転居費用を一部補助する制度を適用したり、子どもの転園・転校に関しても情報提供などのサポート、その他福利厚生の制度を利用してもらうことで、幾分かでも負担を軽減することができます。

8-6

経験者採用の多様化が進んでいる

第**8**章 シニア雇用・経験者採用・外国人材

▶ 進む経験者採用の多様化 ◀

　経験者採用の方法としては、転職サイトへの求人の掲載や転職イベントへの出展、自社サイト内の採用ページでの経験者採用の募集、人材紹介会社への委託といった形が従来から取られていましたが、最近では様々な会社で「リファラル採用」「リファラルプログラム」が増えています。

　リファラル（referral）とは「紹介・推薦」という意味の英語で、**リファラル採用とは「社員から外部の経験者を推薦してもらう」方式**を指します。リファラルプログラムで推薦された人が実際に入社した際は（半年や1年など一定期間働き続けるという条件があるところもあるかもしれませんが）、紹介した社員に対してもインセンティブを一人あたり〇〇万円などと支払うことが多いです。

　インターネットの求人サイトやイベント出展で募集すると、求める人材とマッチしない人も多く応募してきますし、人材紹介会社を介すると雇用に結びついた時に結構な仲介料を支払うことになります。それに対してリファラル採用の場合は、紹介者自身が会社で働いているため、会社が必要としている能力を持った人材や社風にマッチする人物を推薦し

リファラル	アルムナイ採用（カムバック制度）	社内公募	副業・兼業
社員から外部の経験者を推薦してもらう方式	一度退社した卒業生を再雇用する方式	社内で募集・採用面談をして部署を移動する方式	今の本業以外の仕事・収入をOKとする仕組み

333

てくれることが多く、実際に入社に結びつく割合も、人材の質の確保も、他の方法と比べて格段に高いという評価もあります。加えて、採用コストも人材紹介会社を介した時よりは低くなります。

　また、経験者向けに短期間のインターンシップを実施し、候補者と企業が応募・採用前にお互いの相性を確認できる場を設けることも、入社後のギャップを減らす有効な手段です。

▶ 経験者採用の隣接分野も広がっている ◀

　経験者採用に近い取り組みには、「カムバック制度・アルムナイ採用」「社内公募制」「派遣社員からの登用」「副業・兼業の許可」などがあります。

　カムバック制度は、日本語にすると「**離職者再雇用制度**」となり、文字通り一度会社を辞めて他社に転職した社員に、改めて戻ってきてもらうという制度です。最近は「**アルムナイ採用（alumni、卒業生・同窓生の意味）**」という言い方をすることもあります。少し前は「出戻り」という印象の悪い言葉を使う場合もあったかもしれませんが、今は一度他社を経験してスキルアップした、元々社風を知っている人が戻ってくることはむしろ会社としても喜んで迎える人材として見ています。一度辞めた会社にはばつが悪くて連絡しづらいという人も多いかもしれませんが、「我が社はアルムナイ採用を進めています」と宣言することで、戻りたい人にも安心してもらうことができます。

　自分の力を試したくなって他社に転職したところ、企業文化が合わず、思うように活躍できないようなことは起こり得ます。

　会社としては、どういう実力がある人か元々わかっているわけですから計算もたちやすいですし、たとえ水が合わなかったとしても、他社や外資に行ったことは、本人のスキルアップや視野の広がりにつながっているはずです。その経験を会社にフィードバックしてもらえることは、企業文化にとって大きなプラスになるはずです。

334

社内での**「公募制」**とは、ある部署で人員が必要になった時に、全社に向けて人員を公募して、希望者が自分自身でエントリーして部署異動ができる制度です。

私自身、入社当初はシステムエンジニアとして働いていましたが、公募制を利用して社会貢献担当に異動して、今に至ります。

私の会社の場合は、年2回公募のタイミングがあり、社内の公募枠だけでなく全グループ会社・持ち株会社共通の公募枠もあり、会社を跨いで異動している人が大勢います。

同業他社や業態の違う他社から転職してくる人は、企業文化に新しい風を運んできてくれる可能性がある反面、入社してみたら水が合わなかったということが起こる可能性もあります。会社のシステムや文化に元々親和性がある中で、本人は新しい業務や業種にチャレンジできること、転職を考えるのであれば、社内のまったく別の部署に異動する、部署にとってはモチベーションの高いメンバーに来てもらえることが社内公募制・グループ内公募制のメリットです。

その他にも、派遣社員で来てもらった中でも継続して仕事をお願いしたい人を**正社員に登用する動き**や、**副業・兼業**を許可する動きもあります。副業・兼業の許可は、本当にやりたいことに打ち込むために離職するという人を減らす効果の他に、やりたい仕事を通じてのスキルアップを会社でも活かしてもらう狙いもあります。本人にとっては、会社による安定した収入基盤のうえで、SNSやインターネットが発達したこの社会ですので、プライベートな時間に、会社以外の自分が好きな分野でスキルアップと人脈を作れて、チャレンジできる、そしてそのスキルと人脈と視野を会社の業務にも活かしてくれる、というメリットもあります。

本業		副業・兼業
・人脈の活用 ・最先端の情報収集 ・業務にノウハウ・スキルを活かせる ・モチベーションUP	Win-Win	・外部の人脈ネットワーク ・好きなことを自由にする ・業務以外のノウハウ・スキルアップ ・精神的なリフレッシュ

> [!NOTE] コラム
>
> ### 「中途採用」「経験者採用」「キャリア採用」
>
> 　転職者の採用については、「中途採用」「経験者採用」「キャリア採用」など、同じ採用形態に対していくつかの用語が混在しています。
>
> 　以前は「中途採用」という用語が使われるケースが多かったのですが、2022年11月に経団連が「「中途」の表記に否定的な印象がある」（日本経済新聞 2022年11月7日）という理由から、それまで「中途採用」と呼称していたものを「経験者採用」に改めるよう提唱したことで、一般的に使われる用語としても「経験者採用」という呼称へと徐々にシフトしています。ただし、労働施策総合推進法をはじめとする法律では「中途採用」が用いられており、法律を根拠とする厚生労働省の施策でも同様に「中途採用」が用いられているなど、完全に置き換わっているわけではありません。
>
> 　もう一つの「キャリア採用」という言葉も、企業の採用ページや転職メディアで目にしたことがある人も多いでしょう。これは「即戦力となるキャリアを持つ人材の採用」というニュアンスで用いられている、広告的な用語になります。採用ページでは「キャリア採用を募集しています」と表記し、社内での制度としては「経験者採用」と表記するような使い分けがされています。

8-7 外国人材の概要

　国際化の進展に伴い日本で暮らす外国人の人数は年々増えており、2013年には207万人だった**在留外国人数は、2023年の時点で320万人を超えています**（参考：出入国在留管理庁「令和5年6月末現在における在留外国人数について」https://www.moj.go.jp/isa/publications/press/13_00036.html）。

　企業が外国人材を活用するメリットは、育ってきた文化の異なる人材の目線が社内に入ることです。新規事業の立ち上げや、商品開発、サービス展開といった場面で外国人としての目線が入ることが期待されますし、日本で生まれ育った社員にとっても、異なる文化・常識で育ってきた同僚と共に働くことは、自分にとっての「当たり前」を疑い、新しい発想が生まれるきっかけになったり、グローバル化に向けた社内の風土

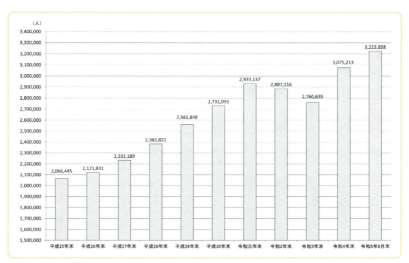

在留外国人数の推移（総数）
出所：「令和5年6月末現在における在留外国人数について」出入国在留管理庁（https://www.moj.go.jp/isa/publications/press/13_00036.html）

づくりにもなります。また、もちろん人材不足の解消の意味合いもありますが、既存事業の海外展開を担ってもらったり、海外との対応の窓口として活躍してもらうことも、外国人材に大きく期待している理由です。

▶在留資格による分類◀

　企業が採用する外国人材は、**「高度専門職」**または**「技術・人文知識・国際業務」**という、専門的な知識・技術を持った外国籍の人材としての在留資格になり、この二つを合わせて「高度外国人材」と呼ばれています。「高度専門職」の在留資格では、大学の教員や研究者、企業の研究開発部門や国際弁護士、企業経営者といった職種が想定されており、「技術・人文知識・国際業務」の在留資格では企業内の技術者やホワイトカラー労働者の他、通訳、デザイナー、語学教師などが想定されています。

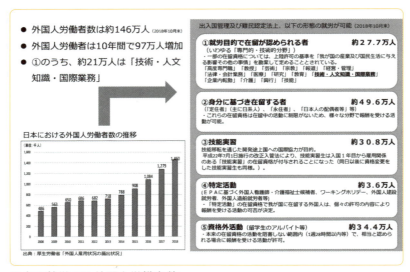

日本で就労する外国人労働者数
出所：「高度外国人材の採用・定着・活躍推進に向けて」経済産業省（https://www.jetro.go.jp/ext_images/jetro/activities/support/ryugakusei/pdf/report_20190228/2.pdf）

- 日本国内又は海外の大学等を卒業し、企業において研究者やエンジニア、海外進出等を担当する営業などに従事する外国人材を想定。
- 在留資格でみると、「高度専門職」や「技術・人文知識・国際業務」など、いわゆる「専門的・技術的分野の在留資格」で就業する外国人材。
- 留学生は、その卵。

高度外国人材のイメージ

✓ **高度専門職** ---------------------------

✓ **専門的・技術的分野の在留資格により日本企業に就労する外国人**

「高度専門職」「教授」、「芸術」、「宗教」、「報道」、「経営・管理」、「法律・会計業務」、「医療」、「研究」、「教育」、「**技術・人文知識・国際業務**」、「企業内転勤」、「介護」、「興行」、「技能」

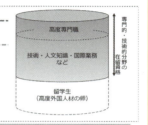

※**特定技能・技能実習**など、「専門的・技術的分野の在留資格」以外で日本に滞在する外国人は**本施策の対象外**

高度外国人材とは

出所:「高度外国人材の採用・定着・活躍推進に向けて」経済産業省（https://www.jetro.go.jp/ext_images/jetro/activities/support/ryugakusei/pdf/report_20190228/2.pdf）

8-8 ハンドブックを活用しよう

　外国人材を採用し、入社後に活躍してもらうにあたって、企業が気をつけたほうがよい点やつまずきやすい点については、経済産業省、文部科学省、厚生労働省による共同チームが編纂した**『外国人留学生の採用や入社後の活躍に向けたハンドブック』**によくまとまっています。

　このハンドブックは12のチェックリストに分類されており、それぞれのチェックリスト項目では「外国人材を採用したいが、どのような人材が必要か曖昧で、採用に結びつかない。また、採用しても辞めてしまう」といったよくある悩みに対して、「人物像の具体化」という対応策が提示され、項目ごとのページで具体的な取り組みの方法や、企業の実名を出しての実践例がまとめられています。

　外国人材の活用に積極的な企業の取り組みについても企業ごとに紹介されているので、外国人材活用の具体的なイメージを持ちたい企業の担当者は、一通り目を通すとよいでしょう。

1．採用前

- ・外国人材の採用目的や期待する役割が具体化されているか。
- ・外国人材の採用方針が経営者、人事、現場社員を含めて社内で共有されているか。
- ・留学生向けの説明会やインターンシップ等を通じ、企業と外国人材の双方が理解する機会が設けられているか。

2．採用選考～入社前

- ・選考時点での日本語能力にこだわらず、業務で求められる多様な日本語能力のレベルや専門性に応じて、個人の能力やスキルを判断する採用選考が行われているか。

- 入社前の期間から住宅手配等の生活支援や業務上必要なスキル向上のための支援があるか。
- 外国人社員のマネジメントを行う日本人社員に対して、職場における外国人社員との効果的なコミュニケーションのための学びの機会があるか。

３．入社後

- 配属先の決定の際、キャリア展望を踏まえた十分な説明が行われているか。
- 上司、先輩社員などからの日々の声掛けや、社内外での交流機会の提供が行われているか。
- 客観的な評価や処遇に基づき、十分な説明が行われているか。
- 外国人社員の母国文化・宗教など多様性を考慮し、休暇制度など社内制度の見直しが行われているか。

　採用選考時のチェック項目である「業務内容に関わらず、高い日本語能力レベルを採用条件としている、もしくは日本語による筆記試験を一律に課しているところ、なかなか採用に至らない」という問題は、様々な企業で実際に起こっています。日本語が話せ、読み書きできることを採用の前提にしてしまっているために、専門技能の面で優秀なスキルを持っている人材をみすみす逃している現状があります。各人に求める専門性を評価する選考体制を整えるほか、もし入社後に必要になる日本語能力を評価したい場合はいろいろなレベルの読み書きレベルを判定する**日本語能力試験（JLPT）**[※]を活用して日本語の難易度をさげて採用するのも一つの方法でしょう。

※日本語能力試験（JLPT）
日本語能力試験は、日本語を母語としない人の日本語能力を測定し認定する試験として、国際交流基金と日本国際教育協会（現日本国際教育支援協会）が1984年に開始しました。開始当初の受験者数は全世界で7,000人ほどでしたが、現在は、年間で126.5万人を超え（2023年度）世界最大規模の日本語の試験となっています。

入社後の対応の「外国人社員が社内に馴染めず、周囲にも気軽に相談できないようだ」という問題に対しては、「日頃から、周囲が意識的に声を掛ける環境をつくり、様々な人と交流する機会を設けましょう。社内や地域社会で様々な交流機会があることで、安心感やその後の活躍につながります」という解決法が提示されています。

■ 職場でのやりとり

　私の会社でも地域社会での交流として、外国人の社員を集めて本社近くの地元のお祭りに参加し、浴衣や"はっぴ"を着て、お神輿をかついだりしました。参加した外国人社員たちからは、何年か経った後にも「あの時は楽しかった」「来年も出たい」と言ってくれていましたし、「海外の人がこんなにいっぱい来てくれた」「よい人たちばかりだ」と地元の方々からの会社の評判も上がり、お互いにとても思い出になる、文化交流の場でした。

　入社後の対応の「外国人社員が、長期休暇の取得や、宗教を理由とした就業中の時間休（1時間単位で休暇を取得できる制度）を希望しているが、現行の制度では承認できない」という問題に対しては、社内制度の見直しが必要なのか、それとも、年間の規定の休みを最大限活用して休んでもらったり、リモートワークを活用したり、他に方法はないのか、なるべく柔軟に対応できるよう工夫してみるとよいでしょう。それぞれの国・社会ごとに文化は想像以上に異なるため、対応にあたっては制度の見直しと柔軟な運用が求められます。

　例えばベトナムのある地域では、結婚式が数日間にわたって行われるそうです。その地域の出身者が結婚式に出席するために帰郷する際には、日本の社員がこれまで取っていた休暇の制度では間に合わない場合もあるようなので、運用によって長期の休暇が可能になるような方法を考えていく必要があります。

　また、ムスリム（イスラム教徒）は1日に5回、太陽の運行に合わせて礼拝をすることがよく知られています。

■ 職場でのやりとり

　私の会社で働いていたムスリムの方が、礼拝に困って、給湯室の高さのあるシンクで足を洗ったりしながら、苦労して礼拝をしていたということがわかりました。なぜなら、給湯室の周囲の床が水浸しになっていたためです。

　そこで、働く海外の方もどんどん増えていく方向ですし、礼拝が必要なお客様もいらっしゃるかもしれないということで、いろいろな宗派で使えるお祈り部屋を2室と、目の前に足が簡単に洗える水場を新設しました。

　これまでその時々に空いている会議室などを使って礼拝していた社内のムスリムの方から喜びのコメントがありました。またそれと同時期に、お客様の接待もできて社員も使える社内レストランで、イスラムのハラルをはじめ様々な食文化のお客様に対応できるメニューも提供しています。

「専用の部屋を用意しなくても、多目的トイレや空いている会議室が使えれば十分」「ハラル対応までしなくても、ベジタリアンメニューが選べたり、原材料表示がしっかりされていれば十分」といった有識者の声もありますので、そこは各社で検討してみてください。

ハラル認証マーク
出所：一般社団法人ハラル・ジャパン協会
(https://jhba.jp/halal/)

	よくあるお悩み	確認事項 左記があてはまる場合は、以下を参照	
採用前	• 外国人材を採用したいが、どのような人材が必要か曖昧で、採用に結びつかない。また、採用しても辞めてしまう。	1．人物像の具体化	
	• 外国人材を採用したいが、社内で反対意見が多く、経営層や人事の判断で採用したが、現場で受入体制が整っておらず、混乱した。	2．社内共有	
	• 外国人材の採用活動を行ってみたものの、適切な人材が見つからない。	3．採用方針・実績公表	
	• 採用に関心があるが、外国人材に関する知識が少なく漠然とした不安があり、そもそも、どこで出会えるか分からない。	4．知る機会	
採用選考〜入社前	• 業務内容に関わらず、高い日本語能力レベルを採用条件としている、もしくは日本語による筆記試験を一律に課しているところ、なかなか採用に至らない。	5．柔軟な採用選考	
	• 外国人材を初めて採用したが、入社までにどのような支援が必要か、分からない。	6．入社前支援	
	• 配属先において、外国人社員とのコミュニケーション方法や、育成の仕方が分からないという悩みや不安が生じている。	7．日本人社員教育	
入社後	• 外国人社員が、やりたい仕事に就かせてもらえないと辞めてしまった。	8．配属先の納得感	
	• 外国人社員が社内に馴染めず、周囲にも気軽に相談できないようだ。	9．交流機会	
	• 外国人社員の向上心は高いが、経験値が足りず、スキルも不十分なためキャリア展望を実現できていない。	10．キャリア形成支援	
	• これまで通りの人事評価を行っていたところ、外国人社員から適切に評価されていないとの不満が出ている。	11．客観的な評価	
	• 外国人社員が、長期休暇の取得や、宗教を理由とした就業中の時間休を希望しているが、現行の制度では承認できない。	12．社内制度見直し	

外国人留学生の採用・活躍に向けたチェックリスト

出所：『外国人留学生の採用や入社後の活躍に向けたハンドブック』外国人留学生の就職や採用後の活躍に向けたプロジェクトチーム
（https://www.meti.go.jp/shingikai/economy/ryugakusei_katsuyaku_pt/pdf/20200228_01.pdf）

		項　目	チェック ☑
採用前	1	外国人材の採用目的や期待する役割が具体化されているか。	
	2	外国人材の採用方針が経営者、人事、現場社員を含めて社内で共有されているか。	
	3	外国人材の採用方針や採用実績が公表・発信されているか。	
採用選考〜入社前	4	留学生向けの説明会やインターンシップ等を通じ、企業と外国人材の双方が理解する機会が設けられているか。	
	5	選考時点での日本語能力にこだわらず、業務で求められる多様な日本語能力のレベルや専門性に応じて、個人の能力やスキルを判断する採用選考が行われているか。	
	6	入社前の期間から住宅手配等の生活支援や業務上必要なスキル向上のための支援があるか。	
	7	外国人社員のマネジメントを行う日本人社員に対して、職場における外国人社員との効果的なコミュニケーションのための学びの機会があるか。	
入社後	8	配属先の決定の際、キャリア展望を踏まえた十分な説明が行われているか。	
	9	上司、先輩社員などからの日々の声掛けや、社内外での交流機会の提供が行われているか。	
	10	キャリア展望に応じた、従来の雇用慣行にとらわれない仕事の機会の提供や学びの支援が行われているか。	
	11	客観的な評価や処遇に基づき、十分な説明が行われているか。	
	12	外国人社員の母国文化・宗教など多様性を考慮し、休暇制度など社内制度の見直しが行われているか。	

第8章

シニア雇用・経験者採用・外国人材

345

礼拝が必要な宗教には、**イスラム教やキリスト教**などがあります。

宗教	礼拝の特色
イスラム教	ムスリム（イスラム教徒）は、信仰の告白、礼拝、喜捨、断食、聖地メッカへの巡礼からなる５つの基本行為を義務とされています。礼拝は１日５回、太陽の動きに従った時刻に行われます。礼拝の前には手口・鼻・顔・腕・足を流水で清め、キブラ（メッカのある方向）に向かってお祈りをします。
キリスト教	キリスト教では、礼拝は「皆で共に集い神をほめたたえ神に仕える」ことを意味します。プロテスタントでは日曜礼拝、カトリックではミサと呼ばれ、祈り、賛美歌、聖書朗読、牧師または神父のお話といった構成です。
仏教	仏教では、合掌したりひざまずいたりして仏を拝みます。

宗教と礼拝の特色

その他、必要なサポート

8-9

第8章 シニア雇用・経験者採用・外国人材

　外国人材にとっては日本こそが外国ですから、仕事の進め方や生活面での不便や不安を抱えがちです。ですからハンドブックで解説されている以外にも、会社としてのケア・サポートは以下のようなものがあります。

▶不安を和らげるサポート◀

　職場での不安をケアするための施策として他のキーワードでも挙げた定期的な面談の実施や相談窓口の設置によるヒアリングのほか、職場での関係を円滑するために日本人の同僚とのコミュニケーションの機会を増やしたり、自分の母国語に対応できる指導者を配置したり、異文化に精通したメンターを設置して外国人社員の業務サポートや文化面での配慮をする体制を整えることも有効です。

　外国人社員が交流できる社内コミュニティを整備すると、出身国や背景とする文化が異なる社員同士でも日本で外国人として働いている境遇は共通ですから、情報交換の場として機能します。

▶教育によるサポート◀

　言語面では、日本語を学ぶプログラムを会社として提供して本人に日本語を身につけてもらうのと同時に、社内文書を多言語に対応する方向での配慮も不可欠です。異文化トレーニングについても、外国人社員に日本の文化を知ってもらうことで日本での生活に馴染んでもらう方向と同時に、日本人の社員にも相手の背景にある文化について学ぶプログラムを用意し、双方向から理解を進めるとよいでしょう。

347

❱ 生活のサポート ❰

　業務外の課題へのサポートとしては、ビザの申請をはじめとした細かい法的な手続きについて相談できる窓口が必要です。

　生活についても、住宅探しや補助金制度についても紹介をサポートする窓口を会社として設けるとよいでしょう。交通機関の利用方法や銀行口座のつくり方、医療機関のかかり方といった日本での生活に必要な情報は、窓口でもサポートを受け付けますが、ガイドブックとしてまとめて必要に応じて本人が参照できるようにしておくととてもよいです。

❱ 家族のサポート ❰

　家族向けの支援として、家族の日本語学習をサポートするために、教材を用意したり補助金制度を整えるとよいでしょう。子どもの教育については、インターナショナルスクールを紹介したり、教育費を補助することは大きな助けになります。転勤で日本に来た場合、例えば2年で母国に戻ることがわかっているなら、日本の現地の学校に通わせるよりもインターナショナルスクールに通わせる選択をしたい人もいます。インターナショナルスクールの学費は大変高額なので、会社として負担するかどうか方針を決めるとよいでしょう。

　日本から海外へ赴任する場合でいうと、海外赴任中の学校の費用について、特に途上国の場合、現地校以外では年間200万円〜400万円超となる学校も珍しくないようです。現地の言語が英語などではない場合、なかなか現地語を習得するのも難しいでしょうからある程度の割合で会社負担としている企業が多いようです。

■ 職場でのやりとり

　私が実際にアメリカのカリフォルニアに夫の転勤で行ったとき、現地には日本をはじめ各国の赴任者がいました。小さな子ども、就学児がいる家族も多かったのですが、せっかく海外で生活できると

いうことで、現地の私立に行かせている人が多かったです。会社の
サポートがある人もいましたが、それでも大抵は年100万から150
万等の学費を自己負担で払っていた人が多かったです（今はさらに
物価上昇もあって、この負担額は上がっているかもしれません）。

❱ 外国人社員同士のつながり ❰

　私自身が夫の転勤でアメリカに行き、「外国人社員の家族」になった
際に助かった仕組みに、前から現地にいる日本人社員が、生活の立ち上
げをサポートしてくれるというものがありました。家探しや電話回線の
開通のサポートからはじまり、現地で頼りになる人脈とつないでもらっ
たり、病院を紹介してもらったりと、慣れない土地での生活を始めるに
あたって、とても助かりました。夫を送り出した側である日本にいる本
社の人たちも、仕事上での問題や不安をいつでも相談でき、必要に応じ
て現地のしかるべき人につなげてくれていたので、安心感がありました。
　私たち家族のケースは「日本人が外国で働いた／生活した」というシ
チュエーションですが、外国人材に来てもらう際も、何を不安に思って、
何をしてもらえると心強いかは同じです。職場で日本人に囲まれて一人
ポツンといるよりも、同国人や文化の近い国出身の人、そうでなくても
日本人以外の社員が周りに何人かいる環境だと心強いでしょうし、職場
では点在してしまっていたとしても、部署を越えて横のつながりができ
ると、サポートしてくれる先輩外国人社員も出てくるので、すごくよい
と思います。

第8章　シニア雇用・経験者採用・外国人材

子供1人当たりの年間の学費はいくら？

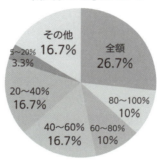

地域によって違いますが、幅広い回答に！
- 200万以上…私立校かインター
- 50万以下…現地校

400万以上 21.4%
50万以下 33.3%
200〜300万 21.4%
50〜100万 4.8%
100〜200万 19%
（単位：円）

学費の補助はある？

NO 17.1%
YES 82.9%

・補助がある方が多い

補助の割合は？

その他 16.7%
全額 26.7%
5〜20% 3.3%
20〜40% 16.7%
80〜100% 10%
40〜60% 16.7%
60〜80% 10%

・その金額はさまざま

子供1人当たりの学費の自己負担額は？

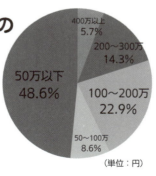

400万以上 5.7%
200〜300万 14.3%
50万以下 48.6%
100〜200万 22.9%
50〜100万 8.6%
（単位：円）

・「子供一人当たりの負担額は50万円以下」が一つの目安に

海外赴任中の子供にかかる学費

出所：「【海外駐在35ファミリーに聞いてみた】海外赴任中の子供の学校選択と費用を徹底調査！学費はいくら払ってる？」海外子女向けオンライン家庭教師のEDUBAL
(https://www.edubal.net/edublog/b20230614/)

この章のまとめ

- 日本社会の高齢化は年々進んでおり、15歳以上の人口のうち1/3が65歳以上（日本の全人口に対する生産年齢人口（15〜64歳）の割合は59.4%であるのに対して、高齢化率（65歳以上のシニア層の割合）は29.0%）となっている。高齢化率は今後も上がり続け、2070年頃には40%弱になると予想されている。

- シニア雇用について企業が活用できる公的なサポートの窓口としては、厚生労働省管轄の独立行政法人 高齢・障害・求職者雇用支援機構や、各都道府県の労働局、全国のハローワークが挙げられる。

- シニア活躍にあたっては、その方が最大限活躍してもらうためモチベーションを維持してもらうための施策や仕事以外の人生とのバランス、サポートの仕組みといった諸々の課題への配慮も重要。

- シニア社員には、それまで培ってきた経験や人脈を活かして、まず若手社員のメンターとして悩みの相談を受けたり、アドバイスをしたりという役割を担ってもらうことも有効。

- 「シニアだから」という制度をつくるよりも、各制度が出産・育児、介護などに加えてシニアにもといった、誰でもが使える制度にする、そして短時間などの働き方によって給与の割合等を定めるなどにするとよい。

- キャリア開発については、シニア社員向けのキャリアカウンセリングや教育プログラムの選択肢を広げるのもよい。

- 働きたいと思っている人が、いかに活躍して一緒に多様な企業文化をつくれるかが、企業の存続・成長に大きく影響する。

- 企業にとって経験者採用をする意義は、まずは他の場所でこれまで働いてきた経験を活かして即戦力になってもらいたいという能力の面、そして文化の面でも、新入社員の時から長く働いている社員だけでなく、多様なバックボーンを持った人たちに会社を刺激してもらいたいという狙いがある。

- 企業が外国人材を活用するメリットとしては、育ってきた文化の異なる人材の目線が社内に入ることが挙げられ、異なる文化・常識で育ってきた同僚と共に働くことは、自分にとっての「当たり前」を疑い、新しい発想が生まれるきっかけになったり、グローバル化に向けた社内の風土づくりにもなる。

- 企業が採用する外国人材は、「高度専門職」または「技術・人文知識・国際業務」という、専門的な知識・技術を持った外国の人材としての在留資格になり、この二つを合わせて「高度外国人材」と呼ばれている。

- 外国人材を採用し、入社後に活躍してもらうにあたって、企業が気をつけたほうがよい点やつまづきやすい点については、『外国人留学生の採用や入社後の活躍に向けたハンドブック』に詳しく、チェックリストなども活用しやすい。

- それぞれの国や文化を理解して、社員からの要望を聞き、可能な範囲での配慮をすることが、外国人の方たちに気持ちよく働いてもらうことが企業の姿勢として必要であり、仕事のことだけでなく、生活や家族のことなど細やかなケア・サポートをす

ることも重要。

● 外国人社員が交流できる社内コミュニティを整備すると、出身
国や背景とする文化が異なる社員同士でも日本で外国人として
働いている境遇は共通なので、情報交換の場として機能する。

第8章 シニア雇用・経験者採用・外国人材

第9章 職場からのFAQ

本章では、ダイバーシティを推進するうえで、よくある質問について、対応の仕方をまとめました。

本書の関連する節と合わせてご覧ください。

Q ダイバーシティ推進活動の重要性を役員・幹部に認知してもらうには、どうしたらよいでしょうか？

A 株主や機関投資家、顧客、学生や転職者が企業のダイバーシティ推進の度合いを注目している状況、および他社が経営課題としてダイバーシティをとらえている状況を認知してもらいましょう。ダイバーシティの最新動向を伝えるのもダイバーシティ担当の役割です。また、既に社内で取り組んでいる活動を外部メディアなどに取り上げてもらったり外部評価をとって、外から褒めてもらうことも、役員の認知を上げる効果的な方法です。

　🔖1-3、1-4、3-3

. . . .

Q 「ダイバーシティの推進は、やらされ感が多く、モチベーションが上がらない」という雰囲気が社内にあります。どうすれば自分ごと化してもらえるでしょうか。

A 「社内でダイバーシティを尊重することは、職場のレジリエンス（＝困難やトラブルなどをしなやかに乗り越え回復する力）を高めることにもつながるし、社員一人ひとりにとってもコミュニケーション能力や想像力、協働力を高め、成長するチャンスになる」ということを伝えるとよいでしょう。

　そのうえで、実感を持ってもらえるように研修の中に簡単なワークショップやロールプレイを取り入れる、当事者やロールモデルの人の話を直接聞ける機会をつくる、ダイバーシティの数値目標をバックキャスティングで定める議論に社員にも参加してもらうといった多種多様な方法を通してねばり強く継続した取り組みを続け、「ダイバーシティの推進が自分の成長にもつながる」実感とともに自分ごと化を進めていきましょう。

➡️2-9、3-4、4-5

・・

Q **「女性活躍って、能力じゃなくて女性だという理由で選ぶってこ　とでしょう？　もう十分活躍しているじゃないか」という不満に、**どう対応したらよいでしょうか。

A 「いままで女性が過小評価されていたから、これからは誰もが平等にチャンスが与えられるようにするのが目的だ」ということを理解してもらいましょう。

　言葉だけでは説得力に欠ける面もあるので、データに基づき現状を正しく伝えるのものも効果的です。女性の社員比率、生涯賃金の差や管理職比率、役員比率といった待遇に関する数値をグラフ化して見せるのがおススメです。

➡️4-4

・・

Q **役員から、「我が社ではもう女性が活躍している。障がい者やLG　BTQ＋をやれば十分じゃないか」という声がありました。どう**説得したらよいでしょうか。

A 「男女雇用機会均等法」制定前後の時代を経験しているシニア層には、当時の女性運動の盛り上がりの記憶があり、女性活躍に苦手意識を持っている男性シニア層もいると聞きます。そういった人の目には、昔と比較していることもあり、特に社内で活躍している女性の姿が目立って見えてしまうのかもしれません。

　一つ前の質問同様に統計データで現状を把握してもらったうえで、「人口の中で、人数・割合が多く、カウントするのが容易な影響の大きい女性からまずははじめるのが効果的」「他の属性に対する制度面での地な

第9章　職場からのFAQ

357

らしになる」ということを理解してもらいましょう。

⬤第4章コラム（p165）

Q 現場の管理職からの「管理職になりたがる女性がいないから、昇進・昇格させるのが難しい」という声に、どう対応したらよいでしょうか。

A これまでの企業組織は男性が中心戦力になるように制度・育成・昇進昇格・評価などができてきてしまっていますから、現時点で管理職候補の女性が十分な人数の育成ができていないこともあるかもしれません。現在をジェンダー平等に向かう過渡期と位置づけて、出産・育児に入る前の早めの育成やパイプライン管理、メンター制度・スポンサーシップ制度を活用して、意識して女性社員を育成していく必要があります。

また、女性特有の考え方の傾向もあり、女性社員の側も責任あるポジションに対する自信が少ない場合もあるので、「サポートをするから、ぜひ昇進・昇格にチャレンジしてほしい」と上司のほうから粘り強く応援することも大事です。

⬤4-10、4-12

Q 「男性が育児休職を取るなんて、奥さんはどうしてるんだ」という声が職場から挙がってきました。どう説得したらよいでしょうか。

A まず、「奥さん」は、「パートナー」と言い換えた方がよいことを伝えましょう。

出産・育児に関して男性にできないことは妊娠・出産・授乳だけです

し、授乳に関してはカバーすることもできます。視野を広げて考えると、子育てしている女性社員が活躍するためには、まずは夫のサポートが必要ですから、ぜひ一緒に子育てや育休期間を思いきり楽しんでもらえたらと思います。「奥さんは家にいるはずだ」というのは代表的なアンコンシャス・バイアスであるということもしっかり学んでもらいましょう。

　男性社員本人にとっても、育休を取ることで子どもとの時間を大切にできますし、家事と子育ての両立を通じてタイムマネジメント能力が高まり、戻ってきた時には、さらに職場で活躍してくれる人も多いです。育休は「休」という字がついてはいますが、実際には自由時間ではないので、ご注意ください。

⏩ 2-3、4-11

Q 「男性社員に数週間～数カ月の育休を取られて補充人員もないと、カバーするのが大変だ」という不満にはどう対応したらよいでしょうか。

A たしかに一時的に業務量が増えるのは事実ですが、仕事を効率化する、チームで実施するなど、カバーするメンバーには「普段と違う仕事にチャレンジする機会」だと捉えてもらうこともよいかもしれません。業務マニュアルを整備しておくことで仕事の属人化を防ぎ、いざ育休が始まったときにもスムーズにカバーできる体制を、職場として普段からつくっておくことも重要ですし、職場のレジリエンスを高めることにもつながります。

⏩ 4-12

Q 主に男性社員から寄せられる「育休を取りたいが、仕事にスムーズに戻れるか、昇進・昇格に響かないか心配だ」という声に、どう対応したらよいでしょうか。

A この不安に対しては、制度面と感情面の両方からフォローアップする必要があります。

制度面では、評価制度や昇進・昇格の基準を可視化することで、本人が「このタイミングで数週間遅れが出ても影響がない」といった計算ができるようになります。そのうえで、管理職や人事担当が、育休取得を前提にしたキャリアプランについて相談に乗ることも大切です。

また、実際に育休を取得し、仕事に復帰した社員から話しを聞ける機会を設けたり、ロールモデルとなる社員のインタビュー記事をインターナルサイト上に掲載することでも、育休に対するイメージが明確になり、不安が解消されます。

➡4-8、4-9、5-9

Q 「チームの管理がやりにくくなる」という理由で、リモートワークやフレックスタイムの導入に消極的な管理職を、どう説得したらよいでしょうか。

A それぞれのスタイルで働けることはメンバーにとって大きなメリットですし、部署にとっても様々な特性のメンバーの力を活用できるメリットがあります。一人ひとりの業務上の役割や目標を明確化する、進捗管理ツールを活用する、相互理解のために定期的に顔を合わせてミーティングや面談でもコミュニケーションを取るなど管理の仕方を工夫することは、管理職としてのスキルアップにつながります。

➡5-6

Q 「LGBTQ＋なんて自分の周りにはいないし、関係ない」という声に、どう応えたらよいでしょうか。

A 13人に１人はLGBTQ＋だという調査結果もあるので、実際にはどの職場にもLGBTQ＋がいると考えられます。これは左利きの人と同じ割合です。「自分の周りにはいない」と言う人にも、「自分の職場にもLGBTQ＋の人がいるけれど、カミングアウトしていないだけだ」という前提を持ってもらうとよいでしょう。

そのうえで、これまで生きてきた中で、オープンにしている人に会ったことがなかったり、カミングアウトされたことがないと実感が持ちにくいのも事実です。

LGBTQ＋のセミナーで、当事者である有識者の方に話をしてもらったり、もし社内にオープンにしているLGBTQ＋の社員がいるなら登壇してもらうと、より実感を持ってもらえるようになるでしょう。YouTubeなどでも当事者の方の動画がたくさん出ていますので理解を深めたり、ホンネが聴けたり、配慮の仕方がわかって、当事者がとても身近になります。見てみてください。

➡6-1、6-10

Q 「トランスジェンダーが性自認に合ったトイレを使いたいというけれど、嘘をついていて女性が被害にあったらどうするの？」という批判や不安があります。どう対応したらよいでしょうか？

A 「トイレが使えない」と言葉にすると大した問題に思えないかもしれませんが、そのためにいちいち隣のビルの多目的トイレを使ったり、実際にトイレに行く回数を減らすために水を飲むのを我慢している方も多いなど、当事者にとってはとても大きな問題です。

職場では素性がわかる社員ばかりですし、顔見知りも多いはずなので、

トランスジェンダー当事者だと嘘をついていて女性が被害にあう状況はないと考えてよいでしょう。とは言え、周囲の理解なしに強引に実現させると軋轢を生みますから、当事者本人の意向を確認したうえで、フロア全体や関係する組織の理解の推進や調整を一歩一歩進めながら実現することが大事です。多目的トイレを設置しているビルになるべく入居することも、前段階での対応として有効です。そしてもっとも大事なのは当事者本人がいちばん周囲に気をつかっているということを忘れないでください。

➡6-11

Q 「障がい者を雇用すると職場の効率が下がるし、環境を整備するのにコストがかかる」という批判には、どう対応したらよいでしょうか？

A 現在、多数の企業で障がい者雇用から利益を上げられておらず、社会的な投資としての意味合いが強いのは、残念ながら事実です。社会全体として、よりよい障がい者雇用の形を模索している段階にあり、例えば障がい者の方が多く集まって安心して働ける部署や特例子会社の設置といった試みがされています。

　特に身体障がい者の方には、困りごとをサポートできる環境を整備することで、他の社員と同等に働ける方もいらっしゃいます。こういったサポートをしていく姿勢を会社が取ることは、他の社員にとっても職場の働きやすさにつながるはずです。

➡7-3、7-4、7-9

Q 障がいのある社員に、どんな仕事を割り当てたらよいでしょうか？

A 障がい者の得意・不得意は障がいの種類によっても異なりますし、個々人によってもそれぞれ異なります。ですから、その人の得意・不得意から、向いている仕事や必要なケアを探していくというのが基本です。

そのうえで、まずは社内でこれまでやっていた仕事の中から、障がいのある社員に向いている業務を洗い出すことも効果的です。その際の方針については以下の関連する各節をご参照ください。

➡7-11、7-12

第9章 職場からのFAQ

Q 「これまで上司だった人が定年退職後にシニアとして引き続き働くことになったけど、どんな仕事をお願いしたらよいかわからない」という悩みに、どう答えたらよいでしょうか。

A 管理職としての経験がある方なら、多忙な現役の管理職をサポートするような立場の仕事をしてもらう、また、一般のシニアの方でも若手のメンターになってもらったり、本人の経験を活かして能力を発揮してもらうことができます。またシニア社員として、表彰やインセンティブなどを利用して仕事へのモチベーションを保ってもらうことも重要です。

➡8-2

363

Q 経験者採用の社員は、コストがかかる割にすぐまた辞めてしまうイメージがあります。どうしたらよいでしょうか。

A 経験者採用の社員が辞めてしまう大きな理由に、社風とのアンマッチがあります。それを避けるためには、経験者インターンシップを通じての採用や、社員からの紹介による「リファラル採用」があります。リファラル採用は採用コストの削減にもつながります。そのほかにも一度退職した人を再度雇用する「カムバック制度」「アルムナイ採用」なども効果的です。

　またオンボーディング・プログラムをはじめとしたサポートをしっかりすることで、早めに業務・職場環境に慣れてもらうことも重要です。

　⮞8-5、8-6

Q 外国人の社員が入った部署からの「コミュニケーションが心配だ」という声にどう答えたらよいでしょうか。

A たしかにコミュニケーションは外国人社員の活用における大きな課題です。まずは、こちらが外国人社員の背景・価値観・仕事の希望を理解しましょう。

　その後、会社として語学のプログラムを受けてもらう、外国人・日本人双方に文化理解のプログラムを受けてもらうといった教育面での支援や、地域のイベントに参加するといったコミュニケーション機会の面での支援があります。また、外国人社員同士のつながりをつくることは、仕事や生活の不安を和らげるうえで効果的です。

　⮞8-9

キーワード解説

最後に各章扉に記載したキーワードの中から、
多様性活用推進者が知っておきたい用語について解説します。

● ダイバーシティ（Diversity）

多様な属性（性別・人種・国籍・宗教・障がいの有無・性的指向・性自認など）の違いをもった人々が共存している集団や状態。

● エクイティ（Equity）

すべての人が活躍・成功・成長するために必要な公正な機会、資源、力をもてるようにすること。

● インクルージョン（Inclusion）

すべての人の個性の強みや視点を理解し、尊重し、その能力を最大限発揮できるような環境を創ること、その状態。

● ESG投資

環境（Environment）、社会（Social）、企業統治（Governance）の3つの観点（ESG）を評価して投資先を選定する投資手法。

● コーポレートガバナンス・コード

上場企業が行う企業統治（コーポレートガバナンス）においてガイドラインとして参照すべき原則・指針を示したもので、企業が透明性を保ち、適切に企業統治に取り組んでいるかどうか外部からも明確にわかるようになる。

● 人的資本開示

人が持つ能力を、「モノ」や「カネ」と同様の資本として捉える経済学用語で、具体的には個人が持つ能力・才能・技能資格・資質など、価値を生み出すことができる資本を指す。

● アンコンシャス・バイアス

自分自身は気づいていない「ものの見方やとらえ方のゆがみや偏り」を言い、自分自身では意識しづらく、ゆがみや偏りがあるとは認識していないため、「無意識の偏見」と呼ばれる。

● マイノリティ

「少数派」を意味し、多様な性のあり方を表す「性的マイノリティ（セクシャルマイノリティ）」など、少数なだけでなく、偏見や差別などにより社会的に弱い立場のグループや人々のことを指す場合が多い。

● ERG

「Employee Resource Group（従業員による支援グループ、社員リソースグループ）」の略で、組織の中で同じ特質や価値観を持つ従業員が主体となって運営するグループを指す。

● ジェンダー平等

一人ひとりの人間が、性別に関わらず、平等に責任や権利や機会を分かちあい、あらゆる物事を一緒に決めることができること。

●「女性活躍推進法（女性の職業生活における活躍の推進に関する法律）」

女性の働き方を改革して関連情報の見える化・活用の推進を目的とした法律で、就労状況・条件の男女差を解消し、男性の暮らし方や意識改革も進めて、女性が活躍できる社会にするため導入された。

●「育児・介護休業法（育児休業、介護休業等育児又は家族介護を行う労働者の福祉に関する法律）」

育児や介護を行う人を支援して仕事と家庭を両立することを目的にした法律で、労働者が育児や家族の介護を行いやすくするための各種措置を定めている。

WEPs（女性のエンパワーメント原則　Women's Empowerment Principles）

2010年3月に、国連と企業の自主的な盟約の枠組みである国連グローバル・コンパクト（GC）と国連婦人開発基金（UNIFEM、現UN Women）が共同で作成した7原則で、企業がジェンダー平等と女性のエンパワーメントを経営の核に位置付けて自主的に取り組むことによって、企業活動の活力と成長の促進を目指して、女性の経済的エンパワーメントを推進する国際的な原則として活用されることが期待されている。

えるぼし

厚生労働大臣による女性の活躍推進の状況などが優良な企業の認定制度の認定マークの愛称で、制度自体もえるぼしと呼ばれている。認定マークの「L」には、「Lady（女性）」「Labor（働く）」「Lead（手本）」、「Laudable（称賛に値する）」といった意味があり、『エレガントに力強く働く女性をイメージ』したものとなっている。

くるみん

次世代育成支援対策推進法に基づいて一般事業主行動計画を策定した企業のうち、計画に定めた目標を達成し、一定の基準を満たした企業が厚生労働大臣の認定（くるみん認定）により「子育てサポート企業」として認定される。

M字カーブ

女性の労働力率（15歳以上人口に占める労働力人口（就業者＋完全失業者）の割合）が結婚・出産期に当たる年代に一旦低下し、育児が落ち着いた時期に再び上昇する状況を年齢階級別でグラフにした場合、アルファベットの「M」に近い曲線になることからついた言葉。

メンター制度

豊富な知識と職業経験を有した社内の先輩社員（メンター）が、後輩

社員（メンティ）に対して行う個別支援活動で、キャリア形成上の課題解決を援助して個人の成長を支えるとともに、職場内での悩みや問題解決をサポートする役割を果たす。

● スポンサーシップ制度

女性の管理職や経営幹部を増やすために、役員クラスが選ばれた女性社員のスポンサーに就き、マンツーマンで指導して昇進を後押しする制度で、対象者の昇進を前提とした育成にまで踏み込む点が特徴。

● リモートワーク（テレワーク）

「テレワーク」は、情報通信技術（ICT = Information and Communication Technology）を活用した場所や時間にとらわれない柔軟な働き方を指し、「リモートワーク」は遠隔で働くということを「リモート」＋「ワーク」で表現した言葉だが、本書では同じ意味で使っている。

● LGBTQ＋

性的マイノリティを総称する呼び方の中で現在広く使われており、漏れの少ないもので、「レズビアン（L）」「ゲイ（G）」「バイセクシュアル（B）」「トランスジェンダー（T）」「クエッショニングおよびクィア（Q）」と、それらに当てはまらない人を「＋」としてまとめたもの。

● 性的マイノリティ

同性が好きな人や、自分の性に違和感を覚える人、または性同一性障害などの人々のことで、「セクシュアルマイノリティ」「性的少数者」とも言われる。

● 性的指向

恋愛や性愛の対象となる性別についての指向。

● 性自認

自分の性別をどのように認識しているか、どのような性のアイデンティティ（性同一性）を自分の感覚として持っているかを示す概念。

● SOGI

恋愛感情や性的な関心がどの性に向いているかを示す「性的指向（Sexual Orientation）」と、自分が認識している性別を示す「性自認（Gender Identity）」の英語の頭文字をとった言葉で、すべての人が持っているもの。

● グラデーション

段階的に色が変わっていく様子を表す言葉だが、多様性の文脈で使用される際は「性のあり方はグラデーション」、つまり一人ひとり顔や性格が違うように、性は人により様々で、「男性」「女性」とはっきり分けられるものではないという意図で用いられる。

● アライ

英語の「同盟、支援」を意味する「ally」を語源とする言葉で、レズビアン、ゲイ、バイ・セクシャルなど、性的マイノリティの人達を理解し支援する人たちのことやその考え方を指す。

● パートナーシップ宣誓制度

同性・異性を問わず、互いを人生のパートナーとする二者のパートナーシップの宣誓を証明する制度。

● アウティング

本人の性のあり方を同意なく第三者に暴露すること。

● カミングアウト

主に性的マイノリティが、自らの性のあり方を自覚し、他者に開示す

ること。

● レインボーパレード

LGBTQ+に対する差別や偏見に反対し、セクシュアリティやジェンダーの多様性を祝うパレード、またはパレードの前後のイベントを含めた総称のこと。

● PRIDE指標

work with Pride（wwP）が2016年に日本初の職場におけるLGBTQ＋などの性的マイノリティへの取り組みの評価指標として策定したもので、「企業・団体等の枠組みを超えてLGBTQ＋が働きやすい職場づくりを日本で実現する」ために活用されている。

●「障害者雇用促進法」

障がいのある人が障がいのない人と同様に、その能力と適性にもとづいて職業に就き、自立した生活を送れるように目的に制定された法律。

● 法定雇用率

従業員が一定数以上の規模の事業主は、従業員に占める身体障がい者・知的障がい者・精神障がい者を定められた割合で雇うことを定めた義務である率のこと。

● 障害者手帳

「身体障害者手帳」「療育手帳」「精神障害者保健福祉手帳」の３種の手帳を総称した一般的な呼称で、制度の根拠となる法律等はそれぞれ異なるが、いずれの手帳を所持していても障害者総合支援法の対象となり、様々な支援策が講じられる。

● 特例子会社

障がい者雇用の促進と安定を図るため、障がい者の雇用において特別

の配慮をする子会社のこと。

● 障害者差別解消法

すべての国民が、障害の有無によって分け隔てられることなく、相互に人格と個性を尊重し合いながら共生する社会の実現に向け、障害を理由とする差別の解消を推進することを目的として制定された法律。

● ジョブコーチ（職場適応援助者）

障がい者に対して職場での対応やスキルの向上などをサポートする人のことで、要請があった企業に対して地域障害者職業センターから派遣され、障がい者や事業者、障がい者の家族に対して、職場に適応するために支援計画を立ててサポートする公的なサービス。

●「高年齢者雇用安定法（高年齢者等の雇用の安定等に関する法律）」

定年の引き上げ、継続雇用制度の導入等による高年齢者の安定した雇用の確保の促進、高年齢者等の再就職の促進、定年退職者その他の高年齢退職者に対する就業の機会の確保等の措置を総合的に講じ、高年齢者等の職業の安定その他福祉の増進を図るとともに、経済及び社会の発展に寄与することを目的に制定された法律。

●「労働施策総合推進法（労働施策の総合的な推進並びに労働者の雇用の安定及び職業生活の充実等に関する法律）」

労働者が生きがいをもって働ける社会の実現を目的として制定された法律で、パワーハラスメント防止のための雇用管理措置が義務化されたことにより、通称「パワハラ防止法」とも呼ばれる。

● リファラル採用

自社の従業員や社外の取引先など、社内外で信頼できる人たちから、自社に見合った人材を紹介してもらう採用手法。

カムバック制度／アルムナイ採用

転職やキャリアチェンジなどで退職した自社の元社員を再雇用する制度で、即戦力となる人材を確保しやすく、採用コストを抑制できるメリットがあるとされている。

社内公募制

人材を補充したい、あるいは新規事業展開など部門方針で人材を拡充したい部署が社内からの異動希望者を募るために社内募集をし、募集に対して従業員が応募できるようにするための制度のこと。

高度外国人材

在留資格として「高度専門職」や「技術・人文知識・国際業務」などを有する専門的な技術や知識を有する外国人材のこと。

日本語能力試験（JLPT）

日本語を母語としない人の日本語能力を測定し認定する試験として、国際交流基金と日本国際教育協会（現・日本国際教育支援協会）が1984年に開始した、現在では世界最大規模の日本語試験。

おわりに

　最後まで本書を手に取っていただき、ありがとうございます。いかが
だったでしょうか。ここまでの内容が、あなたの日々の職場や組織の未
来を見つめるための一助になれたのなら、大変嬉しく思います。

　多様性、あるいはダイバーシティの取り組みは、職場やチームの中で
一人ひとりがどれだけ輝けるか、心地よく過ごせるかのバロメーターに
なり得ます。それは同時に、組織全体の持続的な成長を支える無限の可
能性を秘めています。日々の中であなた自身が多様な価値観や考え方と
向き合うことで、周囲やチームに新たな視点がもたらされるのです。そ
して、その小さな変化が、組織や企業全体に波及し、大きな変化をもた
らします。

　多様性推進の道のりは、試行錯誤の連続です。この本でお伝えしたか
ったのは、ダイバーシティが単なる施策やトレンドで終わらず、人と人
との間に温かなつながりを生み、共に働く環境を豊かにしていく大きな
力であるということです。組織やチームの成長を支えるものとして、あ
なたが感じた小さな気づきや工夫を大切にしていただきたいと思います。
まずはできることから、スモールスタートで──その一歩が隣にいるか
もしれない生きづらさを抱えた人を救い、やがて組織全体の力となるの
です。

　私がこのテーマに強く惹かれたのも、長年、社員たちと向き合い、
様々な価値観や思いに触れる中で、多様性がもたらす力を実感したから
です。異なる背景や視点が集まると、想像以上の発想や柔軟なアイデア
が生まれ、組織の仕事効率と生産性が大幅に高まり、さらには企業の持
続的な成長につながります。個々の個性や強みが活かされ、働きやすさ

と働きがいのある職場が築かれていく——これが多様性推進のもたらす豊かさです。

　もしこの本が、あなたにとっての「多様性」の理解を深め、共に働く仲間の存在が少しでも身近に、頼もしく感じられるきっかけになったなら、本当に嬉しく思います。自分と違う視点に触れることで新しいアイデアが生まれ、自分自身が変わり成長していくプロセスも、多様性推進の醍醐味です。あなたが目にする一人ひとりの個性が、職場に活気と温かさをもたらし、新しい発見を生む源となります。

　多様性の推進は、企業が中長期的に成長し続けるための大切な柱です。身構えることなく、自分のペースでその力を育んでいってください。まずは、小さな一歩から。それが、職場にとっても、あなた自身にとっても、大きなチャンスへとつながっていくことでしょう。
　またどこかでお会いできることを、楽しみにしています。

前田京子

【著者】

前田京子　MAEDA KYOKO

ダイバーシティ推進アドバイザー
株式会社NTTデータグループ　人事本部　DEI推進室　所属
株式会社アーク・アンシェル　代表取締役
認定NPOフェアトレード・ラベル・ジャパン　理事

社員が約20万人いるグローバルIT企業の人事部で、ダイバーシティ推進の方針策定、研修、イベントの企画運営など、実際の職場の社員たちの声を聴きながら、実践的な取り組みを実施中。女性活躍にとどまらず、ジェンダー平等（女性活躍、男女の育児・介護と仕事の両立）、LGBTQ+、障がい者の活躍、働き方改革など、幅広いテーマにおける具体的な取り組み事例やノウハウを社内外に向けて広く発信している。

所属企業は、ダイバーシティ、エクイティ＆インクルージョン（DEI）を経営戦略として掲げ、35期連続で増収を達成。また、IT業界人気企業ランキングでは15年連続で1位を獲得している。

ダイバーシティの前は、サステナビリティ推進に10年携わっていたこともあり、「ダイバーシティ×サステナビリティ」の視点で、企業・団体の持続可能な経営にむけて、すべての人が自分らしく働ける職場づくりをめざしている。
大学、国連組織、経団連などでの講演実績も多数。
ダイバーシティをテーマに講演活動、執筆活動を行っている。

◆ 株式会社アーク・アンシェル　公式サイト
https://arc-enciel.jp/

〈構成協力〉

甲斐荘秀生

超実践！ 今日からできる
職場の多様性活用ハンドブック

2025年1月10日　初版第1刷発行

著　　者 —— 前田京子
　　　　　　©2025 Maeda Kyoko
発 行 者 —— 張 士洛
発 行 所 —— 日本能率協会マネジメントセンター
　　　　　　〒103-6009 東京都中央区日本橋2-7-1　東京日本橋タワー
　　　　　　TEL 03（6362）4339（編集）／03（6362）4558（販売）
　　　　　　FAX03（3272）8127（編集・販売）
　　　　　　https://www.jmam.co.jp/

カバーデザイン —— 沢田幸平（happeace）
カバーイラスト —— 長野美里
本文組版 —————— 株式会社明昌堂
構成協力 —————— 甲斐荘秀生
印刷・製本 ———— 三松堂株式会社

本書の内容の一部または全部を無断で複写複製（コピー）することは、法律で認められた場合を除き、著作者および出版者の権利の侵害となりますので、あらかじめ小社あて許諾を求めてください。

ISBN 978-4-8005-9288-0　C3036
落丁・乱丁はおとりかえします。
PRINTED IN JAPAN